中國學術思想 研究輯刊

二一編

林慶彰 主編

第11冊

從《韓非子》寓言論韓非的政治思想

許薾君 著

花木蘭文化出版社

國家圖書館出版品預行編目資料

從《韓非子》寓言論韓非的政治思想／許薾君 著 -- 初版 -- 新
北市：花木蘭文化出版社，2015〔民104〕
目 2+244 面；19×26 公分
（中國學術思想研究輯刊 二一編；第 11 冊）
ISBN 978-986-404-051-3（精裝）
1.（周）韓非 2. 韓非子 3. 政治思想 4. 研究考訂
030.8   103027153

ISBN-978-986-404-051-3

9 789864 040513

中國學術思想研究輯刊
二一編　第十一冊   ISBN：978-986-404-051-3

從《韓非子》寓言論韓非的政治思想

作　　者　許薾君
主　　編　林慶彰
總 編 輯　杜潔祥
副總編輯　楊嘉樂
編　　輯　許郁翎
出　　版　花木蘭文化出版社
社　　長　高小娟
聯絡地址　235 新北市中和區中安街七二號十三樓
　　　　　電話：02-2923-1455／傳真：02-2923-1452
網　　址　http://www.huamulan.tw 信箱 hml 810518@gmail.com
印　　刷　普羅文化出版廣告事業
封面設計　劉開工作室
初　　版　2015 年 3 月
定　　價　二一編 27 冊（精裝）台幣 50,000 元

從《韓非子》寓言論韓非的政治思想

許薾君　著

作者簡介

許薌君，民國 43 年出生於台北市，輔仁大學哲學系畢業，淡江大學中文所博士。現任職中央廣播電臺，並在淡江大學任兼職助理教授。曾獲文復會金筆獎、中國文藝協會文藝獎章、教育部文藝創作獎、兩岸交流紀實文學獎等。撰寫論文集《中國哲學的人生關懷》，短篇小說集《散場》、《明天不釣魚》、長篇歷史小說《隋煬帝》等。

提　要

　　本文主要目的，是以《韓非子》書中寓言，研究韓非以寓言寄寓的政治思想。《韓非子》中有大量寓言，其中絕大多數寓言皆為歷史寓言，此以歷史人物與歷史故事作為寓言主要素材的表現方式，必然與韓非以治國、治民為依歸的政治思想具有密切關係。本文即企圖透過《韓非子》寓言，來探析韓非以「法」、「勢」、「術」建構而成的思想體系。

　　研究中國古代哲學家與其思想時，原典為最重要依據，本文即以文本詮釋為主要研究方法，並輔以文獻探討與歷史研究。全文分為八章，第一章為緒論，探討既有研究成果，並說明本文的研究動機、目的、方法、架構、範圍和重心。第二章說明《韓非子》寓言的背景與內涵，主要包括戰國時代寓言興盛的原因、韓非政治思想的淵源及韓非寓言的入世觀。第三章探析《韓非子》寓言中政治思想的理論基礎，分別從人性論、價值觀和治道觀予以探討。第四章解析《韓非子》寓言中的法制要素，從法的公平性、普遍性、標準性、強制性來做解析。第五章詮釋《韓非子》寓言中的勢位關係，從人設之勢、待賢不如任勢、信賞必罰、勢不能借於人等方向來做說明。第六章探討《韓非子》寓言中的術用模式，從無為之術、術的謀略、因任授官、循名責實等方面分別探討。第七章為《韓非子》寓言的政治理想，說明韓非的政治理想是：以國家利益高於一切的君國思想來達成國富兵強的終極目標。第八章為結論，說明《韓非子》寓言不但透顯了韓非的政治思想，亦展現出韓非強烈的用世企圖，並說明韓非思想難以解消的困難，以及對當代政治的啟發。

目

次

第一章 緒 論

第一節 研究動機與目的

　　《韓非子》〔註1〕書中許多膾炙人口的寓言我們自幼就耳熟能詳，例如：守株待兔、和氏璧、買櫝還珠、郢書燕說、曾子殺彘、老馬識途……等。不過，小學老師或坊間兒童讀物對這些寓言的解釋都只侷限於故事內容，或針對故事表面賦予教育意義，例如：對「守株待兔」的解析，是勸誡人們不要偷懶，夢想好事會從天上掉下來。這和韓非原本的寓意實在相去甚遠。

　　先秦諸子的著作中都有寓言，《韓非子》書中的寓言數量更特別多，筆者在讀《韓非子》時，往往思考：為什麼這本書中會出現如此多寓言？這些寓言和韓非的思想之間存在著什麼關聯？韓非寫下這些寓言有沒有什麼特殊的想法與目的？當然，在探索這些問題之前，對於「寓言」這個文類有了解必要。

　　「寓言」是一種言在此而意在彼，有寄託之意的特殊文類。《辭海》對「寓言」的解釋是：「言文有寄託之意者曰寓言。」〔註2〕《中文大辭典》的解釋

〔註1〕有關《韓非子》一書版本甚多，其中陳啟天先生所著《增訂韓非子校釋》，廣為參考古今各家考證及注釋，詳加考訂，不僅內容豐富完備，作者之注釋亦對韓非思想多有闡發。且每篇篇首皆有作者之釋題、提要、考證，對各篇意旨、考據予以綱要性說明，頗具參考價值。本書亦將歷代學者研究及注釋《韓非子》的書目、序例置於附錄，有助於研究者參考。因此本論文所引用《韓非子》原文，皆以此書為準。

〔註2〕《辭海》，台北：中華書局，1967年8月，頁918。

則是：「寓言，言之有寄託之意者曰寓言。《史記》莊周傳：其言者十餘萬言，大抵率寓言也。」〔註3〕《中國大百科》中的「先秦寓言條」則對先秦寓言的源頭和戰家諸子書中的寓言闡述相當詳盡，其中針對「寓言」這個文類的說明部份如此闡述：

> 「先秦時代諸子諸文、史傳著作中的寓言故事，原為著述的論證手
> 段，並不獨立，但它們的高度文學性，使之逐漸獨立流傳，膾炙人
> 口，而對後世文學產生深廣影響。寓言是藉助於帶有勸喻式諷刺性
> 質的簡短故事來闡明一定道理的文學體裁，中國寓言一詞，最早見
> 於《莊子・寓言篇》……寓言具有比喻的性質，是比喻發展的高級
> 形式。」〔註4〕

在上述三種對「寓言」的解釋中，《辭海》與《中文大辭典》極為簡略，僅說明寓言是帶有寄託之意的文學形式，《中國大百科》對「先秦寓言」闡述相當詳盡，對「寓言」本身的解釋則是：「帶有勸喻式諷刺性質的簡短故事來闡明一定道理的文學體裁」。並說明在中國，寓言一詞，最早見於《莊子・寓言篇》。而《莊子・寓言篇》的原文為：「寓言十九，重言十七，卮言日出，和以天倪。寓言十九，藉外論之。親父不為其子媒。親父譽之，不若非其父者也。非吾罪也，人之罪也。與己同則應，不與己同則反，同於己為是之，異於己為非之。」〔註5〕

這段話很清楚的說明了寓言是借另外一件事來討論這一件事，就像做父親的不替自己兒子做媒一樣，因為父親稱讚自己的兒子，不像別人稱讚那樣可信。一般人都是和自己意見相同就應和，認為是對的；和自己意見不同就反對，認為是錯的。莊子認為：由於眾人俗見如此，所以只好使用寓言。

對照英國和美國百科全書對寓言的解釋，中國傳統的「寓言」，顯然和西方「寓言」有所差異。

《大不列顛百科全書》中文版對「寓言」的解釋是：

> 「以散文或詩歌體寫成的短小精悍，有教誨意義的故事，每則故事
> 往往帶有一個寓意。……最早廣為流傳的寓言是印度、埃及和希臘

〔註3〕《中文大辭典》，台北：中國文化研究所，1963 年 8 月，第 10 冊，頁 46。
〔註4〕《中國大百科全書》，中國文學 II，台北：錦繡出版，1992 年 12 月，頁 988
　　　～990。
〔註5〕《莊子・寓言》，陳壽昌輯，《南華真經正義》，台北：新天地書局，1972 年
　　　11 月，雜篇，頁 49。

的動物寓言。」〔註6〕

《大美百科全書》的「寓言」釋意則是：

「以簡短的虛構敘事表現處世智慧的格言。這種格言通常出現在故
事的開頭或是結尾，一般稱之爲『啓示』。寓言中運用的典型角色是
動物、自然界的物或力量，或是下階層社會的人物。這些文章風格
多半簡練平實，予人的訓示意義多屬較低層次的審愼及實用性。」
〔註7〕

《大不列顛百科全書》中對寓言的解釋，除了用散文寫的寓言之外，還包
括了寓言詩。在西方，寓言詩很普遍，藝術成就也很高，像是法國的拉丹封、
俄國的普希金，都以寓言詩著名。但在中國，寓言詩的數量卻很少。至於《大
美百科全書》中所說，寓言中運用的典型角色是動物、自然界的物或力量，或
是下階層社會的人物，更和中國寓言，尤其是先秦諸子的寓言相去甚遠。

由於中國對寓言的解釋是以虛構人物的話語來寄託自己的思想，因此，
一六二五年出版的第一個《伊索寓言》中文選譯本，就定名爲《況義》，其中
所含的比喻意義十分明顯。其後的兩個選譯本分別命名爲《意拾蒙引》及《海
國妙喻》，也都和「借寓」、「寄寓」有關。直到一九○二年出版，由林紓、嚴
璩合譯的第四個譯本，才叫《伊索寓言》。

不過，由於《伊索寓言》翻譯本在華人世界廣爲流傳，並做爲兒童重要
啓蒙讀物之一，而使得一般人對寓言的印象比較偏重於動物故事，同時，也
由於二十世紀以來，大量西方文學理論傳入中國，以至於中文的文學分類多
半採用西洋方法，對寓言的界說，也借鑒了西方的說法。此由台灣編輯、出
版的《環華百科全書》對「寓言」的解釋即可窺知。《環華百科全書》中分別
有「寓言」及「寓言故事」條目。但「寓言」並沒有解說，只是簡單注明：
參閱「小說」條。而「小說」中對「寓言」的解釋是：「寓言是與動物有關的
簡短虛構故事，絕大多數的寓言都是逸事趣聞，且都隱含一個寓意。」〔註8〕
至於「寓言故事」的解釋則是：「寓言故事就是含有許多寓意的故事，且大半
是道德與宗教方面的意義。」〔註9〕根據上述解釋，「寓言」似乎與「寓言故

〔註6〕《大不列顛百科全書》中文版，第十七冊，台北：丹青圖書公司，1987 年 9
月，頁 249。
〔註7〕《大美百科全書》，第十冊，台北：光復書局，1990 年 3 月，頁 389。
〔註8〕《環華百科全書》，第十二冊，台北：環華出版公司，1982 年 8 月，頁 583。
〔註9〕同上注，第二十冊，頁 363。

事」不同，且範圍只侷限於和動物有關的既簡短又虛構的故事。這和中國寓言的差異十分明顯。

　　中國寓言淵源於古代敘事、言志、抒情時所使用的譬喻手法，早在《尚書》、《易經》中，就有了形象鮮明的譬喻，至於和一般民眾生活接近的民歌、民謠，譬喻的使用則更為靈活。《詩經》中就有不少相當巧妙的譬喻，到了戰國時代，譬喻的技巧進一步發展，在文學表現手法上更為圓熟，成為文章中敘事、說理和論證的重要部份。

　　從這個發展過程，就可以看出中國寓言的起源與《大不列顛百科全書》中文版所述：「最早廣為流傳的寓言是印度、埃及和希臘的動物寓言」並不相同〔註10〕。而從戰國諸子作品中的寓言觀察，除《莊子》寓言出現的動物較多外，諸子寓言大抵以人作為重心。

　　《韓非子》書中的寓言，更絕大多數以歷史上確實存在的人物以及在他們身邊發生的故事為主角，雖然，經過韓非的藝術加工，寓言添加了更多文學色彩。不過，韓非究竟基於什麼原因或目的，在著作中寫下如此豐富的，以真人實事為背景的寓言？這和韓非的時代、性格、理想、政治主張、思想闡發有何關係？遂引起筆者強烈興趣。

　　近三十多年來，台灣以韓非寓言作為研究對象的學位論文有林金龍先生《韓非子寓言研究》〔註11〕、郭志陽先生《韓非子寓言文學研究》〔註12〕、趙依玲小姐《韓非子寓言研究》〔註13〕、曾美霞小姐《韓非子寓言在教學應用的研究》〔註14〕、櫻井薰小姐《韓非子之散文與寓言》、〔註15〕陳麗珠小姐《韓非子儲說研究》、〔註16〕陳玲玉小姐《韓非子儲說事例研究》、〔註

〔註10〕《大不列顛百科全書》中文版，第十七冊，台北：丹青圖書公司，1987 年 9 月，頁 249。

〔註11〕林金龍，《韓非子寓言研究》，台中：東海大學中文研究所碩士論文，1986 年。

〔註12〕郭志陽，《韓非子寓言文學研究》，台北：台灣師範大學國文研究所碩士論文，1996 年。

〔註13〕趙依玲，《韓非子寓言研究》，高雄：高雄師範大學國文研究所碩士論文，2006 年。

〔註14〕曾美霞，《韓非子寓言在教學應用的研究》，台北：台北教育大學中國語文學系碩士論文，2006 年。

〔註15〕櫻井薰，《韓非子之散文與寓言》，台北：台灣大學中國文學研究所碩士論文，1996 年。

〔註16〕陳麗珠，《韓非子儲說研究》，台北：師範大學中國文學研究所碩士論文，1994 年。

17〕梁淑芬小姐《韓非子寓言中的管理哲學》〔註18〕等，上述前五篇內容較偏重於對韓非寓言的文學性、藝術性探討，雖其中亦涉及思想部份，惟著墨不多。陳麗珠小姐與陳玲玉小姐則僅側重於對〈儲說〉的探討，未及於《韓非子》全部寓言。梁淑芬小姐的《韓非子寓言中的管理哲學》雖同時研究韓非的寓言與哲學，但重心在韓非的管理哲學，對於韓非的整體思想並未論及。

　　至於海峽兩岸已出版之有關中國寓言或先秦寓言的專書，如陳蒲清先生《中國古代寓言史》〔註19〕、凝溪先生《中國寓言文學史》、〔註20〕李富軒、李燕兩位先生《中國古代寓言史》，〔註21〕公木先生《先秦寓言概論》、〔註22〕劉燦先生《先秦寓言》〔註23〕等著作，雖皆述及韓非寓言及思想關聯性，惟因體例與篇幅所限，所述較為簡略。張素貞教授《韓非子難篇研究》，〔註24〕雖將《韓非子》四篇〈難篇〉中之二十八則歷史寓言，分為「法論」、「術論」、「勢論」，予以詳細析論，分別從義理和文學說明韓非援引古事作為學理證據可有特殊涵義？論點如何提出、論駁、轉折？遣字造句有何特色？脈絡清晰，條理分明，惟內容僅限於〈難篇〉，並未及於全書寓言。

　　韓非既是哲學家亦是文學家，他的文章論辯明晰，文字精練，歷代皆視為習文範本，文中所穿插之多則寓言更增行文魅力。不過，除文學價值外，綜觀《韓非子》全書，仍以政治思想為依歸，且韓非重視實用，不尚空言，因此，他書中的大量寓言與其政治思想具有何等關聯？是否可以從寓言中梳理出韓非政治思想的基礎、內涵與實際運用的清晰脈絡？以及能否透過寓言解析韓非的性格、時代關懷與政治理想？皆值得深入探討，而以往學人並未對此部份予以全面探析，本文即以這些問題作為出發點，研究韓非寓言與其政治思想的關係。

〔註17〕陳玲玉，《韓非子儲說事例研究》，高雄：中正大學中國文學研究所碩士論文，2003 年。

〔註18〕梁淑芬，《韓非子寓言中的管理哲學》，高雄：高雄師範大學國文學系碩士論文，2008 年。

〔註19〕陳蒲清，《中國古代寓言史》，板橋：駱駝出版社，1987 年。

〔註20〕凝溪，《中國寓言文學史》，昆明：雲南人民出版社，1992 年 1 月。

〔註21〕李富軒、李燕，《中國古代寓言史》，台北：漢威出版社，1998 年 8 月。

〔註22〕公木，《先秦寓言概論》，山東：齊魯書社，1984 年。

〔註23〕劉燦，《先秦寓言》，台北：群玉堂出版公司，1991 年 11 月。

〔註24〕張素貞，《韓非子難篇研究》，台北：台灣學生書局，1997 年 8 月。

第二節　既有研究成果探討

一、思想方面

　　《韓非子》一書已距今兩千年以上，自漢至清，考訂、批評及論說者甚多，其中有肯定、讚許，亦有貶抑、批評。不過，要到一九三〇年代之後，才有學者以現代哲學、政治學或法理學觀念予以研究。數十年來，有關韓非研究的專書、論文甚多，其中，熊十力先生之《韓非子評論》爲影響相當大的著作。〔註25〕熊先生認爲韓非思想以術爲先，並非法家正統，因此將韓非稱爲「法術家」，此定位對往後的韓非研究影響頗大。而熊先生此書寫於對日抗戰時期，面對國家民族的危難，熊先生雖以新儒家立場對韓非之學有深入批評，但基於時代因素，對韓非重法術之治以求國富兵強，亦有深刻的切身感受，熊先生以對韓非之學的批評與肯定，亦對後來的韓非研究者具啓發性。

　　陳啓天先生之《韓非子校釋》一書，〔註26〕參考多種舊本、各家考證、注疏與日籍人士注解，重新加以校勘及注釋，並附注各舊本異同於後。陳先生認爲《韓非子》舊有篇次稍嫌雜亂，故依各篇內容重新編次，分爲十卷，參酌本身及歷代學者意見，以各家普遍認爲最重要的篇章置於前二卷，較不重要或確有可疑者置於後卷，以便閱者選讀。本書並將歷代學者研究韓非子的參考書目、序例、考證及作者所著之《韓非及其政治學》置於附錄，不僅內容完備，對韓非思想亦有精闢闡發，爲現今許多學者研究韓非思想的重要文獻依據。

　　陳奇猷先生的《韓非子集釋》，〔註27〕以宋乾道黃三八郎刊本爲主，校以明、清各版本，並搜輯各書引文，以及先秦諸子和秦漢以來典籍中與韓非有關之文做爲校勘資料，爲《韓非子校釋》之外，當代另一本匯集諸家考據、校正及注釋的重要資料。本書中附有陳奇猷先生所撰之〈韓非學述〉，言簡意賅，頗具參考價值。此書亦爲當代學者研究韓非思想的重要文獻。

　　王邦雄先生《韓非子的哲學》，〔註28〕以哲學觀點對韓非思想做系統性研究，對韓非哲學予以新的建構與解析。書中對於戰國時代儒、道、墨、名四

〔註25〕熊十力，《韓非子評論》，台北：台灣學生書局，1978年10月。
〔註26〕陳啓天，《增訂韓非子校釋》，台北：台灣商務印書館，1994年11月。由於本
　　　　論文所引《韓非子》原文皆出於此書，後文不再提稱全書名稱，簡稱《校釋》。
〔註27〕陳奇猷，《韓非子集釋》，高雄：復文圖書出版社，1991年7月。
〔註28〕王邦雄，《韓非子的哲學》，台北：東大圖書公司，1979年9月。

家在時勢轉移之下，逐漸推向法家一路，以及韓非思想汲取各家思想，移入法家哲學骨架中的承繼取捨析論深入，並對於韓非政治哲學體系的建立及其實際發用予以全面評析。書中先分述韓非的法論、勢論及術論，再析論此三者雖各具特性與界域，另一方面亦各顯不足，故三者之間，必互補不足，彼此助長，方能建立韓非完整的政治思想體系。全書歸結於韓非政治哲學無以自解的困結，如由現代民主體制轉出，其法治思想即可成立而實現。此綜合會通先哲思想並將其引入現代的古為今用理念，極具前瞻性與現代感。

　　張純、王曉波兩位先生的《韓非思想的歷史研究》，〔註29〕以宗法封建向專制統制的中國歷史演變，來探討韓非思想的發生和後世陽儒陰法確立的過程。書中將韓非的政治哲學歸之為「君主民本的專制思想」，認為韓非思想是民本與尊君的結合，但由於君主專制和民本在本質上是矛盾的，因此，韓非必須否認人民具有普遍理性，並需假定國君必然執行公利正義。本書提出民本與統治的問題，並指出韓非思想固然無法解決此問題，近代歐美民主政治也不能完全回答此問題，給予讀者對政治問題的深層思考。

　　高柏園先生的《韓非哲學研究》，〔註30〕企圖在傳統的，強調以心性論和修養論來研究中國哲學的方式之外，亦以西方哲學的語言、經驗、邏輯、形上學、價值論等層次來研究韓非哲學，期望與傳統理解方式相輔相成，描繪出更為豐富寫實的中國哲學風貌。本書主要內容在於客觀展示韓非思想的起源、理論基礎、理論內容及其可能之精義與限制，並說明韓非思想的現代意義及其影響，對韓非哲學與現代接軌提供新的觀點。

　　姚蒸民先生的《韓非子通論》，〔註31〕不以純學術文化觀點論韓非學說，而出以政治和歷史眼光，姚先生曾任多年高階公務人員，對於韓非思想在政治實際應用上有獨到心得，書中以現代人事管理制度剖析韓非的術論，認為術為官僚政治所不可無，領導者必須講求用人行政之道，並詳加論析執要、用人、形名、聽言、參伍等術，並兼採論證與比較方法，以現代政治印證韓非思想，觀點頗具新意。

　　謝雲飛先生《韓非子析論》，〔註32〕以韓非的學術淵源及思想體系、政治

〔註29〕張純‧王曉波，《韓非思想的歷史研究》，台北：聯經出版公司，1983 年 9 月。
〔註30〕高柏園，《韓非哲學研究》，台北：文津出版社，1994 年 9 月。
〔註31〕姚蒸民，《韓非子通論》，台北：東大圖書公司，1999 年 3 月。
〔註32〕謝雲飛，《韓非子析論》，台北：東大圖書公司，1996 年 2 月。

思想、教育思想、科學思想、經濟思想、兵學思想及建國要略等方向來析論韓非子的思想，此書與現代社會貼近，論述文字亦簡略精闢。且書中在言及「韓非子讀法」中，特別列出讀《韓非子》需要留意書中寓言，將韓非寓言分爲直敍性、況喻性、說理性、諷刺性、警世性、誠俗性等六種，並分別舉例說明，對韓非以寓言說明史事、諷喻人情、論事析理、警世誠俗的說明頗具見地。

除上述有關《韓非子》研究的專書外，牟宗三先生的《政道與治道》，〔註33〕將儒、道、法三家的治道分別以德化的治道、道化的治道、物化的治道予以詳細闡釋。並說明前期法家只是「爲政以法」的事功家，直到後期法家把道家的「道」吸收進來以爲「體」，才發展成「物化的治道」。牟先生以形上學觀點剖析後期法家爲何走向獨裁、專制，對韓非思想的研究有很大影響。

唐君毅先生的《中國哲學原論》，〔註34〕亦詳細解析了韓非的治道，唐先生除了比較韓非的法、術、勢理論和商鞅言法、申不害言術、慎到言勢的關連之外，也說明了韓非和儒家用賢、墨家言法的關係，並說明韓非將老子的「天地萬物之道」化爲政治之道的手段工具，此對韓非思想的研究具有極大啓發作用。

二、寓言方面

中國寓言雖起源於先秦時期，但對於古代寓言的整理與研究，則是在「五四」前後，〔註35〕初期亦僅限於把古籍中的寓言集錄、選編、出版，其後才有了對中國寓言的獨立研究。陳蒲清先生的《中國古代寓言史》，〔註36〕是最早一部關於中國古代寓言史的著作。此後繼之有凝溪先生的《中國寓言文學史》；〔註37〕李富軒、李燕兩位先生的《中國古代寓言史》；〔註38〕。此外，在先秦寓言的論述上，還有公木先生的《先秦寓言概論》，〔註39〕以及劉燦先

〔註33〕牟宗三，《政道與治道》，台北：台灣學生書局，1980 年 4 月。

〔註34〕唐君毅，《中國哲學原論·原道篇》，《唐君毅全集》，卷十四，台北：台灣學生書局，1991 年 2 月。

〔註35〕參見陳蒲清，《中國古代寓言史》，板橋：駱駝出版社，1987 年，頁 331。

〔註36〕同上注。

〔註37〕凝溪，《中國寓言文學史》，昆明：雲南人民出版社，1992 年 1 月。

〔註38〕李富軒、李燕，《中國古代寓言史》，台北：漢威出版社，1998 年 8 月。

〔註39〕公木，《先秦寓言概論》，山東：齊魯書社，1984 年。

生的《先秦寓言》。〔註40〕這五本著作是目前研究先秦寓言的重要資料，雖則，以上諸位先生對於寓言的起源、定義各有見解，但均展現一家之言，並顯示中國寓言的研究還有相當大的發展空間。

　　張素貞教授的《韓非子難篇研究》，〔註41〕結合了韓非的法、勢、術思想與寓言，是頗具新意的韓非子思想及寓言研究。本書以《韓非子》〈難一〉、〈難二〉〈難三〉〈難四〉四篇作爲研究對象。此四篇皆採辯難體，爲《韓非子》中寓言較爲集中的篇章。在〈難篇〉中，韓非先以歷史寓言做爲導引，再針對寓言中的事例細加剖析，以發揮法家學說。張教授將〈難篇〉中的二十八則事例寫成二十八節短論，分別以「法論」、「術論」「勢論」論析，每節先考證引述資料，探析原義，再剖析韓非的辯難文字，予以歸納評述，審視韓非在辯難中的論點是否切合，是否公允的評價歷史人物與事件，抑或爲了遷就其主張而做主觀的批判。同時，亦指出在《韓非子》其他篇目中，與〈難篇〉相同或相異的主張，並分析韓非辯難時所提出的論點係基於何種觀點及理論基礎？可能發展爲何種觀念？會產生那些利弊？全書對〈難篇〉中的二十八則寓言與韓非政治思想的關聯性解析甚詳，以「法論」、「術論」、「勢論」來論析韓非寓言，解析亦極爲精闢。

　　近三十多年來，台灣以韓非寓言作爲研究對象的學位論文有林金龍先生《韓非子寓言研究》、〔註42〕郭志陽先生《韓非子寓言文學研究》、〔註43〕趙依玲小姐《韓非子寓言研究》、〔註44〕曾美霞小姐《韓非子寓言在教學應用的研究》、〔註45〕櫻井薰小姐《韓非子之散文與寓言》、〔註46〕陳麗珠小姐《韓非子儲說研究》、〔註47〕陳玲玉小姐《韓非子儲說事例研究》、〔註48〕梁淑芬

〔註40〕劉燦，《先秦寓言》，台北：群玉堂出版公司，1991年11月。
〔註41〕張素貞，《韓非子難篇研究》，台北：台灣學生書局，1997年8月。
〔註42〕林金龍，《韓非子寓言研究》，台中：東海大學中文研究所碩士論文，1986年。
〔註43〕郭志陽，《韓非子寓言文學研究》，台北：台灣師範大學國文研究所碩士論文，1996年。
〔註44〕趙依玲，《韓非子寓言研究》，高雄：高雄師範大學國文研究所碩士論文，2006年。
〔註45〕曾美霞，《韓非子寓言在教學應用的研究》，台北：台北教育大學中國語文學系碩士論文，2006年。
〔註46〕櫻井薰，《韓非子之散文與寓言》，台北：台灣大學中國文學研究所碩士論文，1996年。
〔註47〕陳麗珠，《韓非子儲說研究》，台北：師範大學中國文學研究所碩士論文，1994年。

小姐的《韓非子寓言中的管理哲學》〔註49〕等。

其中，林金龍先生的《韓非子寓言研究》，文中先推論先秦諸子使用寓言的心理動機，其次探討《韓非子》寓言故事的源流，並以一九五○年代之後的新出土資料印證其中的歷史故事。並依照韓非的行文特色，說明《韓非子》寓言的表達技巧、警惕訓誡的寄託、尖銳的諷刺和誇飾的言辭，同時，以《韓非子》寓言和《莊子》寓言互做比較，全文雖以《韓非子》寓言的文學性爲主，但結合歷史與文學的研究方法值得借鑑。

郭志陽先生的《韓非子寓言文學研究》，則先說明《韓非子》寓言多半爲歷史寓言，再以此解析韓非是以「人」作爲寓言的主要角色；以人類生活的歷史事件與現實記事作爲主體，歸結出《韓非子》寓言瀰漫濃厚的現實意味。文中並以「人以自利爲要」、「事以應時爲宜」、「君以嚴法治國」、「君以眾術御下」及「君以固勢爲本」五大主題來討論《韓非子》寓言的思想，除全面論述《韓非子》寓言的文學成就之外，也突顯了《韓非子》寓言的思想性和現實意味。自二十世紀初，學人以現代觀念和方法研究韓非思想與寓言以來，成果自然不僅於此，惟上述文獻對本論文寫作的資料收集、思想啓發特具助益，在此表達深摯的敬意與謝意。

第三節　研究方法與架構

在研究中國古代哲學家與其思想時，原典是最重要的基礎，沈清松先生解讀中國哲學原典的根本主張爲：「動態的脈絡主義」。在此根本原則下，他認爲：在解讀中國哲學原典時，既需遵循一般的文本詮釋原則，亦需尊重中國哲學文本的特性，同時也應考慮文本作者或學派自己所提供的詮釋原則。沈先生首先指出，無論中、西方文本的一般性詮釋原則有下列四點：

（一）文意內在原則（Principle of intra-textuality）：我們針對文本所要尋找的意義，應該都是在文本之中，而且只在文本之中。換言之，如果要瞭解某一文本，如《論語》、《孟子》、《老子》、《莊子》、《易傳》……等等，其中所呈現的哲學意義，只能從文本中讀出，不能強加之以文本中所沒有的道理

〔註48〕陳玲玉，《韓非子儲說事例研究》，高雄：中正大學中國文學研究所碩士論文，2003年。

〔註49〕梁淑芬，《韓非子寓言中的管理哲學》，高雄：高雄師範大學國文學系碩士論文，2008年。

或意義。如果是因爲文本脫落或朽毀，必須對某一文本加以增補或修訂，也必須有其他文本爲據，無論是新發現的或有其他脈絡的文本參證，始得爲之，不得任意強加文本以外之意或文句於某文本之上。

（二）融貫一致原則（Principle of coherence）：基於讀者主觀的善意，與文本客觀上的價值，一個哲學家著作之所以值得讀，一定是有其內在一貫的想法。所謂融貫一致，在消極上要能避免自相矛盾或相對之的歧見；在積極上則文本中所含的觀念與命題，必須能環環相扣，形成一個內在融貫的義理整體。

（三）最小修改原則（Principle of minimum emendation）：除非必要，不得隨意修改文本。如果文本所述與我們的理論或我們根據某理論對於某文本的想像不一致，應該修改的是我們的理論或我們對文本的想像，而不是文本本身。

（四）最大閱讀原則（Principle of maximum reading）：在符合以上三項原則之後，我們就可以在義理的理解和詮釋上做最大的閱讀，亦即最富於充實的義理解讀，可以在文本上從事哲學思考。

沈先生認爲：除了文本的一般詮釋性原則之外，在解讀中國哲學文本時，亦需照應其特色。大體說來，相對於西洋哲學喜歡運用「概念」（concept），中國哲學文本喜用「隱喻」（metaphor）；相對於西洋哲學喜用「論證」（argumentation），中國哲學喜用「敘事」（narrative），並藉喻以言義，借事以言理。

最後，沈先生認爲中哲文本作者或其學派，往往提供特定的詮釋規則或對語言有其特定見解。例如在《論語》中，孔子讀詩，往往取其關鍵句以顯示要旨；又如在《莊子·齊物論》中，對語言意義的詮釋必須注意「言者」與「所言者」的關係等等。〔註50〕

筆者認爲沈清松先生對中國哲學文本的閱讀與詮釋原則頗值借鏡，本論文即以沈先生的文本詮釋原則來解讀《韓非子》。先從其中整理出所有寓言，再分析寓言與韓非政治思想的關連性。

除文本詮釋之外，本論文亦輔以歷史研究法。任何一位思想家，都不可能脫離他的時代，歷史研究法即研究一個時代的各種因素對研究對象的影響。韓非思想之重視現實政治，更和他的王公貴族成員身份、祖國韓國的長年積弱、戰國時代各國之間錯綜複雜的情勢，以及諸子思想在時局下的流變

〔註50〕　參考沈清松，〈從「方法」到「路」——項退結與中國哲學的方法論問題〉，《哲學與文化》，第 32 卷第 9 期，2005 年 9 月，頁 61～75。

不能分割，因此，以歷史研究法先探究韓非的時代對他的影響實屬必要。

　　本論文即以歷史研究法來探討先秦寓言和法家思想的源流與演變。在討論寓言的興起方面，從中國古代的譬喻來探索戰國寓言的源頭，並以春秋時代宗法制度與井田制度開始解體，造成貴族階級之末的「士」淪落民間，遊走各國，宣揚自己學說的特殊歷史情況，來探討戰國寓言興起，成為諸子散文重要組成部分的原因。在思想方面，以春秋戰國儒、道、墨、法、名等各家學術思想流變，探索在時代的轉變下，各家思想經過演變，皆逐漸趨向法家的局面，以及韓非吸收、融會各家思想，並透過他的修正與統合，建構起個人獨創學說的情形。

　　《韓非子》寓言雖絕大多數皆敘述歷史人物及歷史事件，但寓言並非史實，韓非引用史事的目的，又只是為了說明自己的理論，因此，他對於史事的記載和考證並不嚴謹，甚至有時會有誤記，〔註51〕本文在引用這些與其他古籍記載有明顯誤差的寓言時，皆會比較《韓非子》所述與他書不符部份。

　　至於在參考文獻部份，牟宗三先生曾經在「研究中國哲學之文獻途徑」的演講中說：

> 「我們講文獻的途徑，第一步要通句意、通段落，然後形成一個恰
> 當的概念，由恰當的概念再進一步，看看這一概念是屬於哪一方面
> 的問題。」〔註52〕

〔註51〕 例如《外儲說左下》所記：齊宣王問匡倩曰：「儒者博乎？」曰：「不也。」
王曰：「何也？」匡倩對曰：「博者貴梟，勝者必殺梟，殺梟者，是殺所貴也，
儒者以為害義，故不博也。」又問曰：「儒者弋乎？」曰：「不也。弋者從下
害於上者也，是從下傷君也，儒者以為害義，故不弋。」又問儒者鼓瑟乎？
曰：「不也。夫瑟以小絃為大聲，以大絃為小聲，是大小易序，貴賤易位，儒
者以為害義，故不鼓也」。宣王曰：「善。」仲尼曰：「與其使民諂下也，寧使
民諂上。」
根據錢穆先生的推論，孔子死於公元前479年，齊宣王死於公元前319年，
因此，孔子不可能在齊宣王在位的時代說話，這段孔子的評語當然是韓非假
藉孔子所說的，目的是為了論證「臣主之理」。（先秦諸子繫年，台北：東大，
1986年2月，頁615）。此則寓言中匡倩所舉的三個例子，都是在說明君臣有
別，儒者連博戲、射鳥、鼓瑟這些娛樂都不去做，認為有違正道。這完全符
合韓非所主張的「君勢」，因而韓非不但予以引用，還在寓言結尾，加上他
替孔子所說的話：「與其使民諂下也，寧使民諂上。」藉此來增加論證的分量。
韓非寓言與史實不符之處尚有多起，本文在引用此些寓言時皆加以說明。

〔註52〕 牟宗三，〈研究中國哲學之文獻途徑〉，收入《牟宗三先生全集》，第27冊，
台北：聯經出版公司，2003年5月。

又在《現象與物自身》的序中說：

「既有如此多之文獻，我們雖不必能盡讀之，然亦必須通過基本文獻之瞭解，而瞭解其義理之骨幹與智慧之方向。在瞭解文獻時，一恐浮泛，二忌斷章取義，三忌孤詞比附。」〔註53〕

正如牟先生所言，在閱讀文獻時，必須形成恰當的概念並通過文獻來瞭解義理。《韓非子》成書距離今天已兩千餘年，除《史記》、《左傳》、《戰國策》、《商君書》等古籍所記與韓非有關的資料具重大價值外，歷代學者對於《韓非子》原典的注疏、評論種類甚多。而二十世紀以來，學者以現代觀點研究韓非學說亦成果豐碩。此外，近代學者有關中國哲學史、中國政治思想史、中國法家思想之著作，皆聚焦於中國思想史的整體發展，對韓非之學有不同見解與評價，亦值得參考。

有關《韓非子》寓言、先秦寓言或中國寓言史的著作，質與量自然都遠遜於韓非學術思想研究，但中國寓言做為二十世紀以來新起的研究課題，雖各家對於中國寓言的起源、定義觀點並不完全一致，卻因此更能提供不一樣的思考方向。

《韓非子》今通行本為二十卷五十五篇，篇數同於《漢書‧藝文志》，卷數同於《隋書‧經籍志》，但此書並非韓非手定，因而產生各篇真偽問題。

宋代王應麟在《漢藝文志考證》中說：

「沙隨程氏曰：『非書有〈存韓篇〉，故李斯言非『終為韓不為秦』也。後人誤以范雎書廁於其書之間，乃有『舉韓』之論，《通鑑》謂非『欲覆宗國』，則非也。』」〔註54〕

王應麟此說認為：〈存韓篇〉乃范雎之作雜入韓非著述中。由此可見，早在宋朝，就有人開始懷疑《韓非子》中有些篇章並非韓非所作。

民國之後，對於《韓非子》全書篇目真偽作深入考辨的學者越來越多。胡適先生認為：《韓非子》十分之中，僅有一二分可靠。〔註55〕陳奇猷先生則認為：除了〈人主〉與〈制分〉兩篇外，皆不得謂之贋品。〔註56〕兩人見解

〔註53〕牟宗三，《現象與物自身》，台北市：台灣學生書局，1990年3月。

〔註54〕王應麟，《漢藝文志考證》，卷六，台北：臺灣商務印書館，1985年6月，景印文淵閣四庫全書本，頁19。

〔註55〕胡適，《中國哲學史大綱》，卷上，上海：商務印書館，1930年6月，頁365。

〔註56〕陳奇猷，〈韓非子真偽考〉，《韓非子集釋》，台北：復文圖書出版社，1991年7月，頁1161。

各趨極端。除此之外，各家學者見解亦多有出入。其中，容肇祖先生的《韓非子考證》、梁啓雄先生的《韓子淺解》、陳啓天先生的《增訂韓非子校釋》皆是近代研究《韓非子》的重要著作，鄭良樹先生詳細分析此三位先生對各篇真僞的看法，並作出如下統計〔註57〕：

容肇祖：全僞、部分僞、疑僞者十四篇。真者十三篇。

梁啓雄：全僞、部分僞、有問題者十二篇。真、無大問題、思想同、似真者三十篇。

陳啓天：僞、部分僞、不無可疑、可疑者二十篇。真、可視爲真者二十四篇。

從以上統計，即可看出三家對韓非各篇真僞的看法有相當大的歧異，而其他學者的見解亦頗有出入，也因此，儘管對《韓非子》一書的考僞甚多，卻難有確切一致的定論。

現存《韓非子》諸篇，極可能並非韓非一人所著，但可視爲韓非及其後學者所著。本文即以《韓非子》全書爲研究對象，從書中寓言來析論韓非的政治思想。

本論文共分爲八章，第一章爲緒論，敘述研究此題目的動機與目的；探討目前已有的《韓非子》研究成果；說明論文的研究方法與架構，以及研究的範圍與重心。

第二章爲《韓非子》寓言的背景與內涵。由於韓非爲先秦最後一位大哲學家，他的思想受到在他之前的哲學家影響頗深，因此，本文第一節從《書經》、《易經》、《詩經》等典籍使用的譬喻手法談起，說明戰國時代以譬喻說理的散文走向，以及戰國諸子在文章中運用寓言的普遍情形。第二節分析戰國時代辯士遊走各國尋找政治舞台，爲了說服國君，運用寓言來做爲表達思想的重要媒介。第三節敘述韓非政治思想的淵源，說明他與法家、儒家、道家、墨家、名家、兵家思想的關係。第四節由韓非的家世、遭遇、個性，說明他不但在寓言中寄託對現實的感嘆，也在寓言中表現出強烈的用世情懷。

第三章爲《韓非子》寓言中政治思想的理論基礎。從此章到第六章，皆先以韓非一則寓言作爲起始，由此探討寓言中表現的主旨，其後再引用其他相關寓言，做爲此主題思想的進一步說明。本章第一節從「夫妻禱祝」來詮表好利自爲的人性論，說明韓非對人性的看法是非關善惡的人性自利，這樣

〔註57〕鄭良樹，《韓非之著述及思想》，台北：台灣學生書局，1993年7月，頁4～7。

的人性論也是他政治哲學的基礎。第二節從「田仲論瓠」來詮表功利實效的價值觀，韓非認為不具現實利益的作為都沒有價值，唯一的價值就是功利實效，這使他的學說忽視個人價值，導向以國家利益為最終目標。第三節從「守株待兔」詮表變古以治今的治道觀。韓非主張變古，認為「世異則事異」，「事異則備變」，而他所處的「當世」是一個「爭於力」的時代，因此，施行仁治是不合時宜的。唯有法治才能因應。

　　第四章為《韓非子》寓言中的法制要素，韓非的「法」，是具有公平、普遍、客觀、標準等性質的成文法和公佈法，本章即探討韓非的法論。第一節從「楚莊王罪太子」解析法的公平性，說明韓非的法是全國一體適用的，理論上，在法的規範下並沒有特權。第二節從「吳起立車轅」解析法的普遍性，說明韓非的法並不把持在少數菁英份子的手上，而是全國每一個國民都能夠知道、了解，而且容易實行的。第三節從「楚王擊鼓」解析法的標準性，說明法是全國上下都必須遵守的規則和典範，一個國家除了法以外，沒有別的準則。第四節從「石邑深澗」解析法的強制性，說明立法之後，就必須要求、強制所有的國民守法，立法而不要求遵守，或是法外施恩，法就會失去意義。

　　第五章為《韓非子》寓言中的勢位關係，韓非重視「勢」，他所說的勢除了國君統治之勢，也包括人臣行法之勢，不過大體上仍以君勢為主。本章第一節從「平公問霸」詮釋人設之勢，說明韓非所言之勢並非自然之勢，而是人設之勢，亦即抱法處勢則治之「勢」。第二節從「矛盾之說」詮釋待賢不如任勢，說明韓非反對儒家的賢治說，主張法家的法治說，其原因及反對的理由。第三節從「狐偃論戰」詮釋信賞必罰，說明國君之勢要從「信」與「必」中建立，並論述韓非所說的「信」和儒家的「信」本質上並不相同。第四節從「田成惠民」詮釋勢不能借於人，韓非認為「賞」與「罰」是國君必須掌握的二柄，缺一不可，更不能讓賞罰之權下落到人臣身上，以免危及政權與自身。

　　第六章為《韓非子》寓言中的術用模式，韓非的「術」常被批評為陰暗及權謀，但韓非的術論包羅甚廣，其中固然有權謀成分，卻也有明朗積極的一面，本章即從多角度論韓非之術。第一節從「昭侯獨寢」顯現無為之術不形於外，說明韓非不現喜怒的「無為術」的源頭，以及韓非為什麼要求國君「無為」的原因。第二節從「涸澤之蛇」顯現術的謀略與機變，說明韓非之「術」確實含有權謀及機變成分，且某些作為不免有陰暗成分。第三節從「桓

公問置吏」顯現因任授官的人才啓用，說明韓非的用人術爲見功受賞，因能授官，量材使用，循序以進，要求每個人都能適才適所，發揮一己才能。第四節從「昭侯罪典冠」顯現循名責實的實效責求，說明韓非不尚空言，不聽吹噓，對人對事都要看實際效果，是合乎現代精神的管理方式。

　　第七章爲《韓非子》寓言的政治理想。韓非思想以實際政治爲依歸，他的理想是建立一個以國家爲主體的富強國家，這和西方的國家主義有相通之處。本章第一節是法勢術統合運用的思想體系，說明韓非的法論、勢論、術論雖各有偏重，在政治的實際運行上卻是一個完整的體系。第二節是國家利益高於一切的君國思想，說明在韓非的觀念裡，君和國是一體的，國家的利益也就是國君的利益，而爲了達到國家的大利，當個人利益和國家利益衝突時，私利必須加以限制。第三節是國富兵強的終極目標，說明韓非政治思想的最終目標是建立一個兵強國富的國家，讓每個國民都能夠在國家的庇護下，過安定幸福的生活。

　　第八章爲結論，係通過以上各章論述，所得到的對韓非寓言和其政治思想關聯的總結。第一節爲《韓非子》寓言透顯其政治思想，說明韓非的法論、勢論和術論，以及法、勢、術的綜合運用之道，都通過韓非寓言清楚展現。第二節爲《韓非子》寓言隱含強烈的用世企圖，說明韓非希望能夠通過實際政治來展現他的法治思想及治國理想，在他的寓言中充分顯示他急於用世的心情。第三節爲韓非思想難以解消的困難，說明韓非的政治思想雖以「中主」治國爲目標，但以韓非對國君能力的要求，實在並非中主可能達到。同時，韓非似乎隱然將人分爲自利與不自利兩大類，因此，他的人性論存在矛盾之處。而且，在韓非思想中，誰來立法？君王在法律規範之外等問題也無法得到解決，這都是韓非思想的難題。第四節爲韓非寓言對當代政治的啓發，說明韓非寓言中透露出來的政治思想，給予當代政治的啓示與省思。

第四節　研究範圍與重心

　　本論文係通過《韓非子》的寓言來研究韓非的政治思想。有關《韓非子》的寓言總數，由於學者對寓言的釋義不同，而有不同的計算方式。根據陳蒲清先生的統計，《韓非子》一書中共有三百二十三則寓言，〔註58〕郭志陽先生

〔註58〕陳蒲清，《中國古代寓言史》，板橋：駱駝出版社，1987 年 8 月，頁 66～70。

的統計則是二百八十五則。〔註 59〕李富軒、李燕兩位先生則統計約三百八十多則，除去重見的、一事兩記的，還有近三百四十則。〔註 60〕

　　李富軒、李燕兩位先生認爲：

> 「寓言一般由寓體（故事）和寓意組成，主要用於勸誡諷喻……應
> 該容許一定程度的模糊性，也應該允許有廣義和狹義之分，應該承
> 認一部分作品事實上存在的兩棲性而不宜機械地用一兩條標準硬套
> 一切作品。」〔註 61〕

筆者認同兩位李先生的看法，認爲寓言應該允許有廣義與狹義之分，且應容許一定程度的模糊性。而根據《中國大百科》中的「先秦寓言條」對「寓言」的解釋爲：

> 「先秦時代諸子諸文、史傳著作中的寓言故事，原爲著述的論證手
> 段，並不獨立，但它們的高度文學性，使之逐漸獨立流傳，膾炙人
> 口，而對後世文學產生深廣影響。寓言是藉助於帶有勸喻式諷刺性
> 質的簡短故事來闡明一定道理的文學體裁，寓言具有比喻的性質，
> 是比喻發展的高級形式。」〔註 62〕

　　本論文主要探索《韓非子》寓言中所寄寓的思想，《韓非子》的寓言亦與其同時代的著作一樣，原本只是論證的一種表現方法，並沒有意識到它已經成爲或者可能發展成爲一種獨特的文學樣式，這和我們現在所說的寓言文學尚有一定距離。因此，在寓言的認定上，本文採取最廣義的態度，只要稍具故事性且有寓意者皆認定爲寓言。筆者依此原則統計，《韓非子》書中寓言總計四百三十五則，扣除重複及一事兩記或數記後爲三百七十九則，韓非寓言皆無題目，爲便於參閱，自行訂名列表如下：

〔註 59〕郭志陽，《韓非子寓言文學研究》，台北：台灣師範大學國文研究所碩士論文，1996。

〔註 60〕李富軒、李燕，《中國古代寓言史》，台北：漢威出版社，1998 年 8 月，頁 138。

〔註 61〕同上注，頁 4。

〔註 62〕《中國大百科全書》，中國文學 II，台北：錦繡出版，1992 年 12 月，頁 988～990。

《韓非子》寓言統計表

篇名	寓言數	扣除重複與一事兩記	寓言內容
顯學	3		以容辭取人、巫祝之禱、磐石象人
五蠹	6		守株待兔、徐偃王行仁、共工之戰、子貢辯智、直躬謁吏、魯人戰北
難勢	1		矛楯之說
二柄	3		田常用德、子罕用刑、昭候罪典冠
備內	1		水火之勝
飾邪	2		鑿龜數筴、豎穀陽進酒
姦劫弒臣	3		春申君之妾、王子圍自立、崔杼弒君
說疑	2		敬侯享國、燕噲國亡
說難	4		鄭武公伐胡、宋人遇盜、彌子瑕有寵、龍之逆鱗
和氏	3		和氏璧、吳起枝解、商君車裂
問田	1		徐渠問田鳩
難一	10	9	一時權與萬世利、舜之救敗、矛楯之說、管仲遺言、高赫首賞、師曠撞琴、桓公見小臣稷、郄子分謗、管仲立為仲父、兩用之憂
難二	7		躋貴履賤、桓公遺冠、文王請解炮烙之刑、君力與臣力、桓公得仲父、窕言與窕貨、簡子立矢石所及
難三	7		子思不論過、寺人披見文公、桓公三難、仲尼論政、子產聞哭、以天下為羅、韓魏孰與始強
難四	4		孫文子聘於魯、陽虎奔齊、高渠彌弒君、夢灶
內儲說上	54	48	夢灶、舉國皆一之一、舉國皆一之二、河伯、亡其半、豎牛、江乙使荊、嗣君之雍、矢來盡備、三人成虎、石邑深澗、以嚴范人、桃李多實、棄灰之刑一、棄灰之刑二、樂池之客、重輕罪一、重輕罪二、竊采金、仲尼救火、人臣之善、慈惠亡國、齊國厚葬、魏獻胥靡、君之利器、越王焚宮室、吳起立車轅、人皆習射、巷人服喪、越王式怒蛙一、越王式怒蛙二、昭侯藏弊褲、鱣似蛇、鄭梁一國、濫竽充數一、濫竽充數二、試君動貌、無危乃悔、謀弛上黨、龐敬還公大夫、詔視輼車、

			周主亡玉簪、商太宰論牛屎、昭侯握爪、昭侯審南門、周主索曲杖、卜皮使庶子、西門豹亡轄、僞謗、矯爲秦使、詐逐所愛、佯見白馬、子產訊訟、與關吏金
內儲說下	57	51	魚失於淵、久語懷刷、胥僮諫厲公、州侯一言、燕人浴矢一、燕人浴矢二、夫妻禱祝、荊王宦諸公子、三桓攻昭公、公叔內齊軍、翟璜召韓兵、兔死狗烹、兩韓兩趙、司馬喜善趙、呂倉善外國、宋石遺衛君書、白圭教暴譴、夷射叱門者、濟陽君攻己、司馬喜殺爰騫、鄭袖教美女一、鄭袖教美女二、費無極教郤宛、陳需殺張壽、夜燒芻廄、殺老儒一、殺老儒二、陳需以荊勢相魏、昭侯覆廩、昭奚恤執販茅、昭侯識奸一、昭侯識奸二、髮繞炙一、髮繞炙二、穰侯請立帝、獻公殺申生、夫人毒鄭君、州吁殺君、公子根取東周、商臣殺成王一、商臣殺成王二、嚴遂刺韓廆、田恆殺簡公、皇喜殺宋君、君好內太子危、太子未生、文王資費仲、敵國賢者、黎且去仲尼、干象沮甘茂、子胥宣言、獻公伐虞、叔向讒萇弘、鄭桓公襲鄶、秦侏儒、鄲令善趙、縣令弊席
外儲說左上	62	54	宓子賤治單父、善嫁妾、買櫝還珠、墨子木鳶、射稽之謳、良藥苦口、棘刺母猴一、棘刺母猴二、白馬過關、有度難無度易、不死之道、鄭人爭年、畫筴、畫鬼最易、堅瓠、虞慶爲屋一、虞慶爲屋二、范且張弓、塵飯塗羹、自爲心、文公伐宋、越伐吳、菁茅不貢、吳起吮創、趙主父勒石、昭王勒石、文公返國、卜子故褲、鄭人得軛、衛人射鳥、縱鷿飲水、效善一、效善二、效善三、紳束、雕琢、郢書燕說、鄭人買履、中牟之士、叔向請事、屈公恐敵、中山可伐、齊王衣紫一、齊王衣紫二、子產相鄭一、子產相鄭二、宋襄公之仁、齊景公下走、君爲臣事一、君爲臣事二、君盂民水、鄒君服纓、叔向賦獵、申子請罪、攻原得衛、箕鄭論信、吳起守信、文侯期獵、曾子殺彘、楚厲王擊鼓、李悝失信一、李悝失信二
外儲說左下	40	34	刖危生子皋、翟黃軒騎、昭卯罷兵、少室周一、少室周二、管仲治外、箕鄭全壺餐、陽虎事簡主、夔一足一、夔一足二、君自結繫一、君自結繫二、季孫好士一、季孫好士二、孔子啗桃、車席太美、西伯可誅、儒者、居士求仕、西門豹治鄴、盜與刖之子、方圓同畫、以肉去蟻、粟多馬瘦、桓公

			問置吏、孟獻伯相魯一、孟獻伯相魯二、管仲侈偪上一、管仲侈偪上二、孫叔敖儉偪下、陽虎樹人、趙武薦人一、趙武薦人二、解狐薦仇一、解狐薦仇二、鄭人賣豚、范文子直言、子國訓子、梁車刖姐、管仲用人
外儲說右上	33	22	師曠說景公、晏子說景公、子路行惠、太公望殺賢一、太公望殺賢二、如耳不相、薛公服欒子、馴烏、問弋一、問弋二、國羊問過、客說宣王、薛公獻珥一、薛公獻珥二、犀首遭逐一、犀首遭逐二、昭侯獨寢一、昭侯獨寢二、狗猛酒酸一、狗猛酒酸二、社鼠一、社鼠二、堯傳天下、楚太子犯法一、楚太子犯法二、卜者蔡嫗一、卜者蔡嫗二、教歌一、教歌二、吳起出妻一、吳起出妻二、狐偃論戰、痤疽之痛
外儲說右下	35	21	共轡而御一、共轡而御二、共轡而御三、子罕握誅罰一、子罕握誅罰二、田成惠民一、田成惠民二、非令擅禱一、非令擅禱二、五苑蔬草一、五苑蔬草二、公儀休不受魚、蘇代使燕一、蘇代使燕二、燕王讓國一、燕王讓國二、燕王讓國三、人主愛憎一、人主愛憎二、華陽君之目、虛名不借人、臨淵搖木、救火、造父推車、椎鍛榜檠、淖齒李兌一、淖齒李兌二、淖齒李兌三、踞轅而歌、稅之輕重、國之中飽、桓公微行一、桓公微行二、進退兩難一、進退兩難二
說林上	35	34	湯讓天下、甘茂擇官、太宰見孔子、臼里之盟、晉人伐邢、子胥出走、慶封走越、智伯索地、築臺三年、臧孫子求救、魏借趙道、涸澤之蛇、溫人之周、兩用、醉寐亡裘、老馬識途、不死藥、惠子說鄒君、遠水不救近火、馮沮說周君、公乘無正得相、樂羊食子、秦巴西釋寅、曾從子相劍、紂為象箸、周公攻九夷、舉國失日、魯人徙越、樹難去易、吳起任魯、隰子伐樹、逆旅二妾、衛人嫁女、魯丹說中山、同事之人
說林下	37	36	相踶馬、文子見曾子、翩翩、鱣似蛇、伯樂教徒、刻削之道、知心知事、太宰三坐、狗吠緇衣、羿操弓、富之涯、毀璞玉、撤鹿、笑句踐、藏皮冠、三蝨相訟、蚘蟲、滌堊之地、公子糾為亂、公孫弘斷髮、以我滿貫、子西釣名、嗇夫求容、兼有齊魏、白圭謂宋令尹、管仲鮑叔、吳使糵鼓、知伯伐仇由、越攻晉、左吏破吳軍、韓趙朝魏、子春愛信、韓咎立為君、海大魚、荊王之弟、闔廬攻郢、鄭人牆壞

十過	10	7	豎榖陽進酒、脣亡齒寒、楚靈王無禮、濮水之音、智伯之滅、穆公得由余、田成子遊於海、齊桓公之亡、秦拔韓宜陽、曹公無禮
解老	3		詹何之術、日亡其半、死象之骨
喻老	15	14	皮美爲罪、孫叔敖請地、病入骨髓、鄭君無禮、脣亡齒寒、紂爲象箸、子罕論寶、王壽負書、三年成一葉、襄主學御、白公勝慮亂、一鳴驚人、目不見睫、子夏見曾子、紂索周玉版
總計	435	379	

　　至於《韓非子》寓言的故事類型，各家所定名稱雖稍有出入，實質大抵相同。不過，或許由於二十世紀後，西方寓言廣爲流傳，而西方寓言中的動物形象特別鮮明，所以，研究者在對《韓非子》寓言分類時，往往會把「動物寓言」列入其中。

　　陳蒲清先生在《中國古代寓言史》中，即把《韓非子》寓言依故事類型分爲三類──動物寓言、民間寓言、歷史故事。〔註 63〕林金龍先生《韓非子寓言研究》把這三大類型的名稱定爲歷史故事、動物故事、民間流行傳說。名稱雖稍異，實質卻相同。〔註 63〕郭志陽先生《韓非子寓言文學研究》則說明以寓言人物爲分類標準，將《韓非子》寓言分爲歷史寓言、社會寓言、動物寓言及混合類寓言。〔註 64〕傅含章、龔顯宗兩位先生的〈韓非子寓言析探〉亦依郭先生的分類，將《韓非子》寓言分爲此四類型，僅將「歷史寓言」改爲「歷史演義寓言」。〔註 65〕趙依玲小姐的《韓非子寓言研究》則把《韓非子》寓言依題材來源，分爲神話故事、歷史故事、生活故事、動物故事四大類型。〔註 66〕曾美霞小姐在《韓非子寓言在教學應用的研究》中，依寓言類型分類，把《韓非子》寓言分爲生活寓言、神話寓言、動物寓言三類。〔註 67〕

〔註 63〕陳蒲清，《中國古代寓言史》，板橋：駱駝出版社，1987 年。

〔註 63〕林金龍，《韓非子寓言研究》，台中：東海大學中文研究所碩士論文，1986 年。

〔註 64〕郭志陽，《韓非子寓言文學研究》，台北：台灣師範大學國文研究所碩士論文，1996 年。

〔註 65〕傅含章、龔顯宗，〈韓非子寓言析探〉，《嘉義大學通識學報 3》，2005 年 9 月，頁 89～111。

〔註 66〕趙依玲，《韓非子寓言研究》，高雄：高雄師範大學國文研究所碩士論文，2006 年。

〔註 67〕曾美霞，《韓非子寓言在教學應用的研究》，台北：台北教育大學中國語文學系碩士論文，2006 年。

　　由於《韓非子》寓言中的神話寓言多半混合於歷史寓言中，而歷史演義寓言實質亦爲歷史寓言，故筆者概括上述諸位對《韓非子》寓言的分類，將《韓非子》寓言以動物寓言、民間社會寓言、歷史寓言、混合類寓言分爲四類，並逐則統計。結果發現《韓非子》中扣除重複及「一曰」的三百七十九則寓言中，動物寓言僅有十四則，民間社會寓言有三十七則，混合類寓言有十七則，其餘皆爲歷史寓言。在歷史寓言中出現的角色，固然含有神話及傳說人物，內容亦有些與史書記載有出入，但就發生年代與人物背景而言，列爲歷史寓言應爲適當。

《韓非子》寓言故事類型分類統計表：

篇名	寓言數	動物寓言	民間、社會寓言	歷史寓言	混合類寓言
顯學	3		1	1	1
五蠹	6	1		5	
難勢	1				1
二柄	3			3	
備內	1				1
飾邪	2			2	
姦劫弒臣	3			3	
說疑	2			2	
說難	4	1	1	2	
和氏	3			3	
問田	1			1	
難一	8			8	
難二	7			7	
難三	7		1	6	
難四	4			4	
內儲說上	48	1	3	43	1
內儲說下	51		2	49	
外儲說左上	54		14	39	1
外儲說左下	34		2	30	2
外儲說右上	22	1	2	18	1
外儲說右下	21	2	1	15	3

說林上	34		4	28	2
說林下	36	5	4	25	2
十過	7			7	
解老	3	2			1
喻老	14	1	2	10	1
總計	379	14	37	311	17

　　從上表清楚顯示：《韓非子》中絕大多數寓言皆為歷史寓言，而韓非以歷史人物與歷史故事作為寓言素材的傾向，必然與韓非以治國、治民為依歸的政治學說具密切關係。本論文即以《韓非子》書中寓言，探析韓非以寓言寄寓的政治思想。

第二章 《韓非子》寓言的背景與內涵

第一節 戰國時代以譬喻說理的散文走向

　　譬喻是中國古代敘事、言志、抒情所慣用的一種手法，在《尚書》中，已經出現形象鮮明的譬喻，例如：「若升高，必自下，若陟遐，必自邇。」〔註1〕「若火之燎于原，不可嚮邇。」〔註2〕這些比喻多半採用日常生活中的事物，深入淺出的烘托比較難懂的道理。但這些譬喻都比較簡單精煉，往往只是三言兩語，還沒有發展成內容豐富的寓言。

　　到了《易經》，出現的比喻更多，易經的卦辭和爻辭往往借用某些自然或社會現象連類附比，來推測禍福凶吉，例如，〈未濟〉的卦辭是：「未濟。亨，小狐汔濟，濡其尾，無攸利。」〔註3〕辭中以小狐狸做比喻，小狐狸過河，雖然勇氣十足，卻因為缺乏經驗而沾濕了尾巴，也沒有到達彼岸。不過，小狐狸儘管這一次沒有過河，卻充滿了無限的可能，當小狐狸有了周詳的計畫與經驗之後，最後就會成功了。又如，〈大過〉的爻辭「九二：枯楊生稊，老夫得其女妻，無不利。……九五：枯楊生華，老婦得士夫，無咎無譽。」〔註4〕這兩則爻辭以楊樹的發芽、開花來比喻事件的轉機；以不同年齡的男女婚配

〔註1〕《尚書・商書・太甲下》，孔安國注，孔穎達疏，《尚書正義》，海口：海南國際新聞出版中心，1996年11月。頁142。
〔註2〕《尚書・商書・盤庚上》，同上注，頁153。
〔註3〕《易經・未濟卦辭》，朱熹，《周易本義》，台北：文化圖書公司，1972年8月，頁90。
〔註4〕《易經・大過爻辭》，同上注，頁45。

來比喻是否能夠把握這個轉機,其間所使用的比喻都是當時日常生活常見的事物和社會現象,而且還隱含著簡單的故事,從表現手法來看,已經有了鮮明的形象和簡單的故事,隱約出現了寓言的雛形。

至於和一般民眾生活更為接近的古代民歌、民謠中,譬喻的手法則使用更多,中國第一部詩歌總集《詩經》的表現手法,前人就概括為賦、比、興。朱熹在《詩集傳》中對「比」的解釋是:「比者,以彼物比此物也。」也就是指對事物進行形象的比況,使它的特徵更突出、更鮮明。

在《詩經・國風》中,有不少相當巧妙的譬喻,例如:〈衛風・碩人〉用「手如柔荑,膚如凝脂,領如蝤蠐,齒如瓠犀,螓首蛾眉;巧笑倩兮,美目盼兮。」〔註5〕來比喻衛莊公夫人莊姜的美,詩中充滿了和民間生活接近的比喻,樸質而傳神。再如,〈魏風・碩鼠〉:

> 碩鼠碩鼠,無食我黍!三歲貫女,莫我肯顧。逝將去女,適彼樂土。
> 樂土樂土,爰得我所!碩鼠碩鼠,無食我麥!三歲貫女,莫我肯德。
> 逝將去女,適彼樂國。樂國樂國,爰得我直!碩鼠碩鼠,無食我苗!
> 三歲貫女,莫我肯勞。逝將去女,適彼樂郊。樂郊樂郊,誰之永號?
>
> 〔註6〕

這首詩把統治者比喻成貪婪害人的肥碩老鼠,農民辛辛苦苦努力耕耘,收穫了糧食養肥他們,卻得不到絲毫恩惠,只能遠離故土,另謀出路。

《詩經》中以比喻手法對統治者提出的控訴的作品並不只有〈碩鼠〉,〈豳風・鴟鴞〉是另一個例子。

> 鴟鴞鴟鴞,既取我子,無毀我室!恩斯勤斯,鬻子之閔斯。迨天之
> 未陰雨,徹彼桑土。綢繆牖戶。今女下民,或敢侮予。予手拮据,
> 予所捋荼。予所蓄租,予口卒瘏。曰予未有室家。予羽譙譙,予尾
> 翛翛。予室翹翹,風雨所漂搖。予維音嘵嘵。〔註7〕

這首詩把統治者比喻為凶猛殘忍的鷹,百姓則是柔弱善良的小鳥,在惡鷹抓走小鳥以後,小鳥的母親苦苦哀求惡鷹不要毀壞它的巢。透過凶猛惡鷹和無助小鳥的對比,詩中淒涼憂傷的感情更引人唏噓。

〔註5〕《詩經》,毛亨傳,鄭玄著,孔穎達疏,《毛詩正義》,海口:海南國際新聞出版中心,1996年11月,頁127。
〔註6〕同上注,頁215。
〔註7〕同上注,頁298~300。

　　春秋時代，周王室已失去共主地位，勢力強大的諸侯稱雄爭霸，諸侯之間的會盟以及使節在各國之間的往來日益頻繁，當時，熟讀《詩經》是使臣的必備條件，他們在政治、外交活動中，往往會遇到不便直說的情境，於是，就借用《詩經》的句子，影射事件，嘲諷人物，表明志向。這種引用經常並非詩句原意，而是「賦詩斷章，余取所求焉」。〔註8〕在此種特殊的外交辭令下，不懂稱詩言志的人往往不免當眾出醜，《左傳・襄公二十七年》記載：「齊慶封來聘，其車美，孟孫謂叔孫曰，慶季之車，不亦美乎，叔孫曰，豹聞之，服美不稱，必以惡終，美車何爲，叔孫與慶封食不敬，爲賦相鼠，亦不知也。」〔註9〕

　　慶封聽不懂叔孫用「相鼠有皮，人而無儀，人而無儀，不死何爲」來罵他，只是自己丟臉，宋國的華定卻因爲不懂詩而誤了大事。《左傳・昭公十二年》記載：「夏，宋華定來聘，通嗣君也，享之，爲賦蓼蕭，弗知，又不答賦，昭子曰，必亡，宴語之不懷，寵光之不宣，令德之不知，同福之不受，將何以在。」〔註10〕魯昭公吟誦〈詩經小雅・蓼蕭〉是爲了表達對宋國的友好，而華定卻對他藉詩傳達的意思毫無反應，以至於叔孫昭子發出宋國「必亡」的嚴厲評語。

　　稱詩言志的手法，實質上是一種特殊的譬喻形式，影響所及，人們不僅言談、辯論喜歡用比喻，著書立說、記述歷史也喜歡用比喻。《論語・子罕》記載：

　　　　子貢曰：「有美玉於斯，韞匵而藏諸？求善賈而沽諸？」子曰：「沽
　　　　之哉！沽之哉！我待賈者也！」〔註11〕

在這段對話中，子貢用譬喻來探問孔子對出仕和歸隱的看法，孔子也用比喻幽默的回答，這段對話很形象的描述出師生二人使用比喻的情況。

　　《論語・陽貨》還有另一段記載：

　　　　佛肸召，子欲往。子路曰：「昔者由也聞諸夫子曰：『親於其身爲不
　　　　善者，君子不入也。』佛肸以中牟畔，子之往也，如之何！」子曰：

〔註8〕《左傳・襄公二十八年》，杜預集解，竹添光鴻會箋，《左氏會箋》，台北：廣文書局，1961年9月。第十八，襄二十八，頁55。

〔註9〕同上注，頁27。

〔註10〕《左傳・昭公十二年》，同上注，第二十二，昭十二，頁39。

〔註11〕《論語・子罕》，朱熹，《四書章句集註》，台北：鵝湖出版社，1984年9月，頁113。

> 「然。有是言也。不曰堅乎，磨而不磷；不曰白乎，涅而不緇。吾
> 豈匏瓜也哉？焉能繫而不食？」〔註12〕

佛肸是晉國大夫趙簡子的邑宰，據中牟而背叛趙氏，他曾經請孔子去輔佐他，孔子似乎有意應聘去施展抱負，子路立刻反對，並加以質問，於是，孔子借「匏瓜」為喻，說明自己怎麼能夠有才學卻不用世呢？不過，佛肸身為晉國大夫趙簡子的邑宰，卻據中牟而叛，顯然不是正面人物，因此孔子又以「磨而不磷」、「涅而不緇」兩個含有「出污泥而不染」的借喻，表明自己能夠堅守原則。所以，有學者認為孔子這段話：「既是比喻，又是寓言的萌芽。」〔註13〕

到了戰國時期，人們運用譬喻的方式更加熟練而多樣化，思想家用它來闡發哲理，士大夫用它來勸諫君王，策士用它來遊說各國，宣揚政治主張。於是，運用寓言來明志說理成為戰國時代的一種社會風尚，《說苑·善說》中記載了這樣一個故事：

> 客謂梁王曰：「惠子之言事也善譬，王使無譬，則不能言矣。」王曰：
> 「諾。」明日見，謂惠子曰：「願先生言事則直言耳，無譬也。」惠
> 子曰：「今有人於此而不知彈者，曰：『彈之狀何若？』應曰：『彈之
> 狀如彈。』諭乎？」王曰：「未諭也。」「於是更應曰：『彈之狀如弓
> 而以竹為弦。』則知乎？」王曰：「可知矣。」惠子曰：「夫說者固
> 以其所知，諭其所不知，而使人知之。今王曰無譬則不可矣。」王
> 曰：「善。」〔註14〕

這則記載不但敘述了惠子善於使用譬喻的說話技巧，也顯現了當時講究比喻的風尚。而當譬喻技巧被應用到文章中時，隨著戰國時期散文的發展，寫作者不再滿足於比較單調的、樸素的簡短比喻，而冀望在文字、內容和形式上有新的突破。於是，他們在形象化的比喻基礎上，進一步加工改造，把譬喻發展成為有故事情節，甚至有性格形象的比喻形態，這就是我們通常所說的「寓言」。不過，當時的寓言並不是一個獨立的文學形態，而是諸子散文的一部份，主要作用是闡述不同學派的思想。戰國中期，寓言已經成為一種成熟的文體，這樣的發展和當時的文學走向有相當密切的關連。

〔註12〕同上注，頁177。
〔註13〕李富軒、李燕，《中國古代寓言史》，台北：漢威出版社，1998年8月，頁42。
〔註14〕《說苑·善說》，劉向，《說苑》，台北：台灣古籍出版社，1996年7月，頁
　　　529。

　　春秋戰國時代的文學特色之一是散文的興起，劉大杰先生在《中國文學
發達史》中說：

　　「春秋戰國在中國歷史上，是一個大大的轉變時代，無論經濟狀況、
　　政治制度和社會組織，都起了激烈的動搖，在這動盪的大時代中，
　　文化思想卻呈現了活躍進步的現象，在文學的發展史上，有一個明
　　顯的事實，那就是詩的衰頹與散文的勃興，記載歷史事實的和表現
　　哲學思想的散文，代替了詩歌的地位，由那些歷史的哲學的文學，
　　建立了中國散文的典型。」〔註15〕

無論是「記載歷史事實的」或是「表現哲學思想的」散文，無非都是以「實
用」為目的，胡適就說：「中國文學來源，第一來源於實際的需要。」〔註16〕

　　因此，在中國文學史上，「文以載道」之辭，固然要到宋代才正式出現，
〔註17〕然而，先秦文學即開啓了以「實用」為重的風氣。而無論是記錄歷史
或宏揚思想，在散文中適當加入有情節、有故事的「寓言」，一來可以讓文章
的結構更靈活，敘述更生動，文字變化更多，二來也可以吸引讀者的閱讀興
趣，因此，在戰國時代的諸子散文中，寓言不但成為相當普遍的一種穿插方
式，也首度在《莊子》書中出現了「寓言」這個名辭。

　　《莊子·寓言》說：「寓言十九，重言十七，巵言日出，和以天倪。寓言
十九，藉外論之。」〔註18〕所謂「藉外論之」，也就是假託別人的話來陳說自
己要說的道理，為什麼會出現這種怪現象呢？《莊子·天下》說：「以天下為
沈濁，不可與莊語，以巵言為曼衍，以重言為眞，以寓言為廣。」〔註19〕。
莊子認為，當時的天下污濁黑暗，人們對於莊重嚴正的言辭是聽不進去的，
因此，只好編造一些話，把道理說得委婉曲折，或是借重具權威性的帝王、
聖賢與古人的話，以及假託別的人物言論，誇張渲染，廣泛闡述道理，換言
之，也就是假借別人的話，論說自己的理，是為了取得被信服的效果所使用
的一種表現方法。而莊子所說的「巵言」、「重言」，實際上也包括在寓言的範

〔註15〕劉大杰，《中國文學發達史》，台北：中華書局，1965 年，頁 40。
〔註16〕胡適，《胡適語粹·中國文學來源》，台北：久久出版社，1983 年，頁 508。
〔註17〕《通書·文辭》：「文所以載道也。輪轅飾而人弗庸，徒飾也，況虛車乎。」，
　　　　周敦頤，《周濂溪集》，台北：台灣商務印書館，1966 年 3 月，頁 117。
〔註18〕《莊子·寓言》，陳壽昌輯，《南華眞經正義》，台北：新天地書局，1972 年
　　　　11 月，雜篇，頁 49。
〔註19〕同上註，頁 70。

疇內,《史記》就說《莊子》是:「其書十餘萬言,大抵率寓言也。」〔註20〕。

　　《莊子》書中的寓言豐富精采,透過寓言,莊子的哲學思想更顯活潑靈動,諸如「大鵬怒飛」〔註21〕、「庖丁解牛」〔註22〕、「莊周夢蝶」〔註23〕、「神巫季咸」〔註24〕等解析莊子思想的哲學寓言,人們都耳熟能詳,且是中國文學史和哲學史上的重要篇章。除《莊子》外,戰國其他諸子著作,如《孟子》、

〔註20〕《史記・老子韓非列傳》,楊家駱主編,《新校本史記三家注》,鼎文書局,頁2143。
〔註21〕《莊子・逍遙遊》。北冥有魚,其名為鯤。鯤之大,不知其幾千里也。化而為鳥,其名為鵬。鵬之背,不知其幾千里也;怒而飛,其翼若垂天之雲。是鳥也,海運則將徙於南冥。南冥者,天池也。。
〔註22〕《莊子・養生主》:庖丁為文惠君解牛,手之所觸,肩之所倚,足之所履,膝之所踦,砉然嚮然,奏刀騞然,莫不中音。合於《桑林》之舞,乃中《經首》之會。文惠君曰:「譆!善哉!技蓋至此乎?」庖丁釋刀對曰:「臣之所好者道也,進乎技矣。始臣之解牛之時,所見無非牛者。三年之後,未嘗見全牛也。方今之時,臣以神遇,而不以目視,官知止而神欲行。依乎天理,批大郤,道大窾,因其固然。技經肯綮之未嘗,而況大軱乎!良庖歲更刀,割也;族庖月更刀,折也。今臣之刀十九年矣,所解數千牛矣,而刀刃若新發於硎。彼節者有間,而刀刃者無厚,以無厚入有間,恢恢乎其於遊刃必有餘地矣,是以十九年而刀刃若新發於硎。雖然,每至於族,吾見其難為,怵然為戒,視為止,行為遲。動刀甚微,謋然已解,如土委地。提刀而立,為之四顧,為之躊躇滿志,善刀而藏之。」文惠君曰:「善哉!吾聞庖丁之言,得養生焉。」。
〔註23〕莊子齊物論:昔者莊周夢為胡蝶,栩栩然胡蝶也,自喻適志與!不知周也。俄然覺,則蘧蘧然周也。不知周之夢為胡蝶與,胡蝶之夢為周與?周與胡蝶,則必有分矣。此之謂物化。
〔註24〕《莊子・應帝王》:鄭有神巫曰季咸,知人之生死存亡,禍福壽夭,期以歲月旬日,若神。鄭人見之,皆棄而走。列子見之而心醉,歸以告壺子,曰:「始吾以夫子之道為至矣,則又有至焉者矣。」壺子曰:「吾與汝既其文,未既其實,而固得道與?眾雌而無雄,而又奚卵焉!而以道與世亢必信,夫故使人得而相女。嘗試與來,以予示之。」明日,列子與之見壺子。出而謂列子曰:「嘻!子之先生死矣,弗活矣,不以旬數矣!吾見怪焉,見溼灰焉。」列子入,泣涕沾襟,以告壺子。壺子曰:「鄉吾示之以地文,萌乎不震不正。是殆見吾杜德機也。嘗又與來。」明日,又與之見壺子。出而謂列子曰:「幸矣!子之先生遇我也。有瘳矣,全然有生矣。吾見其杜權矣。」列子入,以告壺子。壺子曰:「鄉吾示之以天壤,名實不入,而機發於踵。是殆見吾善者機也。嘗又與來。」明日,又與之見壺子。出而謂列子曰:「子之先生不齊,吾無得而相焉。試齊,且復相之。」列子入,以告壺子。壺子曰:「吾鄉示之以太沖莫勝。是殆見吾衡氣機也。鯢桓之審為淵,止水之審為淵,流水之審為淵。淵有九名,此處三焉。嘗又與來。」明日,又與之見壺子。立未定,自失而走。壺子曰:「追之!」列子追之不及,反以報壺子,曰:「已滅矣,已失矣,吾弗及也。」壺子曰:「鄉吾示之以未始出吾宗。吾與之虛而委蛇,不知其誰何,因以為弟靡,因以為波隨,故逃也。」。

《墨子》、《荀子》中，也都有不少寓言，諸如《孟子》的「揠苗助長」〔註25〕、「攘雞者」〔註26〕；《墨子》的「楚王好細腰」〔註27〕、「染絲」〔註28〕；荀子的「蒙鳩」〔註29〕、「涓蜀梁」〔註30〕等，後人皆十分熟悉。即便以論理見長，少有故事穿插其中的《商君書》，也有「東郭敞」〔註31〕、「斷顛頡脊」〔註32〕等寓言。至於秦國呂不韋門客編撰的《呂氏春秋》和記錄戰國時代士人說客遊歷縱橫之術的《戰國策》，其中包含的寓言則更爲豐富。

　　韓非處於這樣一個散文勃興，作者又在散文中普遍穿插寓言的時代，他在持筆爲文時，自然會以寓言來剖析事理，加強論述，闡明觀點，宏揚學說，讓人們能夠接受他的主張。韓非特別擅長通過寓言來襯托事理，他以卓越的析辯能力和寫作技巧，把想要表達的思想寄托在故事中，這使得他筆下的寓言和著述觀點渾然一體。在《韓非子》書中，〈說林〉、〈儲說〉都以寓言爲主，〈難篇〉亦是先以寓言作爲開端，再由韓非就故事中展現的問題予以辯難。除此之外，顯學、五蠹、難勢、二柄、備內、飾邪、姦劫弒臣、說疑、說難、和氏、問田、十過、解老、喻老諸篇中，亦有寓言穿插。由此可見，寓言對於《韓非子》全書的重要性。

〔註25〕 《孟子・公孫丑上》：宋人有閔其苗之不長而揠之者，芒芒然歸。謂其人曰：「今日病矣，予助苗長矣。」其子趨而往視之，苗則槁矣。

〔註26〕 《孟子・滕文公下》：今有人日攘其鄰之雞者，或告之曰：「是非君子之道。」曰：「請損之，月攘一雞，以待來年，然後已。」如知其非義，斯速已矣，何待來年。

〔註27〕 《墨子・兼愛中》：昔者楚靈王好士細腰，故靈王之臣皆以一飯爲節，脅息然後帶，扶牆然後起。比期年，朝有黧黑之色。

〔註28〕 《墨子・所染》：子墨子言見染絲者而歎曰：「染於蒼則蒼，染於黃則黃。所入者變，其色亦變。五入必而已，則爲五色矣。故染不可不慎也。」

〔註29〕 《荀子・勸學》：南方有鳥焉，名曰蒙鳩，以羽爲巢，而編之以髮，繫之葦苕，風至苕折，卵破子死。巢非不完也，所繫者然也。

〔註30〕 《荀子・解蔽》：夏首之南有人焉：曰涓蜀梁。其爲人也，愚而善畏。明月而宵行，俯見其影，以爲伏鬼也；仰視其髮，以爲立魅也。背而走，比至其家，失氣而死。豈不哀哉！

〔註31〕 《商君書・徠民》：齊人有東郭敞者，猶多願，願有萬金。其徒請賙焉，不與，曰：「吾將以求封也。」其徒怒而去之宋，曰：「此無益於愛也，故不如與之利也。」

〔註32〕 《商君書・賞刑》：晉文公欲明刑以親百姓，於是合諸侯大夫於侍千宮。顛頡後至，請其罪。君曰：「用事焉，」吏遂斷顛頡之脊以殉。晉國之士，稽焉皆懼，曰：「顛頡之有寵也，斷以殉，況於我乎？」舉兵伐曹及五鹿，反鄭之埤，東衛之畝，勝荊人於城濮。三軍之士，止之如斬足，行之如流水。三軍之士，無敢犯禁者。

　　韓非不但是思想家，也是文學家，從整體來看，《韓非子》論說精闢、析理透徹，結構嚴謹、文筆優美、行文酣暢、事例豐富，不但是一部精采的論文集，也是傑出的文學作品，而書中所穿插的眾多寓言，更增添了《韓非子》的文學性與藝術性。

　　雖然，《韓非子》中的寓言肇始於闡發思想，加強論說，不過，由於許多寓言取材新奇、描述生動，文字活潑，對寓言人物的刻劃更是鮮明生動，讓這些寓言本身有了豐富的文學意味。

　　例如《說林上》的「衛人嫁女」就令人印象深刻：

> 衛人嫁其子而教之曰：「必私積聚。為人婦而出，常也；其成居，幸也。」其子因私積聚，其姑以為多私而出之，其子所以反者，倍其所以嫁。其父不自罪於教子非也，而自知其益富。〔註33〕

韓非用這個故事來表明他要說的道理──「今人臣之處官者皆是類也」。〔註34〕可是，就算不了解其中寓意，只就情節、人物、主題來看，這都是一篇很完整的文學作品。

　　又如〈內儲說下〉中有兩則一事二說的「燕人浴矢」寓言，故事活潑生動，其中第二則更具戲劇效果：

> 燕人李季好遠出，其妻有私通於士，季突至，士在內中，妻患之。其室婦曰：「令公子裸而解髮，直出門，吾屬佯不見也。」於是公子從其計，疾走出門。季曰：「是何人也？」家室皆曰：「無有。」季曰：「吾見鬼乎？」婦人曰：「然。」「為之奈何？」曰：「取五牲之矢浴之。」季曰：「諾。」乃浴以矢。一曰：浴以蘭湯。〔註35〕

在這則故事裡，李季讓人生氣又好笑的迷糊，李季妻子和情夫從驚慌到大膽的轉折，女僕帶有狡詐意味的機智，都寫得靈活真切。結尾更是出人意料，滑稽、荒誕、諷刺兼而有之。

　　在〈說林〉和〈儲說〉裡，有不少這類情節豐富，描寫生動的作品，無論故事架構、文字技巧或是人物刻劃，都已經類似後世的小說。明朝馮夢龍就在他編的小說選集《喻世明言》序中說：

> 「史統散而小說興，始於周，盛於唐，而浸於宋；韓非、列禦寇諸

〔註33〕說林上，《校釋》，頁631。
〔註34〕同前注。
〔註35〕〈內儲說下〉，《校釋》，頁437。

人，小說之祖也。」〔註36〕

嚴格說來，寓言和小說固然是兩個文類，不過，先秦寓言對後世小說的確造成了影響，而《韓非子》書中結合了寓言及說理，用寓言來論證思想的風格，不但清晰透顯了書中的政治思想，也讓《韓非子》在犀利的論述之外，展現出文學魅力。

第二節　辯士縱橫言說尋找政治舞台的潮流

　　歷史學者認為：從春秋末年起，連同整個戰國時代，是中國歷史上重大的變革時期。〔註37〕當時，周初分封的諸侯已被新興勢力取代，戰國七雄中，除燕國之外，其餘六國的國君都不是周初封建所立。封建制度的解體，造成極大的政治問題。司馬遷說：

　　　「是後陪臣執政，大夫世祿，六卿擅晉權，征伐會盟，威重於諸侯。
　　　及田常殺簡公而相齊國，諸侯晏然弗討，海內爭於戰功矣。三國終
　　　之卒分晉，田和亦滅齊而有之，六國之盛自此始。務在彊兵并敵，
　　　謀詐用而從衡短長之說起。矯稱蠭出，誓盟不信，雖置質剖符猶不
　　　能約束也。」〔註38〕

當國與國之間不再相信道義與盟誓，只在戰場上一決高下時，對人民必然會造成莫大的災難。戰爭不但會為戰士帶來死亡，讓戰士的遺孤流離失所，直接影響無數家庭；也間接的增加了百姓的賦稅、勞役，讓民眾的生活更加艱辛，《孟子・梁惠王上》就說：

　　　「今也制民之產，仰不足以事父母，俯不足以畜妻子，樂歲終身苦，
　　　凶年不免於死亡。」〔註39〕

孟子所指出的，是平民百姓生活的困苦無奈。劉向和顧炎武則更近一步的，描述了在那個混亂的時代裡，一切原有的秩序被打破，政治、社會一片混亂，國與國之間毫無道義信賴，人與人之間冷淡疏離的情況。劉向說：

〔註36〕 馮夢龍，《喻世明言》序，北京：中國戲劇出版社，《三言二拍——喻世明言》序，1997年4月。
〔註37〕 楊寬，《戰國史》，台北：台灣商務印書館，1998年10月，頁11。
〔註38〕 《史記・六國年表序》，楊家駱主編，《新校本史記三家注》，鼎文書局，頁685。
〔註39〕 《孟子・梁惠王上》，朱熹，《四書章句集註》，台北：鵝湖出版社，1984年9月，頁211。

> 「暴師經歲,流血滿野,父子不相親,兄弟不相安,夫婦離散,莫
> 保其命,潛然道德絕矣。晚世益甚,萬乘之國七,千乘之國五,敵
> 侔爭權,蓋爲戰國。貪饕無恥,競進無厭;國異政教,各自制斷;
> 上無天子,下無方伯;力功爭強,勝者爲右;兵革不休,詐僞並起。
> 當此之時,雖有道德,不得施謀。」〔註40〕

顧炎武則說:

> 「春秋時,猶尊禮重信,而七國則絕不言禮與信矣。春秋時,猶宗
> 周王,而七國則絕不言王矣。春秋時,猶嚴祭祀,重聘享,而七國
> 則無其事矣。春秋時,猶論宗姓氏族,而七國則無一言及之矣。春
> 秋時,猶宴會賦詩,而七國則不聞矣。春秋時,猶有赴告策書,而
> 七國則無有矣。邦無定交,士無定主,此皆變於一百三十三年之間。
> 史之闕文,而後人可以意推者也。不待始皇之並天下,而文武之道
> 盡矣。」〔註41〕

從以上所述,我們可以看到:戰國時代是一個舊有秩序被完全打亂,國與國
之間不再尊禮重信,只純粹以力相爭的時代。在這個新舊交替的混亂時代裡,
國君爲了鞏固政權,進而謀求富國強兵,迫切需要各方面的人才,因此,有
作爲的國君,都競相招賢納士。戰國時代,田齊桓公爲了招攬人才,在都城
臨淄的稷下設置學宮,到了齊威王、齊宣王時期,稷下才士濟濟,達到一千
多人,著名的有騶衍、淳于髡、田駢、慎到、接子、環淵等七十餘人,稱爲
「稷下先生」。這些稷下先生「各著書言治亂之事,以干世主。」〔註42〕若所
言受君王推重,則備受禮遇,例如,《史記》稱:「騶子重於齊。適梁,惠王
郊迎,執賓主之禮。適趙,平原君側行撇席。如燕,昭王擁彗先驅,請列弟
子之座而受業,筑碣石宮,身親往師之。」〔註43〕;「自如淳于髡以下,皆命
曰列大夫,爲開第康莊之衢,高門大屋,尊寵之。」〔註44〕

關於當時各國君王求才若渴的情況,在《戰國策》裡記載了燕昭王求賢

〔註40〕劉向,〈戰國策書錄〉,溫洪隆注譯,陳滿銘校閱,《新譯戰國策》(上),台北:
　　　　三民書局,1996年2月,頁26。

〔註41〕顧炎武,《日知錄·卷十三·周末風俗》,黃汝成集釋,《日知錄集釋》,第二
　　　　冊,台北:台灣中華書局,1984年3月,卷13,頁1～2。

〔註42〕《史記·孟子荀卿列傳》,楊家駱主編,《新校本史記三家注》,台北:鼎文書
　　　　局,頁2346。

〔註43〕同前注,頁2345。

〔註44〕同前注,頁2347～2348。

的故事：燕國被齊國打敗之後，燕昭王在國難中即位，立刻就以高官厚祿廣招賢士，打算雪恥報仇。可是，燕昭王覺得和強大的齊國相比，燕國的力量實在太小，他不知道要怎樣才能報仇，於是，他去見郭隗先生，請教他這個問題，郭隗的回答是：「王誠博選國中之賢者，而朝其門下，天下聞王朝其賢臣，天下之士必趨於燕矣。」〔註45〕燕昭王問：「那寡人要朝拜誰呢？」郭隗就講了這則寓言：

> 臣聞古之君人，有以千金求千里馬者，三年不能得。涓人言於君曰：「請求之。」君遣之。三月得千里馬，馬已死。買其首五百金，反以報君。君大怒曰：「所求者生馬，安事死馬而捐五百金？」涓人對曰：「死馬且買之五百金，況生馬乎？天下必以王為能市馬，馬今至矣。」於是不能期年，千里之馬至者三。今王誠欲致士，先從隗始；隗且見事，況賢於隗者乎？豈遠千里哉？」〔註46〕

聽了這個「千金買馬骨」的寓言以後，燕昭王豁然而悟：

> 於是昭王為隗築宮而師之。樂毅自魏往，鄒衍自齊往，劇辛自趙往，士爭湊燕。燕王吊死問生，與百姓同其甘苦。二十八年，燕國殷富，士卒樂佚輕戰。於是遂以樂毅為上將軍，與秦、楚、三晉合謀以伐齊。齊兵敗，閔王出走於外。燕兵獨追北，入至臨淄，盡取齊寶，燒其宮室宗廟。齊城之不下者，唯獨莒、即墨。〔註47〕

燕昭王能夠打敗齊國，湔雪前恥，和各國人才前往效力當然大有關係。而戰國時代，各國意圖有作為的國君，如魏文侯、趙烈侯、秦昭王等，也都爭相招攬人才，使他們為自己效力。就連各國有權勢的大臣也競相養士，戰國四公子和秦國的文信侯呂不韋，就都號稱「食客三千」。當時，招賢養士、網羅人才幾乎成為國君和權臣最重要的任務。

招攬人才的前提當然是要有足夠的人才，戰國時代也恰恰提供了這樣的社會環境。隨著宗法制度的瓦解和土地制度的改革，原本處於貴族階級最底層的「士」失去了舊有的食田，必須另謀出路，於是，原來「士」迅速分化，有一部份成為躬耕田畝、自食其力的農夫，更多的是憑藉他們的知識來遊說

〔註45〕《戰國策‧燕策一》，溫洪隆注譯，陳滿銘校閱，《新譯戰國策》，台北：三民書局，2006年3月，頁914。
〔註46〕同上注。
〔註47〕同上注，頁916。

諸侯，充當食客，作為進入仕途的橋樑。

此外，民間講學更培植了大量知識份子，在春秋以前，只有貴族才有受教育的權利和機會，到了春秋時代，知識份子開始衝破「學在官府」的藩籬，開始到民間講學，其中最著名的自然是孔子。《史記·孔子世家》記載：「孔子以詩書禮樂教，弟子蓋三千焉，身通六藝者七十有二人。」〔註48〕孔子說：「自行束脩以上，吾未嘗無誨焉。」〔註49〕這樣打破階級的理念，使出身貧寒或微賤的青年也能得到受教育的機會。到了戰國時代，民間講學更蔚然成風，當時的著名學者如墨子、孟子、荀子、宋銒、田駢、尹文等，都聚眾講學，形成了百家爭鳴，學術文化空前的鼎盛局面。

在此情況下，就各國國君而言，需要有才能的人出謀獻策；就知識份子而言，需要有發展抱負的機會。於是，才智之士紛紛在各國穿梭遊走，尋找政治舞台。這些人往往聲勢浩大，「後車數十乘，從者數百人，以傳食於諸侯。」〔註50〕而且，他們的話只要能夠說動君王，往往可以「朝為布衣，夕為卿相」，立即飛黃騰達。不過，遊說君王並不是簡單的事，《孟子》第一章起首就說：

> 孟子見梁惠王。王曰：「叟不遠千里而來，亦將有以利吾國乎？」 孟子對曰：「王何必曰利？亦有仁義而已矣。」〔註51〕

《孟子》開宗明義就標舉仁義，並申明義利之辨，這是孟子企圖以仁義扭轉當時以功利主義為導向的政治環境，也是孟子學說的精義。可是，從梁惠王的立場來看，他問孟子「亦將有以利吾國乎？」反應的是當時各國君主普遍要求國家富強的功利實效觀點，孟子學說雖然立意崇高，卻並非梁惠王能夠接受。孟子在齊國的時間比較久，齊宣王也表示要禮遇孟子，給他種種優厚待遇，可是，卻都只是禮貌性的客套，並沒有要重用孟子的意思，關鍵也在於孟子倡言的仁義和當時各國爭相逐利的風氣並不相合。《史記》稱孟子：「游事齊宣王，宣王不能用。適梁，梁惠王不果所言，則見以為迂遠而闊於事情。」〔註52〕正是此意。

〔註48〕《史記·孔子世家》，楊家駱主編，《新校本史記三家注》，台北：鼎文書局，頁1938。

〔註49〕《論語·述而》，朱熹，《四書章句集註》，台北：鵝湖出版社，1984年9月，頁94。

〔註50〕《孟子·滕文公下》，同上注，頁267。

〔註51〕《孟子·梁惠王上》，同上注，頁201～202。

〔註52〕《史記·孟子荀卿列傳》，楊家駱主編，《新校本史記三家注》，台北：鼎文書局，頁2343。

　　孟子不為梁惠王、齊宣王所用，足見賢者才士想要說服君王、施展抱負之難，韓非在〈說難〉中就說：

> 凡說之難，在知所說之心，可以吾說當之。所說出於為名高者也，而說之以厚利，則見下節而遇卑賤，必棄遠矣。所說出於厚利者也，而說之以名高，則見無心而遠事情，必不收矣。所說陰為厚利而顯為名高者也，而說之以名高，則陽收其身，而實疏之；說之以厚利，則陰用其言，顯棄其身矣。〔註53〕

這段話把君王對高名和厚利的微妙心理反應，分析得極為透徹，而韓非不僅洞悉了君王的心理，還深刻了解君王愛惡的不可捉摸。他寫下這則寓言：

> 昔者，彌子瑕有寵於衛君。衛國之法，竊駕君車者罪刖。彌子瑕母病，人間往夜告彌子，彌子矯駕君車以出。君聞而賢之，曰：「孝哉，為母之故，忘其犯刖罪！」異日，與君遊於果園，食桃而甘，不盡，以其半啗君，君曰：「愛我哉，忘其口味，以啗寡人！」及彌子色衰愛弛，得罪於君，君曰：「是固嘗矯駕吾車，又嘗啗我以餘桃。」〔註54〕

同樣的事，在衛君寵愛彌子瑕時，總是覺得彌子瑕做得很對很好，可是，當彌子瑕色衰愛弛時，原本君王口中的孝行懿事就變成了罪過。這則寓言極傳神的說明了才辯之士遊說君王能不能收效，完全取決於君王的愛憎，因此，想要贏得君王的信任，擁有發揮才華的政治舞台，就不能觸怒君王。韓非舉了這則寓言來說明這個道理：

> 夫龍之為蟲也，可柔狎而騎也；然其喉下有逆鱗徑尺，若人有嬰之者，則必殺人。人主亦有逆鱗，說者能無嬰人主之逆鱗，則幾矣。
> 〔註55〕

　　至於才辯之士要用什麼方法去遊說君王，才能既不觸動人主的逆鱗，又能施展自己的抱負呢？這就和遊說的技巧有密切關係了。《禮記》上有這麼一段記載：

> 魏文侯問於子夏曰：「吾端冕而聽古樂，則唯恐臥；聽鄭衛之音，則不知倦。敢問：古樂之如彼何也？新樂之如此何也？」〔註56〕

〔註53〕〈說難〉，《校釋》，頁268。
〔註54〕同上註，頁279。
〔註55〕同上註。
〔註56〕《禮記·樂記》，劉殿爵，陳方正，《禮記逐字索引》，台北：台灣商務印書館，1993年10月，頁102。

魏文侯聽古樂就想睡覺，聽流行音樂則興趣盎然，自然是因為古樂的風格讓他無法接受。戰國時代的國君在亂世中爭權奪位，文化水準要比宗法制度下受過完整教育的貴族國君為低，對於莊肅的音樂，嚴謹的禮教，文雅的「稱詩言志」，不但不愛聽，而且聽不懂。對於深刻的道理他們也感到枯燥無味，沒有耐心去聽，就算聽了也不十分了解。他們喜歡的，是容易理解，比較有趣的事物，在這種情況下，周遊列國的策士想要用言語打動君王，讓君王接納自己的意見，就必須迎合他們的喜好。同時，策士們遊說的內容，大都是當時各國之間縱橫捭闔的敏感政治問題，因而，他們特別需要揣度君王的心理，既要擊中要害，又不能觸及逆鱗，而遊說的成敗往往取決於一席話之間，於是，語言藝術就變得分外重要。而有一定靈活性、含蓄性、啟發性，能夠引人入勝，又具寄託之意的寓言，正是擔負此重大使命的良好媒介。

所以，策士們廣泛收集流傳在民間的神話、傳說、故事，根據遊說時候的現實情勢和狀況，讓這些故事配合自己要說的主題適切呈現。為了達成最佳的說服效果，他們往往把原本比較素樸的故事加以改造，讓人物性格更鮮明，故事內容更生動。有時，也因應需要，自己來杜撰新的故事。於是就出現了許多譬喻貼切、情節活潑的寓言。例如：《戰國策》中有這段故事：

> 趙且伐燕，蘇代為燕王謂惠王曰：「今者臣來，過易水，蚌方出曝，而鷸啄其肉，蚌合而鉗其喙。鷸曰：『今日不雨，明日不雨，即有死蚌。』蚌亦謂鷸曰：『今日不出，明日不出，即有死鷸。』兩者不肯相舍，漁者得而并禽之。今趙且伐燕，燕、趙久相支，以弊大眾，臣恐強秦之為漁父也，故願王之熟計之也。」惠王曰：「善。」乃止。
> 〔註57〕

蘇代借鷸蚌相爭，漁翁得利，來比喻趙國攻燕必然導致燕國傾力抗趙，兩國相持不下，秦國坐收漁利的結果，是趙、燕同受其害，這番話比喻適切，合情適理，趙惠王因此打消伐燕之議。這個故事不僅顯示了蘇代的辯才，也充分說明了在戰國時代波譎雲詭的情況下，寓言所扮演的特殊角色。

韓非既出身貴族，又觀察入微，思慮細密，因此，他對於當時國君的文化素養與心理狀態相當了解，對於遊說之難更洞悉深刻，在〈說難〉中，他很清楚的分析了遊說君王的困難與成敗關鍵。也正因為知道說動國君不易，

〔註57〕 《戰國策・燕策二》，溫洪隆注譯，陳滿銘校閱，《新譯戰國策》，台北：三民書局，2006 年 3 月，頁 965～966。

韓非雖然對辯士縱橫各國，以誇大的言說以求取富貴的行為不予認同，可是，對於他們遊說的技巧和方法卻並不排斥。《史記》稱：「非為人口吃，不能道說，而善著書。」〔註58〕在不擅長言語卻擅長寫文章的情況下，韓非特別著眼於以生動的文字來輔助和加強思想的論述，也因此，在《韓非子》中出現了大量寓言，這些寓言不但讓韓非的理論更顯明晰，也讓文章風格更為靈動。

第三節　韓非政治思想的淵源

　　韓非是先秦最後一位大思想家，但是，他的生平事蹟，除《史記》本傳外，可以參考的史料並不多。根據《史記》記載，韓非是韓國的「諸公子」，諸公子即諸侯之子，因此他必然是韓國宗室，但從韓非數次上書韓王都不為所用，可以看出他是並不得勢的韓國貴族，這對他的著述和思想自然都有極大影響。

　　關於韓非的生卒年，近人多有考證，有關他的卒年，大抵認為他在秦始皇十三年（韓王安五年）使秦，次年（西元前二三三年）見害。至於生年則有兩種推測。錢穆先生主張生於韓釐王十五年前後，陳千鈞先生則主張生於韓釐王初年，兩說各有支持學者。陳啟天先生從錢穆先生說法，將韓非生年訂為韓釐王十六年（西元前二八〇年）。〔註59〕對於韓非生年不同的考證，自然影響韓非年表的推定，但對韓非所處的時代關連則並不大，因為，無論他出生於哪一年，都已然是戰國晚期，在政治和社會上，這是一個天下大亂，民生凋敝的局面；在學術上，卻是百家爭鳴，風氣極為自由的黃金年代。

　　韓非死後三年，他的祖國韓國滅亡，死後十二年，秦始皇統一天下。從秦朝以後，中國政治的形態不再是封建諸侯而是大一統的中央集權。從封建到集權，政治思想的演變必然有一定的過程，戰國時代又是學術界百家爭鳴的時期，各家各派「各是所是，各非所非」，因而，此時期的思想家往往帶有強烈的批判性，韓非處於這個思想自由開放的時代末期，自然承接了各家思想，融合而成為自己的學說。

　　關於韓非的思想淵源，最主要的是法家，此外，亦有取於儒家、道家、墨家、名家、兵家，以下分別說明：

〔註58〕《史記·老子韓非列傳》，楊家駱主編，《新校本史記三家注》，台北：鼎文書局，頁2146。

〔註59〕有關韓非生卒年，參閱陳啟天，〈韓非及其政治學〉，《校釋》，頁922～923。

一、法家

　　關於法家最早的開山祖師，陳啓天先生認爲應推管仲。〔註 60〕牟宗三先生卻另有看法，牟先生認爲管仲是貴族社會中培養出來的很有教養的政治家，但不是法家。〔註 61〕不過，依陳先生意見，法家之言所以能依託管仲，是因爲管仲的事功已經含有法家意味。正如陳先生所言，就實際事功論，法家追溯到管仲，自有其道理。

　　先秦法家比較特殊之處在於，儒、道、墨三家思想的發展，都是先有理論的建立，再有實際的推行。法家思想的發展則相反，最初出現的法家多半是實行家，以後才漸漸有理論家的出現。以管仲而言，他雖然並沒有留下什麼法家學說，現傳的《管子》一書，依學者考據亦並非管仲本人所著。〔註62〕但其治國之道，如富國強兵等，都與法治思想有相通之處。《韓非子・五蠹》說：「今境內之民皆言治，藏商、管之法者家有之，」〔註63〕可見在戰國時代，必然有和管子相關的著作，且其中內容與法家有關，並爲韓非所親見。在《韓非子》書中，韓非稱引管仲的言行處不少，有讚許也有批評，但讚美要比批評多，如〈姦劫弒臣〉言：「治國之有法術賞罰，猶若陸行之有犀車良馬也……管仲得之，齊以霸。」〔註64〕對管仲任法術賞罰予以稱許；又如〈說疑〉中，以管仲和后稷、周公旦、太公望等十五人相提並論，認爲皆是霸王之佐。〔註65〕由此之見韓非受管仲影響之處。

　　除管仲外，子產、李悝、商鞅、申不害亦是韓非推崇並擷取他們治國思想與方法的法家人物，在書中多次引用他們的故事。子產是春秋時代的鄭國大夫，晚管仲百餘年，與孔子同時。他在鄭國執政三十多年，以內政改革爲主，外交周旋爲輔，使積弱的鄭國能夠在晉楚爭霸之際安保無虞。同時，他

〔註60〕陳啓天，〈韓非及其政治學〉，《校釋》，頁 932。
〔註61〕牟宗三，《中國哲學十九講》，台北：台灣學生書局，1983 年 10 月，頁 160。
〔註62〕《管子》一書的作者和成書年代歷來有諸多說法，晉朝傅玄即已對《管子》一書的作者產生疑義，認爲書中大部分內容都是後人所加，其後，宋朝的蘇轍、葉夢得、葉適、朱熹以及明朝朱長春等學者皆持懷疑態度。當世學者亦多數認爲《管子》一書內容駁雜，出於一時一人之手的可能性較低。王叔岷先生即以「孔子以前，蓋無私人著述」，而認定《管子》一書絕非管仲所作，而是戰國末年至漢初人編輯增益而成。王叔岷，《先秦道法思想講稿》，台北：中央研究所中國文哲研究所，1992 年，頁 151～152。
〔註63〕〈五蠹〉，《校釋》，頁 50。
〔註64〕〈姦劫弒臣〉，《校釋》，頁 224。
〔註65〕〈說疑〉，《校釋》，頁 235。

當政期間「鑄刑書」，雖然他鑄的刑書內容沒有保留下來，但做爲一種明文的「法」卻是肯定的。子產雖然沒有著作傳世，但從史書記載中可以證明他是一位法家的實行者。韓非在書中屢次提到子產，雖也有批評，但肯定較多，〈內儲說左上〉中，對於他相鄭簡公的功業：「國無盜賊，道不拾遺，桃棗陰於街者莫有援也，錐刀遺道三日可反，三年不變，民無飢也。」〔註 66〕頗爲讚許。

李悝是戰國初期由儒入法的人物，甚多學者認爲他即是子夏的學生李克，曾相魏文侯。李悝最大的貢獻是「造法經」和「盡地力」，《法經》共分爲六篇：〈盜法〉、〈賊法〉、〈囚法〉、〈捕法〉、〈雜法〉、〈具法〉。是中國歷史上第一部比較有系統的成文法典，具有重要地位。《晉書·刑法志》認爲商鞅變法，就有取於《法經》：

> 「秦漢舊律，其文起自魏文侯師李悝。李撰次諸國法，著《法經》，
> ……商君受之以相秦。」〔註67〕

李悝的「重地力」則是以增加農產，地盡其利作爲富國之道，並以平糴法調節生產分配與消費，使民生無憂。《漢書·食貨志》說：

> 「李悝爲魏文侯作盡地力之教，以爲地方百里，提封九萬頃，除山
> 澤邑居，參分去一，爲田六百萬畝，治田勤謹，則畝益三升，不勤，
> 則損亦如之。地方百里之增減，輒爲粟百八十萬石矣。又曰：『糴甚
> 貴傷民，甚賤傷農，民傷則離散，農傷則國貧，故甚貴與甚賤，其
> 傷一也。善爲國者，使民無傷，而農益勸。』」〔註68〕

「盡地力」就是增加農產，是重農主義的先河，韓非書中屢次提及李悝，他的重法與重農思想，受李悝影響應無疑問。

商鞅是典型的法家，他在秦國的變法，奠定了秦國統一天下的初基，也證明了法家制度可以達到國富兵強。呂思勉先生說：

> 「秦之憑藉，優於六國者。以人事論，則能用法家之說，實爲其一
> 大端。蓋惟用法家，乃能一民於農戰，其兵強而且多，亦惟用法家，
> 故能進法術之士，而汰淫靡驕悍之貴族，政事乃克修舉也。」〔註69〕

〔註66〕 〈外儲說左上〉，《校釋》，頁 510。
〔註67〕 《晉書·刑法志》，楊家駱主編，《新校本晉書》，台北：鼎文書局，頁 922。
〔註68〕 《漢書·食貨志》，楊家駱主編，《新校本漢書》，台北：鼎文書局，頁 1124。
〔註69〕 呂思勉，《先秦史》，上海：上海古籍出版社，2005 年 7 月，頁 223。

韓非對商鞅極為推崇，書中引稱商鞅之處甚多，如《和氏》有云：

「商君教秦孝公以連什伍，設告坐之過；燔詩書而明法令；塞私門之請，而遂公家之勞；禁游宦之民，而顯耕戰之士。孝公行之，主以尊安，國以富強。」〔註70〕

《姦劫弒臣》亦云：

「商君說秦孝公以變法易俗，而明公道，賞告姦，困末作而利本事。當此之時，秦民習故俗之有罪可以得免、無功可以得尊顯也，故輕犯新法。……民疾怨而眾過日聞。孝公不聽，遂行商君之法，民後知有罪之必誅，而私姦者眾也，故民莫犯，其刑無所加。是以國治而兵強，地廣而主尊。」〔註71〕

商鞅的主張，如任法、重刑、先治內、後攘外、禁游食之民、顯耕戰之士等，皆為韓非取用，至於韓非思想中關於法的觀念，更大多取自商鞅。

申不害相韓，與商鞅相秦時間相近，韓非是韓國人，生年距申不害之歿又不到六十年，故韓非對申不害相韓昭侯十餘年，使韓國國治兵強的政績了解甚深。申不害重術，韓非書中所記申不害的言行，亦多半屬於術的部份。同時，韓非亦在寓言中多次言及韓昭侯之用術，如「昭侯獨寢」、「昭侯握爪」、「昭侯審南門」、「昭侯識奸」等，昭侯之術與申不害之術自不可分，韓非亦重君術，而他的術論，當有淵源於申不害之處。

二、儒家

從春秋末年到戰國初年，政治、社會都發生變化，在時代變遷下，有些儒家弟子的思想開始傾向於法家，子夏的學生李克、吳起就是最知名的例子。

《史記·仲尼弟子列傳》記載：「孔子既沒，子夏居西河教授，為魏文侯師。」〔註72〕；同書〈儒林列傳〉則說：「自孔子卒後，七十子之徒散游諸侯……子夏居西河……如田子方、段干木、吳起、禽滑釐之屬，皆受業於子夏之倫，為王者師。」〔註73〕

子夏在西河教授學生，並且成為魏文侯的老師，對於儒家思想的傳揚自

〔註70〕〈和氏〉，《校釋》，頁297。
〔註71〕〈姦劫弒臣〉，《校釋》，頁217。
〔註72〕《史記·仲尼弟子列傳》，楊家駱主編，《新校本史記三家注》，台北：鼎文書局，頁2203。
〔註73〕《史記·儒林列傳》，同上注，頁3116。

然有極大貢獻，不過，他的學生李克、吳起卻都由儒家轉向法家。其中，吳
起不但是子夏的學生，也是曾子的學生，《史記‧孫子吳起列傳》就說：「吳
起者，衛人也，好用兵。嘗學於曾子，事魯君。」〔註74〕李克、吳起不但在
思想上傾向法家，在被君王任用時，也是以法家治術獲得實際事功，這顯示
出：在戰國初期，爲了因應當時的局勢，某些從政的儒家弟子，已經開始往
法家轉變。

　　蕭公權先生即說：

　　　　「法家思想一部分殆由儒學蛻變而來。李克爲卜商弟子，商鞅受其
　　　　法經，韓非、李斯並出荀況之門。吳起仕魏，施政大有法家之風，
　　　　而《呂氏春秋》謂其學於曾子，蓋儒家正名之義，施之於士大夫爲
　　　　禮，行之於庶人爲刑。及宗法大壞，禮失其用，正名之旨遂浸趨於
　　　　刑法，而儒學支流，一轉而爲吳李，再變而爲商韓，荀子之學則代
　　　　表此轉變之過渡思想。」〔註75〕

自漢以來，諸多學者認爲：李克即爲造法經的李悝，蕭先生亦持此論。在《漢
書‧藝文志》中，班固謂李克著有《李克七篇》，列爲儒家，並注說：「李克爲
子夏弟子，爲魏文侯相。」〔註76〕另錄有《李子三十二篇》，列入法家，對於
《李子》一書作者，班固則如此說明：「名悝，相魏文侯，富國彊兵。」〔註77〕

　　從以上史料，可知李悝和李克很可能是同一人，不過，即便李克另有其
人，根據《史記‧魏世家》的記載，他也具有法家性格。至於吳起，更是戰
國時代法家兼兵家的重要人物。子夏、曾子的弟子李克、吳起影響了商鞅，
而商鞅的思想又對韓非有極大的啓發，從這個學術思想演變脈絡而言，儒家
思想自然與韓非有所關連。

　　錢穆先生即如此說明從儒家到法家的流變：

　　　　「人盡誇道鞅政，顧不知皆受之於李吳。人盡謂法家原於道德，顧
　　　　不知實淵源於儒者。其守法奉公，即孔子正名復禮之精神，隨時勢
　　　　而一轉移耳。」〔註78〕

〔註74〕《史記‧孫子吳起列傳》，同上注，頁2165。
〔註75〕蕭公權，《中國政治思想史》，北京：新星出版社，2005年11月，頁28。
〔註76〕《漢書‧藝文志》，楊家駱主編，《新校漢書並附編二種》，台北：鼎文書局，
　　　　頁1724。
〔註77〕同上注，頁1735。
〔註78〕錢穆，《先秦諸子繫年》，台北：東大圖書公司，1986年2月，頁228。

儒家對於韓非的影響，除上述思想流變之外，更多的是來自於他的老師荀子，韓非師承了荀子「今人之性，生而有好利焉，順是，故爭奪生而辭讓亡焉」〔註79〕的人性好利觀念，也承襲了荀子「法後王」的說法，以及重經驗的性格。就這些方面而言，構成他政治思想基礎的人性論和治道觀，都受到了荀子的影響。

　　不過，對於韓非思想融合了除法家之外的各家學說，陳拱先生並不同意，他認為韓非受浸淫、沈染的，僅有傳統法家的思想和觀念，包括他的老師荀子以及其他各家，對韓非都毫無影響，他說：

> 「荀子為儒家之大思想家，他那個以禮義為中心的系統所底定的『以心化性』、『以禮義化性』，並進而言『人文化成』的偉大意義，對於韓非而言，不曾產生過絲毫的作用。所以我們在其《韓非子》一書中，看不到任何荀子精神的影子，也聞不出任何荀學的氣氛。因此，一般治思想者多以韓非既然是荀子及門弟子，就非受荀子和荀學的影響不可。於是，這個以禮義為中心的系統也就成韓非某一部份思想之淵源，這只是想當然而已。」〔註80〕

陳先生認為：學者以韓學受荀學影響，是源於韓非為荀子弟子的想當然而已。

　　誠如陳先生所說，就荀子「以心化性」、「以禮義化性」這方面而言，韓非並沒有承繼荀子思想，因為，荀子的「心」是認知心，故而可以「以心化性」。可是，韓非的「心」卻是計算心，因此，心不可能化性。然而，僅管韓非對「心」的認定和荀子不同，但就「價值肯定」而言，韓非卻和荀子一樣，認為人可以靠自己的力量去建立一套制度，讓天下平治，人民安樂。只不過，荀子認為這套制度是「禮」，韓非卻把「禮」變為「法」。

　　有關荀子思想對韓非的影響，王邦雄先生論述極為詳盡：

> 「綜觀荀子哲學，性惡論，分性偽為二，斬斷了由內而外的通路，制天說，明天人之分，也拆掉了由上而下的橋樑，禮義遂失去其人性之根與形上之源，只是出於節欲明分，以平亂息爭的現實要求，落入功用主義，遂成無本的外在權威。孔子之禮，內化於仁，荀子之禮，從人性之仁中孤離出來，外化而為法。……禮既完全來自外

〔註79〕《荀子‧性惡》，李滌生，《荀子集釋》，台北：台灣學生書局，2000 年 3 月，頁 538。
〔註80〕陳拱，《韓非思想衡論》，台北：台灣商務印書館，2008 年 5 月，頁 63。

　　爍的強制，則社會制裁力之禮，實遠不如政治制裁力之法，來得更
　　富強制力，更具齊一之效。……荀子已運用政治君勢之權威，以強
　　制力做爲教育的手段，師與君合，禮與法合，推向權威主義，遂由
　　禮而法，由法而刑禁，由尊君重禮很自然的轉入尊君重法的法家之
　　路。」〔註81〕
從儒家思想自春秋到戰國的流變，即可知韓非思想實有淵源於儒家的部份。

三、道家

　　韓非之學主要著重於應用於現實人生的治道，對於形上學部份並未特別
重視，但韓非亦並非完全不涉及形上學問題，熊十力先生即認爲：「韓子援道
以入法，首於形而上學中求法理之根據。」〔註82〕

　　《韓非子》書中，解老、喻老、主道、揚搉、大體等篇，皆有道家之言，
雖則依前人考據，此數篇是否出於韓非之手不無可疑，不過，如將《韓非子》
一書視爲韓非及其後學者的整體思想，此數篇中所顯示的道家形上思想亦值
重視。

　　《韓非子》中說：

　　　道者，萬物之始，是非之紀也。〔註83〕

　　　道者，萬物之所然也，萬理之所稽也。理者、成物之文也；道者、
　　　萬物之所以成也。故曰：「道，理之者也。」〔註84〕

　　　德者、內也，得者、外也。「上德不德，」言其神不淫也。神不淫於
　　　外則身全；身全之謂德。德者、得身也。〔註85〕

　　　德也者，人之所以建生也。〔註86〕

　　　思慮靜，則故德不去。〔註87〕

　　　夫道者、弘大而無形，德者、覆理而普至。〔註88〕

〔註81〕王邦雄，《韓非子的哲學》，台北：東大圖書公司，1979年9月，頁35～36。
〔註82〕熊十力，《韓非子評論》，台北：台灣學生書局，1978年10月，頁50。
〔註83〕〈主道〉，《校釋》，頁686。
〔註84〕〈解老〉，《校釋》，頁748。
〔註85〕同上注，頁721。
〔註86〕同上注，頁739。
〔註87〕同上注，頁738。
〔註88〕〈揚搉〉，《校釋》，頁701。

> 虛靜無爲，道之情也……故去喜去惡，虛心以爲道舍。〔註89〕
>
> 凡德者、以無爲集，以無欲成，以不思安，以不用固。爲之欲之，則德無舍……虛者之無爲也，不以無爲爲有常。不以無爲爲有常則虛，虛則德盛。〔註90〕

從以上引文可知，韓非認爲「道」虛靜無爲，弘大無形，是萬物生成的根源。「德」則是事物的性質，這種事物的性質有顯於「外」的現象，是爲「得」；涵於「內」的本質，則是「德」。對人來說，則是人之所以建立生命的原理。所以，人必須從虛靜無爲，去喜去惡，無欲不思去下工夫，才能把握生命的本質。此是韓非對「道」與「德」的詮解，其中自然有消化道家思想之處。

不過，《韓非子》書中雖含有這層形上學道理，卻由於韓非著重的是爲君王設立一套治理國家的制度，因此，他並未就「道」的形上原理深入探析，而是把道家思想用於現實治術。於是，道家的虛靜無爲，去善去惡，就從形而上落至人世間，成爲現實政治中，聖主明君御萬物而有天下的無爲之術。由於「無爲」，就可以客觀的「寄治亂於法術，託是非於賞罰，屬輕重於權衡。……守成理，因自然」〔註91〕，因此，國君只需執客觀的法來治國，而以主體的神靜來御萬物。這也就是韓非所說的：

> 積德而後神靜，神靜而後和多，和多而後計得，計得而後能御萬物，能御萬物則戰易勝敵，戰易勝敵而論必蓋世，論必蓋世，故曰「無不克」。無不克，本於重積德，故曰「重積德則無不克」。戰易勝敵，則兼有天下。〔註92〕

由於道家的無爲而治，成爲韓非思想中君王處虛執要，涵藏不露的御臣之術，這就和黃老思想有了互通之處，從此方面來看，司馬遷說韓非「歸本於黃老」，〔註93〕自有其道理。班固在《漢書・藝文志》中，說道家是：「秉要執本，清虛以自守，卑弱以自持，此君人南面之術也。」〔註94〕姑且不論班固所言是

〔註89〕同上注，頁704。
〔註90〕〈解老〉，《校釋》，頁723。
〔註91〕〈大體〉，《校釋》，頁715。
〔註92〕〈解老〉，《校釋》，頁738。
〔註93〕《史記・老子韓非列傳》，楊家駱主編，《新校本史記三家注》，台北：鼎文書局，頁2143。
〔註94〕《漢書・藝文志》，楊家駱主編，《新校漢書並附編二種》，台北：鼎文書局，頁1732。

否即是道家思想全部要旨，此段話中的「君人南面之術」，卻的確是韓非自道家思想中所得到的重要部份。

　　韓非既然以君術的立場運用道家思想來鞏固國君的統治，就必須明顯界定君與臣不同的地位，於是，韓非從道家的「無為而無不為」衍生出政治上的「君無為而臣無不為」。他說：

　　　　明君之道，一法而不求智，固術而不慕信，故法不敗，而群官無姦詐矣。〔註95〕

韓非認為：君王治國，必須依賴一套穩固的，可以行之久遠的制度，國君只要行法固術，臣子自然會依制度治理國家，姦邪偽詐也就不會出現。因此，君之道在御臣，臣之道在治事，君臣各司其職，國家政治就能夠廉正清明，邁向富強。而這其中的關鍵，就在於君王處虛執要的無為之術。因此，司馬談在〈論六家要旨〉說：「法家嚴而少恩，然其正君臣上下之分，不可改矣。」〔註96〕

　　從上所述，韓非思想受道家影響甚深，只不過由於他重視的是現實政治，所以不就道家的形上原理發揮，而把道家思想詮解、轉換為統御之術。

　　韓非得自於道家的思想，還有慎到的「勢論」，慎到是由道家入法家的關鍵人物，《莊子・天下篇》對他的評論是「棄知去己，而緣不得已。」〔註97〕「棄知去己」的理論用於政治，則成為因「自然之勢」，韓非特別寫了〈難勢〉來論勢，雖然，韓非將慎到所說的自然之勢轉為人設之勢，但他對勢的重視，無疑受了慎到的極大影響。

四、墨家

　　韓非把儒、墨兩家同列為「顯學」，也同樣執反對意見，他認為墨家會對社會造成不良影響：「立節參名，執操不侵，怨言過於耳，必隨之以劍，世主必從而禮之，以為自好之士。夫斬首之勞不賞，而家鬥之勇尊顯，而索民之疾戰距敵，而無私鬥，不可得也。」〔註98〕

〔註95〕〈五蠹〉，《校釋》，頁48。
〔註96〕《史記・太史公自序》，楊家駱主編，《新校本史記三家注》，台北：鼎文書局，頁3289。
〔註97〕《莊子・天下》，陳壽昌輯，《南華真經正義》，台北：新天地書局，1972年11月，雜篇，頁67。
〔註98〕〈顯學〉，《校釋》，頁10。

　　墨家主張的兼愛、非攻、尚賢、尊天，多與法家衝突，因此，韓非書中批評墨家之處甚多，不過，儘管韓非反對墨家，但墨家思想亦有為他所取者。墨子說：

　　　　兼相愛，交相利，則與此異。夫愛人者，人必從而愛之；利人者，
　　　　人必從而利之；惡人者，人必從而惡之；害人者，人必從而害之。

　　　　〔註99〕

　　　　順天意者，兼相愛，交相利，必得賞。反天意者，別相惡，交相賊，
　　　　必得罰。〔註100〕

墨家的中心思想在於「兼相愛，交相利」，而事實上，兼相愛奠基於交相利的功利實效基礎上，因此，兼相愛只是理論的號召，交相利才是現實的目的，這種注重功利的觀念，和韓非所說的：「故人行事施予，以利之為心，則越人易和；以害之為心，則父子離且怨。」〔註101〕是相當一致的。

　　墨家除了重視「利」，也重視「用」，《墨子‧非命上》說：

　　　　言必有三表。何謂三表？有本之者，有原之者，有用之者。……於
　　　　何用之？廢以為刑政，觀其中國家百姓人民之利。〔註102〕

重視功用的觀念，是韓非思想中很重要的部份，韓非說：

　　　　聽言觀行，不以功用為之的彀，言雖至察，行雖至堅，則妄發之說
　　　　也。〔註103〕

　　　　明主聽其言必責其用，觀其行必求其功，然則虛舊之學不談，矜誣
　　　　之行不飾矣。〔註104〕

從以上所引，可以看出韓非的實用觀點，和墨子有一致性。

　　此外，墨子主張尚同於天，韓非取之以為尚同於法，法和天固然有異，「尚同」於權威卻是一樣的，此對於法家建立君主專制，自會產生影響。

〔註99〕　《墨子‧兼愛中》，孫詒讓，《墨子閒詁》，《諸子集成》第 4 冊，北京：中華
　　　　　書局，1954 年 12 月，頁 68。
〔註100〕《墨子‧天志上》，同上注，頁 125。
〔註101〕〈外儲說左上〉，《校釋》，頁 494。
〔註102〕《墨子‧非命上》，《諸子集成》第 4 冊，北京：中華書局，1954 年 12 月，
　　　　　頁 170。
〔註103〕〈問辯〉，《校釋》，頁 85。
〔註104〕〈六反〉，《校釋》，頁 102。

五、名家

名家講形名之學，重視抽象思考，比較接近西方哲學重智的理路，和傳統中國哲學重視生命不同。對於名家的詭辯，凡事以功用為出發點的韓非並不認同，韓非說：

> 是以亂世之聽言也，以難知為察，以博文為辯；其觀行也，以離群為賢，以犯上為抗。人主者，說辯、察之言，尊賢、抗之行。故夫作法術之人，立取舍之行，別辭爭之論，而莫為之正。是以儒服、帶劍者眾，而耕戰之士寡，堅白、無厚之詞章，而憲令之法息。故曰：上不明，則辯生焉。〔註105〕

不過，韓非雖然不主張詭辯，對於名家「形名參同」、「按實考形」、「審合形名」等觀念卻是認同的。早在韓非之前，申不害即已運用名家的形名學在實際政治上，成為君術之一，韓非承接申不害的術論，對於「循名責實」、「依言責效」之術予以充分發揮，從而建立起和現代人事管理有相通之處的管理哲學。

六、兵家

韓非受兵家人物的影響首推吳起，根據《史記》記載，吳起曾經在西河受教於子夏，也同時是曾子的學生，是由儒家入法家，又兼具兵家思想與實際戰功的政治家與軍事家。《史記·孫子吳起列傳》說：「文侯以吳起善用兵，廉平，盡能得士心，乃以為西河守，以拒秦、韓。」〔註106〕太史公以吳起和孫子合傳，可見吳起的兵家性質。雖然，《漢書·藝文志》記載：「吳起四十八篇」〔註107〕，和現存的《吳子兵法》六篇有相當大出入，但不少學者認為：此差異是由於此書在長遠的流傳過程中有所散失亡佚，並不能判定現存的《吳子兵法》為偽書。

而《韓非子》中亦說：「境內皆言兵，藏孫、吳之書者家有之。」〔註108〕可見在韓非的時代，吳起的兵書相當流行，姑且不論當時人所藏的吳起兵書

〔註105〕〈問辯〉，《校釋》，頁 85。

〔註106〕《史記·孫子吳起列傳》，楊家駱主編，《新校本史記三家注》，台北：鼎文書局，頁 2166。

〔註107〕《漢書·藝文志》，楊家駱主編，《新校漢書並附編二種》，台北：鼎文書局，頁 1757。

〔註108〕五蠹，《校釋》，頁 50。

是否就是目前通行的《吳子兵法》，卻足以證明吳起的兵家身份。

韓非常以吳起和商鞅並舉，對他們兩人的悲劇下場十分感嘆，〈和氏〉中即言：「楚不用吳起而削亂，秦行商君法而富強。二子之言也已當矣，然而枝解吳起，而車裂商君者，何也？大臣苦法，而細民惡治也。」〔註109〕韓非也屢次以吳起的寓言故事來說明「信」與「術」，如「吳起立車轅」、「吳起守信」、「吳起吮創」等。

兵家的精神多與法家相通，法家重視農戰，發達的農業是經濟後盾，強大的軍事則是保證國家生存與發展的基礎，而用兵之際，對於戰略、戰術、戰勢自然不能不重視，因此，《孫子兵法》與《吳子兵法》中所言，如：

> 兵者，國之大事，死生之地，存亡之道，不可不察也。故經之以五事，校之以計，而索其情：一曰道，二曰天，三曰地，四曰將，五曰法。……法者，曲制、官道、主用也。〔註110〕

> 善戰者，求之于勢，不責于人。故能擇人而任勢，任勢者，其戰人也，如轉木石。木石之性，安則靜，危則動，方則止，圓則行。故善戰人之勢，如轉圓石于千仞之山者，勢也。〔註111〕

> 武侯問曰：「兵以何爲勝？」起對曰：「以治爲勝。」又問曰：「不在眾乎？」對曰：「若法令不明，賞罰不信，金之不止，鼓之不進，雖有百萬何益於用？」〔註112〕

對於韓非的重戰、重勢、重法思想自然有所影響。

做爲先秦最後一位大思想家，韓非除承繼他之前的法家學說之外，也吸收了儒家、道家、墨家、名家、兵家等各家思想，不過，經過他的轉化與統合，這些思想和它們的原本意義已不盡相同，甚而有極大改變，而成爲構成韓非政治思想的一部份。

第四節　韓非寓言的入世觀與現實性

韓非的祖國韓國是戰國七雄中領土最小的國家，又遭強鄰環伺，東有齊國，西有秦國，南有楚國，北有魏國，這正是韓非所說的：「夫韓小國也，而

〔註109〕和氏，《校釋》，頁297。
〔註110〕同上注，頁1～14。
〔註111〕《孫子兵法·勢篇》，同上注，頁150。
〔註112〕《吳子兵法·治兵》，台北：東門出版社，1987年9月，頁107。

以應天下四擊。」〔註113〕在兼併激烈的戰國時代，韓國從周威烈王二十三年（西元前四○三年）與趙、魏三家分晉，成爲諸侯之後，〔註114〕就備受新興的秦國威脅，直到韓昭侯八年（西元前三五一年），任用申不害爲相，韓國國勢才有起色，「國治兵彊，無侵韓者」。〔註115〕不過，從韓國立國到申不害去世這段期間，韓國雖曾敗於秦、魏，但也打敗過宋國，兼併了鄭國，大體而言仍保有一定國力。然而，從秦昭王十四年（西元前二九三年），秦將白起擊韓伊闕，斬首二十四萬，又奪取韓安邑以東，直到乾河起始，〔註116〕韓國國勢越來越衰頹，秦昭王五十三年（西元前二五四年）各國朝秦，韓國亦入朝，此後，韓國對秦國的予取予求更全無招架之力。〔註117〕

做爲韓國宗室，韓非對於國家衰敗的過程自然相當了解；做爲好學博識的思想家，韓非對於戰國大勢當然也觀察十分透徹。至於到了韓非著書立說的時候，韓國國情已淪爲：「韓事秦三十餘年，出則爲扞蔽，入則爲席薦，秦特銳師取地，而韓隨之怨懸於天下，功歸於彊秦。且夫韓入貢職，與郡縣無異也。」〔註118〕

做爲韓國貴族，韓非當然對國家的處境十分關切；自詡爲「法術之士」，韓非當然會謀求讓韓國脫胎換骨的途徑。依韓非觀察，韓國的衰弱源於內政不修，當時韓國政治爲「重人」所把持，韓非所說的「重人」，是「無令而擅爲，虧法以利私，耗國以便家，力能得其君」〔註119〕的所謂「當塗之人」，這些當塗之人雖是「朋黨比周以蔽主，言曲以便私者。」〔註120〕卻是國君所信任與親愛的。由於重人只重視自己的私利，貪圖一時享樂，而無視於國家的前途與興亡，於是，在他們的把持下，社會產生了這種現象：「死士之孤，飢餓乞於道，而優笑、酒徒之屬，乘車衣絲。」〔註121〕；「斷頭裂腹，播骨乎原野者，無宅容身，身死田奪；而女妹有色，大臣左右無功者，擇宅而受，擇

〔註113〕存韓，《校釋》，頁868。
〔註114〕《史記・周本紀》，楊家駱主編，《新校本史記三家注》，台北：鼎文書局，頁158。
〔註115〕《史記・老子韓非列傳》，同前注，頁2146。
〔註116〕《史記・白起王翦列傳》，同前注，頁158。
〔註117〕《史記・秦本紀》，同前注，頁2331。
〔註118〕存韓，《校釋》，頁866～867。
〔註119〕孤憤，《校釋》，頁282。
〔註120〕同上注，頁285。
〔註121〕詭使，《校釋》，頁108。

田而食。」〔註 122〕

　　整體而言，當時韓國的政治狀況和君臣關係是這樣的：

> 今士大夫不羞汙泥醜辱而宦，女妹私義之門不待次而宦。賞賜、所
> 以爲重也；而戰鬭有功之士貧、賤，而便辟優徒超級。名號誠信、
> 所以通威也；而主揜障，近習女謁並行，百官主爵遷人，用事者過
> 矣！大臣官人，與下先謀比周雖不法行威利在下，則主卑而大臣重
> 矣。〔註 123〕

當一個國家，士大夫不知羞恥，去做骯髒污穢的事就可以當官；有妹妹在權
貴之門受寵的家族，就可以越級升遷；作戰有功的戰士既貧且賤，嬖幸優伶
卻寵遇優渥的時侯，這個國家已然失序。而官吏爲私，大臣弄權，更造成君
王權位下移，國事更不可爲。韓非面對的就是這樣的國家情勢。他認爲：國
家混亂的根源並不在於人民，而是在於執政者，由於當政者把握不住國家方
向，輕視對國家有利的戰士和農民，尊崇對國家沒有實際功效的文學、言談
之士，以至造成實際付出與所得利益的悖反，這才是國家無法走上軌道的根
本原因。他說：

> 今境内之民皆言治，藏商、管之法者家有之，而國愈貧，言耕者眾，
> 執未者寡也。境内皆言兵，藏孫、吳之書者家有之，而兵愈弱，言
> 戰者多，被甲者少也。故明主用其力，不聽其言；賞其功，必禁無
> 用。故民盡死力以從其上。夫耕之用力也勞，而民爲之者，曰：可
> 得以富也。戰之爲事也危，而民爲之者，曰：可得以貴也。今修文
> 學、習言談，則無耕之勞而有富之實，無戰之危而有貴之尊，則人
> 孰不爲也！是以百人事智，而一人用力。事智者眾則法敗，用力者
> 寡則國貧，此世之所以亂也。〔註 124〕

韓非認爲一個英明的國君對臣下的態度應該是：「用其力，不聽其言；賞其功，
必禁無用。」〔註 125〕而韓國當時的情況卻和他所想的有很大差距。韓非在經
過縝密觀察後，不但以他的理論爲基礎，分析出讓韓國衰弱的原因，並且針
對現實政治，擬出一套完整的，可以讓國家富強的辦法。韓非相信，只要用

〔註 122〕同上注，頁 109。
〔註 123〕同上注。
〔註 124〕五蠹，《校釋》，頁 50。
〔註 125〕同上注。

他的政治思想治國，就可以振衰起敝，讓韓國脫胎換骨。他懷抱滿腹理想，上書給韓王陳述治強之道，可是，卻得不到一展抱負的機會。《史記》記載：「非見韓之削弱，數以書諫韓王，韓王不能用。……悲廉直不同於邪枉之臣，觀往者得失之變，故作孤憤、五蠹、內外儲、說林、說難十餘萬言。」〔註126〕

　　韓非空有治國之論，卻因為當時國君昏聵、重臣弄權的大環境，讓他無法實現政治理想，因此，他只能用文字來記錄自己的學說。可是，韓非著書的目的卻又不僅是單純為了學術，他更希望能夠透過文章，讓君王了解他的思想，並予以取用，成為治國之道。為了說服君王接受他的主張，除了理論性的論述之外，他在文章中加入大量寓言，這些寓言絕大多數都是以歷史人物、歷史事件作為素材，韓非以君王熟悉的歷史故事來寄寓盛衰興亡之道，其中顯示的自然是他對現實政治的關心。為了讓寓言更具吸引力和說服力，韓非充分發揮他淵博的學識和卓越的文學技巧，無論表現手法或人物、對話都靈活生動，引人入勝。例如：〈喻老〉中的寓言「脣亡齒寒」，就是由《左傳‧僖公五年》中的同一則史事改編。〔註127〕但經過韓非的去蕪存菁，故事張力大不相同：

　　晉獻公以垂棘之璧，假道於虞而伐虢。大夫宮之奇諫曰：「不可。脣
　　亡而齒寒，虞虢相救，非相德也。今日晉滅虢，明日虞必隨之亡。」

〔註126〕《史記‧老子韓非列傳》，楊家駱主編，《新校本史記三家注》，台北：鼎文書局，頁2147。

〔註127〕左傳原文為：晉侯復假道於虞以伐虢，宮之奇諫曰：「虢，虞之表也，虢亡，虞必從之，晉不可啟，寇不可翫。一之謂甚，其可再乎。諺所謂輔車相依，脣亡齒寒者，其虞虢之謂也。」公曰：「晉，吾宗也，豈害我哉。」對曰：「大伯，虞仲，大王之昭也，大伯不從，是以不嗣，虢仲，虢叔，王季之穆也，為文王卿士，勳在王室，藏於盟府，將虢是滅，何愛於虞，且虞能親於桓莊乎，其愛之也。桓莊之族何罪，而以為戮，不唯偪乎，親以寵偪，猶尚害之，況以國乎？」公曰：「吾享祀豐絜，神必據我。」對曰：「臣聞之，鬼神非人實親，惟德是依，故《周書》曰：「皇天無親，惟德是輔」，又曰：「黍稷非馨，明德惟馨」，又曰：「民不易物，惟德緊物。」如是則非德，民不和，神不享矣。神所馮依，將在德矣，若晉取虞，而明德以薦馨香，神其吐之乎。」弗聽，許晉使。宮之奇以其族行。曰：「虞不臘矣，在此行也，晉不更舉矣。」八月，甲午，晉侯圍上陽問於卜偃曰：「吾其濟乎。」對曰：「克之。」公曰：「何時。」對曰：「童謠云，丙之晨，龍尾伏辰，均服振振，取虢之旂，鶉之賁賁，天策焞焞，火中成軍，虢公其奔，其九月十月之交乎。丙子旦，日在尾，月在策，鶉火中，必是時也。」冬，十二月，丙子朔，晉滅虢，虢公醜奔京師，師還館于虞，遂襲虞，滅之，執虞公，及其大夫井伯，以媵秦穆姬，而脩虞祀，且歸其職貢於王，故書曰，晉人執虞公，罪虞，且言易也。

虞君不聽，受其璧而假之道。晉已取虢，還反滅虞。〔註128〕

「脣亡齒寒」的教訓，清晰呈現了政治的冷酷與現實，也說明了短視近利的嚴重後果。而這樣的歷史寓言，佔了《韓非子》寓言中的大部份。如以學者將韓非寓言分類為：動物寓言、民間寓言（或稱生活寓言、社會寓言）歷史寓言及混合類寓言四類統計，《韓非子》中扣去重出的三百七十九則寓言中，僅有十四則屬於動物寓言，三十七則屬於民間寓言，十七則屬於混合類寓言，其餘三百一十一則皆屬於歷史寓言。〔註129〕

這些歷史寓言絕大多數都是真實的歷史人物和事件，只不過經過加工之後，有了更鮮明的內容和寓意，其中固然也有少部份來自神話或傳說，不過，即使是神話，在韓非筆下也充滿現實色彩。例如：〈十過〉中的「濮水之音」，在描述「黃帝合鬼神於泰山之上」時，韓非這樣描寫黃帝的排場：「駕象車而六蛟龍，畢方並轄，蚩尤居前，風伯進掃，雨師灑道，虎狼在前，鬼神在後，騰蛇伏地，鳳皇覆上。」〔註130〕在這段敘述中，除了身邊的隨從是神明、鬼神、異獸之外，黃帝的隊伍就像是人間帝王出巡，充滿華麗的宮廷色彩。至於這則寓言的結尾：「晉國大旱，赤地三年。平公之身遂癃病。」〔註131〕一下子把「濮水之音」的幻想意味轉為現實。而隨後帶出的寓意：「不務聽治，而好五音不已，則窮身之事也。」〔註132〕更是直接規勸君王不要沈迷在音樂之中。因此，就算源出於神話，韓非也缺少《莊子》寓言那樣瑰麗奇幻的想像，而落實於現實世界。這也正是李富軒和李燕兩位先生所說：

> 「《韓非子》寓言深深扎根於現實世界，抉剔世情，深入隱微，真
> 切通俗，辯悍峭奇，具有『切事情，明是非』的寫實主義風格。」
> 〔註133〕

韓非學說的主要著眼點在現實政治，而他之所以沒有機會施展抱負，當然和韓王的不能識才與不能任才大有關係。但以韓非的立場，又不便直斥君王之非，於是，他只能以寓言來寄託深沈的感慨。「和氏璧」就充分顯現了這種心情：

〔註128〕喻老，《校釋》，頁773。
〔註129〕詳見本文第一章第四節。
〔註130〕十過，《校釋》，頁661。
〔註131〕同上注。
〔註132〕同上注。
〔註133〕李富軒、李燕，《中國古代寓言史》，台北：漢威出版社，1998年8月，頁145。

楚人和氏得玉璞楚山中，奉而獻之厲王。厲王使玉人相之。玉人曰：
「石也。」王以和爲誑，而刖其左足。及厲王薨，武王即位，和又
奉其璞而獻之武王，武王使玉人相之，又曰：「石也」。王又以和爲
誑，而刖其右足。武王薨，文王即位，和乃抱其璞而哭於楚山之下，
三日三夜，泣盡而繼之以血。王聞之，使人問其故，曰：「天下之刖
者多矣，子奚哭之悲也？」和曰：「吾非悲刖也，悲夫寶玉而題之以
石，貞士而名之以誑，此吾所以悲也。」王乃使玉人理其璞而得寶
焉，遂命曰：「和氏之璧」。〔註 134〕

這則寓言是韓非的自喻，只不過寓言中的和氏雖被砍去兩足，最後卻沈冤得
雪，並以他的名字來命名這塊寶玉。而現實中的韓非，卻始終沒有得到君王
的青睞，境遇要比和氏更爲悲涼。也正因爲對自己的懷才不遇深有所感，韓
非在書中對於吳起和商鞅這兩位爲楚國和秦國的改革付出心血，也得到良好
效果的悲劇英雄，特別寄予深厚同情，無論是論述或寓言，以吳起和商鞅的
遭遇做爲舉證的例子都不少。

　　儘管始終沒有得到實際從事政治的機會，韓非對於國事一直是關注的，
他的寓言也充分反應出這樣的關懷，例如：〈外儲說右上〉中就有這兩則寓言：

宋人有酤酒者，升概甚平，遇客甚謹，縣幟甚高，著而不售，酒酸，
怪其故，問其所知閭長者楊倩，倩曰：「汝狗猛邪！」曰：「狗猛，
則酒何故而不售？」曰：「人畏焉。或令孺子懷錢挈壺甕而往酤，而
狗迓而齕之，此酒所以酸而不售也。」夫國亦有狗。有道之士，懷
其術而欲以明萬乘之主，大臣爲猛狗，迎而齕之，此人主之所以蔽
脅，而有道之士所以不用也。〔註 135〕

桓公問管仲曰：「治國最奚患？」對曰：「最患社鼠矣。」公曰：「何
患社鼠哉？」對曰：「君亦見夫爲社者乎？樹木而塗之，鼠穿其間，
掘穴託其中，燻之則恐焚木，灌之則恐塗阤，此社鼠之所以不得也。
今人君之左右，出則爲勢重而收利於民，入則比周而蔽惡於君；內
間主之情以告外，外內爲重，諸臣百吏以爲富，吏不誅則亂法，誅
之則君不安，據而有之，此亦國之社鼠也。」〔註 136〕

〔註 134〕和氏，《校釋》，頁 293～294。
〔註 135〕外儲說右上，《校釋》，頁 576。
〔註 136〕同上注。

韓非把掌握國家大權的重臣比喻為猛狗，專咬有心提供君王治國之策的有道之士；至於君王的近侍，韓非則比喻為社鼠，社鼠在宮廷外面耀武揚威裝模作樣，在宮廷裡面結黨營私蒙蔽君主。一個猛狗和社鼠當道的國家，距離亡國也就不遠了。

　　韓非思想以君主集權為主軸，自然反對重臣侵奪君權。而由於本身的遭遇，他對君王寵愛親信，疏遠有道之士的情形感受特別深刻，在〈內儲說上〉中，他寫下「夢竈」的寓言：

> 衛靈公之時，彌子瑕有寵，專於衛國。侏儒有見公者，曰：「臣之夢踐矣。」公曰：「何夢？」對曰：「夢見竈，為見公也。」公怒曰：「吾聞見人主者，夢見日，奚為見寡人而夢見竈？」對曰：「夫日兼燭天下，一物不能當也；人君兼燭一國，一人不能壅也。故將見人主者，夢見日。夫竈，一人煬焉，則後人無從見矣。今或者一人有煬君者乎？則臣雖夢見竈，不亦可乎！」〔註137〕

這則寓言也見於〈難四〉篇，故事相同而結局有異。〈內儲說上〉只敘述侏儒以「夢竈」暗寓「彌子瑕遮蔽了君王」來勸諫衛靈公，〈難四〉的結尾卻加上了衛靈公同意侏儒的說法，摒退了彌子瑕而任用司空狗。《韓非子》的〈難篇〉是採用辯難體，而「難四」篇又和前三篇體例不同，是和「難勢」篇一樣，採用反覆辯難的方式，先針對主題提出一個說法，最後再以韓非的觀點提出自己的意見。而針對「夢竈」這則寓言，韓非先提出質疑：「退彌子瑕，而用司空狗者，是去所愛而用所賢也。鄭子都賢慶建而壅焉，燕子噲賢子之而壅焉。夫去所愛而用所賢，未免使一人煬己也。不肖者煬己，不足以害明；今不加知，而使賢者煬己，則必危矣。」〔註138〕

然後，韓非再以自己的意見對前面的說法予以駁斥：

> 晉靈侯說參無恤，燕噲賢子之，非正士也，而二君尊之，所賢不必賢也。非賢而賢用之，與愛而用之同實；誠賢而舉之，與用所愛異狀。故楚莊舉叔孫而霸，商辛用費仲而滅，此皆用所賢而事相反也。燕噲雖舉所賢，而同於用所愛，衛奚距然哉？則侏儒之未見也。君壅而不知其壅也，已見之後，而知其壅也，故退壅臣，是加知之也。曰「不加知，而使賢者煬己，則必危，」而今以加知矣，則雖煬己，

〔註137〕內儲說上，《校釋》，頁388。
〔註138〕難四，《校釋》，頁373。

必不危矣。〔註139〕

從韓非舉楚莊王任用孫叔敖成就霸業為例，來證明君主任用真正賢能的人和任用自己所喜愛的人，結果並不一樣，就足以看出：韓非是希望自己像孫叔敖一樣，能夠得到君王重用，並通過政績，讓君王成霸稱王的。也因為韓非對現實政治懷有理想和憧憬，所以，他的寓言絕大多數以歷史人物為主角，很少出現擬人化的動物或形象瑰奇的鬼神，也很少出現虛渺的想像與玄幻的描繪。他筆下切近人事，具體踏實的寓言，正充分展現了他的入世情懷，而他對現實政治的理想，也完全融入寓言之間。

第五節　小結

韓非是先秦時代最後一位大思想家，他生長於戰國末期，就政治、社會來說，這是一個封建與宗法制度已然解體，各國之間兵戎相見，烽煙不斷的艱辛年代；就學術來說，卻是各家各派爭相宣揚自己學說，在中國歷史上學術思想最為自由開放的黃金時期。韓非處於這個思想空前燦爛的時代，承接並融合了在他之前的各家思想，建立起自己的學說。

對於先秦政治和法家思想的關係，陳啓天先生說：

「由春秋到戰國，與由戰國到帝國的一貫趨勢，是以君主政治逐漸
代替了封建政治。法家是這種趨勢下的產物。同時以有法家更能促
進這種趨勢的完成。」〔註140〕

王邦雄先生則以學術的流變大勢來看法家的發展，他說：

「先秦諸子隨著時勢的轉移，與現實的需求，逐漸由理想主義，走
向現實主義，逐漸拋離價值之追尋，而只求實效之獲致，修己治國
之方，也逐步由內在之仁與德的體現，轉向外在之禮與法的制約；
逐步由天道的回歸，轉向物勢的推移。人的主體性漸次消失，法的
強制力逐步增長……儒墨道名四家，在時勢的迫壓之下，均逐漸的
修正自家的步調，而推向法家一路。」〔註141〕

正如陳、王兩位先生所指出，戰國末期，在戰火頻仍，各國皆以富國強兵為

〔註139〕同上注。
〔註140〕陳啓天，〈韓非及其政治學〉，《校釋》，頁931。
〔註141〕王邦雄，《韓非子的哲學》，台北：東大圖書公司，1979年9月，頁52。

主要國策下，各家思想逐漸趨向法家。《莊子‧天下》說法家的理論是：「以法爲分，以名爲表，以參爲驗，以稽爲決，其數一二三四是也。百官以此相齒，以事爲常，以衣食爲主，蕃息畜藏，老弱孤寡爲意，皆有以養，民之理也。」〔註142〕由此可見，法家主張和國家制度、人民生活皆息息相關。在韓非之前的法家，大致分爲三派：以商鞅爲代表的任法派，以申不害代表的任術派和以愼到爲代表的任勢派。韓非承繼了他們的學說，並加以綜合、調整，使其融入自己思想。除了主要淵源於法家之外，韓非也吸收了儒家、道家、墨家、名家、兵家等各家思想，不過，經過他的轉化與統合，這些學說和它們的原本意義已不盡相同，而成爲構成韓非政治思想體系的一個部份。

　　韓國是戰國七雄中最弱小的國家，在韓非的時代，幾乎已淪爲秦國附庸。身爲韓國公族之後，韓非對於國家處境自然十分關心，他認爲韓國最大的問題在於內政不修，重臣弄權，君王失勢，有戰功的軍人和努力工作的農夫得不到重視，學者、辯士等對國家沒有直接貢獻的人卻受到尊崇。韓非認爲他的政治學說可以矯正這種偏差，讓國家趨向富強，他上書給韓王，希望能得到任用的機會，施展他的政治理想，可惜韓王並沒有用他。

　　政治失意的韓非，只能埋首著書，用文字來記錄思想。而他所處的戰國時代，是一個散文勃興的時期。先秦散文的共同特色之一，是著述者普遍在散文中使用「寓言」。至於「寓言」的源頭，則是中國古代敘事、言志、抒情所慣用的「譬喻」手法。早在《尙書》中，已經出現形象鮮明的譬喻。到了《易經》，出現的比喻更多，無論卦辭或爻辭，都往往借用某些自然或社會現象連類附比，來推測禍福凶吉。至於和一般民眾生活更接近的古代民歌、民謠，譬喻的技巧更加常見也更加靈活，例如：在中國第一部詩歌總集《詩經》的〈國風〉中，就有不少相當巧妙的譬喻，像是〈衛風‧碩人〉、〈魏風‧碩鼠〉〈豳風‧鴟鴞〉都是出色的例子。

　　到了戰國，人們運用譬喻的方式更加熟練而多樣化，思想家用它來闡發哲理，士大夫用它來勸諫君王，策士用它來遊說各國，宣揚政治主張。戰國時代是一個才智之士在各國之間穿梭遊走，遊說君王，尋找政治舞台的特殊時期。他們只要能夠說動君王，往往可以「朝爲布衣，夕爲卿相」，立即飛黃騰達。不過，遊說君王並不是簡單的事，周遊列國的策士想要用言語打動君

〔註142〕《莊子‧天下》，陳壽昌輯，《南華眞經正義》，台北：新天地書局，1972 年11 月，雜篇，頁 62～63。

王，就必須迎合君王的喜好。同時，策士們遊說的內容，大都是當時各國之間敏感的政治問題，因而，他們特別需要揣度君王的心理，既要擊中要害，又不能觸怒君王，於是，語言藝術分外重要。而有一定靈活性、含蓄性、啟發性的寓言，正是擔負此重大使命的良好媒介。

韓非是哲學家也是文學家，他身處於這個辯士縱橫各國，各家各派又習慣在文章中和遊說時運用寓言的時代，在持筆為文時，自然會以寓言來剖析事理，加強論述，讓人們能夠接受他的主張。而韓非雖然一生都沒有獲得君王重用，但他對現實政治始終懷有理想，所以，他的寓言絕大多數以歷史人物為主角，很少出現虛幻的想像，展現出來的是和政治貼近的現實風貌。

韓非認為：不同的時代有不同的治國方式，而在他所處的時代，只有法治才能切合需要。他觀察到：人性是好利惡害、趨利避害的，也正因為如此，執政者可以依照這樣的人性來明賞罰，定制度，以法治國，讓國家走向富強，讓民眾在國家強大力量的保衛下獲得安定的生活。韓非為了達成他心目中的政治理想，設計出一套「法」、「勢」、「術」綜合運用的思想理論，以此來建立穩固、完善的國家制度，而這套政治思想的哲學基礎，就是他對人性的看法、對價值的認定和對歷史的觀點。

而在戰國時代勃興的寓言，正是韓非論述他的學說時不可或缺的媒介，他運用直敘、說理、諷刺、警世、幽默種種不同手法，以大量寓言來做為闡發其政治思想的重要部份。在本文此後各章中，即以韓非寓言來解析其以人性論為基點，以法、勢、術綜合運用而建構起的政治思想。

第三章 《韓非子》寓言中政治思想的理論基礎

第一節 從「夫妻禱祝」詮表好利自為的人性論

　　在韓非寓言中，有不少和人性論有關，本節先以〈內儲說下〉的「夫妻禱祝」寓言作為導引，說明韓非對人性的基本看法，再舉出「昭侯識奸」、「春申君之妾」、「三桓攻昭公」、「鱣似蛇」、「自為心」、「仲尼救火」、「齊國厚葬」等寓言，闡述韓非好利自為的人性論。

　　「夫妻禱祝」是一則很有趣的寓言：

> 衛人有夫妻禱者，而祝曰：「使我無故，得百束布！」其夫曰：「何
> 少也？」對曰：「益是，子將以買妾。」〔註1〕

相較於韓非絕大多數寓言中的王侯將相和古聖今賢，這則寓言的男女主角是街巷間隨處可見的平民百姓，寓言很短，卻很傳神的勾勒出一幅市井小民的畫像。故事中的妻子和丈夫實際上都禱告上天賜給他們禮物，不過，務實的妻子卻知道不能要求太多，因為，有了多餘的財物，男人就會有非份之想。這則寓言並沒有說明丈夫的願望，不過，從妻子的話裡，很明顯的透露出這個丈夫如果有能力，是非常期待能夠享齊人之福的。於是，儘管夫妻兩人同樣追求「利」，但丈夫過多的「利」顯然會成為妻子的「害」，所以，妻子衡量事理，寧願得到的「利」少一些，也不要因為多得一些利反而引發「害」。

〔註 1〕〈內儲說下〉，《校釋》，頁 439。

　　這則寓言背後，透露出韓非的想法：維繫夫妻的紐帶，不是感情，而是利益。

　　在「備內」篇中，韓非近一步闡釋他對夫妻關係的看法

　　　　夫妻者，非有骨肉之恩也，愛則親，不愛則疏。〔註2〕

事實上，依照韓非的觀察，無骨肉之恩的夫妻固然如此，有骨肉之恩的兄弟、父子也跳不出「利」的誘因和主導。韓非指出：

　　　　饑歲之春，幼弟不饢；穰歲之秋，疏客必食。〔註3〕

　　　　父母之於子也，產男則相賀，產女則殺之。〔註4〕

在韓非所處的戰國時代，經濟主要有賴於農耕，於是，豐年或荒年，很直接的影響了一家之主對他人的態度，於是，在荒年的時候，就連親弟弟都得不到食物；在豐年的時候，會把疏遠的客人都招待到家裡來吃飯。同時，在農業社會裡，男子是重要的勞動力，家中男丁多，生產力才會高，因此，生男孩是值得慶賀的喜事，至於女子，雖可下田耕作，終究是別人家的媳婦，可真是賠錢貨，地位自然遠遠不及男子。爲什麼父母會對自己的骨肉有如此懸殊的差別待遇呢？當然是因爲生男比較有利，所以，韓非緊接著這樣說：

　　　　非疏骨肉，愛過客也，多少之實異也。〔註5〕

　　　　男子受賀，女子殺之者，慮其後便、計之長利也。〔註6〕

韓非對人性的解析是出於他對現實人生中眾生相的觀察，人與人之間的種種複雜關係，在他看來都不過是利與害的計算，即便親如父子也不例外：

　　　　人爲嬰兒也，父母養之簡，子長而怨。子盛壯成人，其供養薄，父
　　　　母怒而誚之。子父、至親也，而或誚或怨者，皆挾相爲，而不周於
　　　　爲己也。……有父子之澤矣，而必周於用者，皆挾自爲心也。〔註7〕

　　　　故父母之於子也，猶用計算之心以相待也，而況無父子之澤乎！〔註8〕

人間至親莫過於父母子女，可是，韓非卻無情的指出：就算親如父子都不免計算利害，至於親戚、朋友就更不必說了。不過，就一般平民百姓而言，通

〔註2〕　〈備內〉，《校釋》，頁195。
〔註3〕　〈五蠹〉，《校釋》，頁29。
〔註4〕　〈六反〉，《校釋》，頁91。
〔註5〕　〈五蠹〉，《校釋》，頁29。
〔註6〕　〈六反〉，《校釋》，頁91。
〔註7〕　〈外儲說左上〉，《校釋》，頁493～494。
〔註8〕　〈六反〉，《校釋》，頁91。

常面對的「利」並不很大，因此，爲「利」發生的衝突也相對較小，可是，當爭奪「利」的戰場轉到權貴之家或君王之國，局面就變得十分殘酷。韓非以兩則寓言來展現人與人之間爲了利益毫不留情的鬥爭。

> 昭僖侯之時，宰人上食，而羹中有生肝焉。昭侯召宰人之次而誚之曰：「若何爲置生肝寡人羹中？」宰人頓首服死罪，曰：「竊欲去尚宰人也。」〔註9〕

> 楚莊王之弟、春申君有愛妾曰余，春申君之正妻子曰甲。余欲君之棄其妻也，因自傷其身，以示君而泣，曰：「得爲君之妾，甚幸。雖然，適夫人，非所以事君也；適君，非所以事夫人也。身故不肖，力不足以適二主，其勢不俱適，與其死夫人所者，不若賜死君前。妾以賜死，若復幸於左右，願君必察之，無爲人笑。」君因信妾余之詐，爲棄正妻。余又欲殺甲，而以其子爲後，因自裂其親身衣之裏，以示君而泣，曰：「余之得幸君之日久矣，甲非不知也，今乃欲強戲余，余與爭之，至裂余之衣，而此子之不孝，莫大於此矣。」故妻以妾余之詐棄，而子以之死。〔註10〕

無論是那個想陷害廚師，取而代之的助手；或是想要春申君棄妻殺子的愛妾，都並不是和對方有什麼深仇大恨，只是因爲對方的利益抵觸了自己的利益，才不擇手段的陷害對手。

　　沒有什麼實際權力的宮廷宰人和貴族愛妾在爭奪利益時都已經如此殘酷，手握大權的重臣在面對利與害時，影響層面自然更廣。

> 魯，孟孫、叔孫、季孫相戮力劫昭公，遂奪其國，而擅其制。魯三桓偪公，昭公攻季孫氏，而孟孫氏、叔孫氏相與謀曰：「救之乎？」叔孫氏之御者曰：「我家臣也，安知公家？凡有季孫與無季孫，於我孰利？」皆曰：「無季孫，必無叔孫。」「然則救之！」於是撞西北隅而入，孟孫見叔孫之旗入，亦救之，三桓爲一，昭公不勝，遂之齊，死於乾侯。〔註11〕

三桓奪權，魯昭公被逐，既是赤裸裸的權力鬥爭，也是孟孫、叔孫、季孫爲了保有自己「利」的必然作爲，因爲，如果昭公攻季孫成功，無季孫必然無

〔註9〕　〈內儲說下〉，《校釋》，頁451。
〔註10〕　〈姦劫弑臣〉，《校釋》，頁221。
〔註11〕　〈內儲說下〉，《校釋》，頁439～440。

叔孫；無季孫、叔孫，孟孫也一定會被昭公消滅，所以，爲了保衛自己的權位富貴甚至身家性命，魯國三桓唯一的選擇就是合而爲一，共同對抗魯昭公，無論昭公或三桓，在面臨利的抉擇時，都沒有什麼君臣之義，有的只是自身的利或害而已。

這是韓非從經驗中體悟、歸納出來的，好利自爲的人性，他說：：「夫智、性也；壽、命也。性命者，非所學於人也。」〔註12〕

張純和王曉波兩位先生認爲：韓非所說的：「非所學於人」的「性」與「命」，主要就是好利惡害，以自爲心處處計算的人性。〔註13〕至於這樣的人性是不是惡，歷來各家有不同看法。

熊十力先生說：

> 「韓非之人性論，實紹承荀卿性惡說，此無可諱言也。……但徵明韓非爲性惡論者而已。」〔註14〕

勞思光先生說：

> 「儒學有荀卿『性惡』之說，爲韓非所襲取，遂成極端性惡之論，而視一切善行德性爲不可能。」〔註15〕

陳啓天先生說：

> 「在韓非的國家哲學中，對於人性有一種根本分析，即認定人人都有一種自私自利的傾向。他的老師荀卿主張人性惡，要用人爲的『學』和『禮』去矯正。韓非彷彿也認定人性是惡的。自私自利，便是性惡的一種表徵。」〔註16〕

以上幾位先生都認爲韓非承襲了老師荀子的性惡說，認爲人性是惡。張純、王曉波兩位先生則引證《韓非子》原文，提出不同意見：

> 「由韓非人性論的具體內容來看，由於人有『好利惡害』的『自爲心』，誠有匠人之『欲人之夭死』〔註17〕，甚至連父子都可以『離且怨』〔註18〕；但是，卻也有輿人之『欲人之富貴』〔註19〕，甚至連

〔註12〕〈顯學〉，《校釋》，頁18。

〔註13〕 張純、王曉波，《韓非思想的歷史研究》，台北：聯經出版公司，1983 年 9 月，頁 77。

〔註14〕熊十力，《韓非子評論》，台北：台灣學生書局，1978 年 10 月，頁 16。

〔註15〕勞思光，《新編中國哲學史》（一），台北：三民書局，2002 年 10 月，頁 344。

〔註16〕陳啓天，〈韓非及其政治學〉，《校釋》，頁 945。

〔註17〕〈備內〉，《校釋》，頁 196。

〔註18〕〈外儲說左上〉，《校釋》，頁 494。

　　大盜亦可以『不掇百溢』〔註20〕，還可以『相忍以饑寒，相強以勞
　苦』〔註21〕。我們不能以後者稱韓非主張性善，又何以能以前者稱
　韓非主張性惡？」〔註22〕

姚蒸民和林義正兩位先生則從治道觀點來分析韓非這個問題，認爲以群體治
亂爲思考的學問和以個體德性提升爲思考的學問，本質上並不相同。因此，
韓非只肯定人有「自爲心」、「欲利之心」，而不認定此「好利自爲」的心就是
惡。〔註23〕

　　筆者亦以爲，韓非是以他對人的觀察與經驗，得出人性「自利自爲」、「好
利惡害」的客觀事實，此間並無善惡的判斷。

　　先秦時期的人性論，可以孟子的性善論、告子的性無善無不善論及荀子
的性惡論爲代表。孔子言：「性相近」〔註24〕，卻並未說明此人人相近之性究
竟是善或惡。但從孔子所說：

　　「仁遠乎哉？我欲仁，斯仁至矣。」〔註25〕；「爲仁由己，而由乎人哉？」

〔註19〕　〈備内〉，《校釋》，頁196。
〔註20〕　〈五蠹〉，《校釋》，頁40。
〔註21〕　〈六反〉，《校釋》，頁95。
〔註22〕　張純‧王曉波，《韓非思想的歷史研究》，台北：聯經出版公司，1983年9月，
　　　　頁79。
〔註23〕　姚蒸民先生說：「人性善惡存乎内心，無法證明，若就行事而論善與不善，亦難有
　　　　絕之標準。孟子論失人與函人之仁與不仁，亦僅能慨言『故術不可不慎』者以
　　　　此。何況善惡乃道德問題，而政治所重者端在行爲表現。行爲之是與非，與人之
　　　　心性善惡，初無必然之關係。故韓非不問人性之究爲善抑惡，而從不同之行爲表
　　　　現，以推定人群心理之共同傾向，並將之落實於政治問題之討論。」姚蒸民，韓
　　　　非子通論，台北：東大圖書公司，1999年3月，頁122〜123。林義正先生說：「以
　　　　群體治亂爲思考的學問和以個體德性提升爲思考的學問，本質上是不同，群體治
　　　　亂的思考以滿足眾人的欲望爲基本，因此，應該研究眾人的欲望，需要，好惡，
　　　　孔子認爲爲政者應當『因民之所利而利之』，《禮記‧大學》也說：『民之所好，好
　　　　之；民之所惡，惡之。』民之好惡，怎能不加研究？對人性以經驗科學的方法加
　　　　以分析及了解，而肯定人類「自爲之」、「欲利之心」……在人類活動中的價值傾
　　　　向，不涉及價值判斷，也就是說不認定「自爲心」就是惡，「天性仁心」就是善，
　　　　一切的心理表現本是天生固有，不待後天學習，針對人性的事實，制定政策及法
　　　　律，原是《韓非子》用心的所在，自古以來，總有人誤解韓非，以爲韓非是性惡
　　　　論者，其實是沒有弄清事實與價值二者分際的緣故。」林義正，《先秦法家人性論
　　　　之研究》，中國人性論，台北：東大圖書公司，1990年3月，頁96〜97。
〔註24〕　《論語‧陽貨》，見朱熹，《四書章句集註》，台北：鵝湖出版社，1984年9
　　　　月，頁175。
〔註25〕　《論語‧述而》，同上注，頁100。

〔註26〕「苟志於仁，無惡也」。〔註27〕可以看出仁心的普遍和自足，也可以看出孔子雖未明言性之善惡，實質上已傾向性善。

孟子則就孔子的仁心，在人性根源處作探索，深化爲性善論。孟子說：「人性之善也，猶水之就下也，人無有不善，水無有不下。」〔註28〕以水沒有不往下流的來說人性的自然之善。至於如何證成人性之善，他說：

> 乃若其情，則可以爲善矣，乃所謂善也。若夫爲不善，非才之罪也。惻隱之心，人皆有之；羞惡之心，人皆有之；恭敬之心，人皆有之；是非之心，人皆有之。惻隱之心，仁也；羞惡之心，義也；恭敬之心，禮也；是非之心，智也。仁義禮智，非由外鑠我也，我固有之也，弗思耳矣。故曰：「求則得之，舍則失之。」或相倍蓰而無算者，不能盡其才者也。〔註29〕

孟子認爲：人的本性是具有爲善能力的，這種爲善的能力就是人的良知良能，它們具體的表現在仁、義、禮、智四端上，這四端是人人原本就有，不是外力所加才有的。一般人覺悟不到四端是因爲缺乏反省自覺，但只要一念自覺，就可以當下呈現，所以說：「求則得之」。同樣的，只要一念沈淪，當下就不會呈現，亦即「舍則失之」。不過，無謂良知良能呈現或不呈現，都存在於人的本性當中，並有充足能力爲善。

孟子的性善論是從人的自覺和對道德價值的要求來論人性，告子的性無善無不善則是從生命的經驗來論人性。告子說：「生之謂性」〔註30〕；「食色，性也。」〔註31〕，都是針對人的生命內容而說。人要生存就必須覓食，要延續種族就必須有男女之愛，因此，飲食男女都只是人類生活中所經驗的事實，其間並無所謂的善或惡。善惡是人類依照某種價值標準而做的價值判斷，而飲食男女是中立於善惡的存在事實，告子出於對人類生活的觀察與經驗，得出了「性無善無不善」的結論。〔註32〕

荀子的性惡論，亦是採取告子的路數，以經驗主義的立場來看人性。荀

〔註26〕 《論語・顏淵》，同上注，頁131。
〔註27〕 《論語・里仁》，同上注，頁70。
〔註28〕 《孟子・告子上》，同上注，頁325。
〔註29〕 《孟子・告子上》，同上注，頁328。
〔註30〕 《孟子・告子上》，同上注，頁326。
〔註31〕 《孟子・告子上》，同上注，頁326。
〔註32〕 《孟子・告子上》，同上注，頁328。

子說：

> 人之性惡，其善者僞也。今人之性，生而有好利焉，順是，故爭奪
> 生而辭讓亡焉；生而有疾惡焉，順是，故殘賊生而忠信亡焉；生而
> 有耳目之欲，有好聲色焉，順是，故淫亂生而禮義文理亡焉。然則
> 從人之性，順人之情，必出於爭奪，合於犯分亂理而歸於暴。故必
> 將有師法之化，禮義之道，然後出於辭讓，合於文理，而歸於治。
>
> 〔註33〕

事實上，荀子所說的「人生而好利、好聲色」，也跟告子所說的「食色，性也」
一樣，皆是人的自然之質，並無善惡的價值判斷，照理說應該推出性無善無
不善的中立主張，不過，荀子認爲此自然之質在缺乏禮義的制約下，必然會
順著生理欲求而向下沈淪，因而產生種種罪惡，所以主張性惡論。

　　韓非對人性的看法在「生而好利」這一方面，和荀子是一樣的，在書中，
他也一再說到這樣的人性：

> 好利惡害，夫人之所有也。賞厚而信，人輕敵矣；刑重而必，人不
> 北矣。長行徇上，數百不一人。喜利畏罪，人莫不然。〔註34〕
>
> 民之故計，皆就安利如辟危窮。〔註35〕
>
> 人情皆喜貴而惡賤。〔註36〕
>
> 夫民之性，惡勞而樂佚。〔註37〕
>
> 安利者就之，危害者去之，此人之情也。〔註38〕
>
> 人焉能去安利之道，而就危害之處哉？〔註39〕

　　不過，韓非和荀子不同的是：荀子認爲好利的人性只會造成爭奪，釀成
罪惡。韓非卻觀察到，喜利畏罪、喜貴惡賤、好利避害、惡勞樂佚的人性固
然會造成爭奪，不過，卻也能夠激發人的力量，讓怯懦變成勇氣。因此，這
樣的人性是中性的，本身並沒有善惡的價值判斷。事實上，韓非和儒家的根

〔註33〕　《荀子・性惡篇》，李滌生，《荀子集釋》，台北：台灣學生書局，2000 年 3
　　　　　月，頁 538～538。
〔註34〕　〈難二〉，《校釋》，頁 344。
〔註35〕　〈五蠹〉，《校釋》，頁 58。
〔註36〕　〈難三〉，《校釋》，頁 348。
〔註37〕　〈心度〉，《校釋》，頁 814。
〔註38〕　〈姦劫弒臣〉，《校釋》，頁 214。
〔註39〕　同上注。

本差異在於：他並不關注人性的善或惡，而是著眼於要如何去運用人性的自為自利。

在〈內儲說上〉和〈說林下〉中，都有同樣一則寓言：

> 鱣似蛇，蠶似蠋。人見蛇則驚駭，見蠋則毛起。然而婦人拾蠶，漁者握鱣，利之所在，則忘其所惡，皆爲孟賁。〔註40〕

蛇和蠋都是一般人所畏懼討厭的動物，可是，像蛇的鱣，像蠋的蠶，卻可以讓人獲利，於是，人們就忘掉了對牠們形體的厭惡，忙著去捕鱣抓蠶。

不僅婦人、漁者爲了獲取利益而變得勤奮勇敢，農夫、戰士亦然：

> 夫耕之用力也勞，而民爲之者，曰：可得以富也。戰之爲事也危，而民爲之者，曰：可得以貴也。〔註41〕

韓非不但發現「利」可以激發人們的勤勞和鬥志，還進一步體悟到：在「利」的趨使下，每個人都可以爲了追逐自己更多更大的利益，跟他人相互合作。在〈外儲說左上〉中，韓非寫下這則寓言：

> 夫買庸而播耕者，主人費家而美食，調錢布而求易者，非愛庸客也，曰：如是，耕者且深，耨者且熟云也。庸客致力而疾耘耕，盡功而正畦陌者，非愛主人也，曰：如是，羹且美，錢布且易云也。〔註42〕

主人替傭工準備精美可口的食物、付給他們優厚的薪資，是爲了好好對待傭工，傭工就會把田耕得深，草除得仔細；傭工努力種田除草，盡心整理阡陌，是爲了用良好的工作品質來換取美味的食物和豐厚的酬勞。因此，無論是主人對傭工的用心照顧，或是傭工的賣力耕耨，都不是爲了和對方有什麼情份義氣，而是爲了獲得自已更多的利益。可是，彼此雖然都是爲了利，雙方卻能夠和諧相處，並且互助合作。

於是，從人與人之間的爭鬥與合作，韓非得出了這樣的結論：

> 故人行事施予，以利之爲心，則越人易和；以害之爲心，則父子離且怨。〔註43〕

不過，韓非也發現：儘管追逐利益的自爲心是人的天性，卻也是有條件的，當利過於害，而且不一定會有害的時候，人們就會去逐利；可是，如果害過

〔註40〕〈內儲說上〉，《校釋》，頁 414；〈說林下〉，《校釋》，頁 635。
〔註41〕〈五蠹〉，《校釋》，頁 50。
〔註42〕〈外儲說左上〉，《校釋》，頁 493～494。
〔註43〕同上注，頁 494。

於利，而且一定會有害，人們就會放棄利。在〈內儲說上〉中，韓非用一則寓言說明這個道理：

> 魯人燒積澤，天北風，火南倚，恐燒國，哀公懼，自將眾，趣救火。
> 左右無人，盡逐獸，而火不救。乃召問仲尼，仲尼曰：「夫逐獸者樂
> 而無罰，救火者苦而無賞，此火之所以無救也。」哀公曰：「善。」
> 仲尼曰：「事急，不及以賞。救火者盡賞之，則國不足以賞於人，請
> 徒行罰。」哀公曰：「善。」於是仲尼乃下令曰：「不救火者，比降
> 北之罪；逐獸者，比入禁之罪。」令下未遍，而火已救矣。〔註44〕

魯國發生大火，連國君自己都去救火，可是，國君左右的人卻跑去追野獸而不肯救火，為什麼會發生這樣奇怪的現象呢？是因為「逐獸者樂而無罰，救火者苦而無賞」，換言之，也就是逐獸之利遠過於救火之害。為了挽救火越燒越大的危機，在事情緊急，國家又沒有那麼多的賞賜可以分給眾人時，孔子提出的方法是「重罰」，也就是不救火的人就一定有害，而且是「比降北之罪、入禁之罪」的大害，結果，命令還沒有傳遍，大火就已經撲滅了。這則寓言很諷刺的，也很形象化的表現出人性喜利畏罪的一面，〈內儲說上〉中的另一則寓言也和這則寓言意義十分相似：

> 齊國好厚葬，布帛盡於衣衾，材木盡於棺槨，桓公患之，以告管仲
> 曰：「布帛盡則無以為蔽，材木盡則無以為守備，而人厚葬之不休，
> 禁之奈何？」管仲對曰：「凡人之有為也，非名之，則利之也。」於
> 是乃下令曰：「棺槨過度者戮其尸，罪夫當喪者。」夫戮尸無名，罪
> 當喪者無利，人何故為之也！〔註45〕

在這則寓言中，韓非除了再一次強調有害無利的事人們不會去做，並且藉管仲的話，提出了「凡人之有為也，非名之則利之」的觀念，並由此衍生出「利之所在，民歸之；名之所彰，士死之」〔註46〕的論點。

韓非認為：厚賞是利，名位也是利；刑罰是害，貧賤也是害，至於生死，更是最大的利害。這是他體悟到的人性人情，也正是因為人性趨利避害，所以才可以誘導及利用這種人性來治理國家。他說：

> 凡治天下，必因人情。人情者有好惡，故賞罰可用；賞罰可用，則

〔註44〕〈內儲說上〉，《校釋》，頁 403〜404。
〔註45〕同上注，頁 406。
〔註46〕〈外儲說左上〉，《校釋》，頁 473。

－69－

　　禁令可立，而治道具矣。〔註47〕

　　聖人之所以爲治道者三：一曰「利」……夫利者、所以得民也。

〔註48〕

　　設民所欲，以求其功，故爲爵祿以勸之；設民所惡，以禁其姦，故

　　爲刑賞以威之。〔註49〕

從好利的人性爲出發點，韓非構築起他以賞罰爲重要準則的治國之道。而當這樣層層推進，環環相扣的思想用寓言呈現出來時，我們可以看到，無論他寫「夫妻禱祝」、「春申君之妾」或是「三桓攻昭公」，都是在寫人面對自己利益可能受損時所表現的心態，當利益越大時，相應而生的反應就越殘酷，這無關乎人性的善與惡，有的只是當人面對利與害時所產生的自然反應。

　　然而，韓非看到的又不僅僅是人性自利所造成的爭奪，他也同樣看到了因爲人的自利自爲所造成的合作，從「鱣似蛇」、「自爲心」這兩則寓言，很鮮明的顯現了韓非認爲利益可以讓人相互合作，共謀福利。

　　剖析人性當然並不是韓非的主要目的，他之所以析論人性，是爲了他心心念念的「治道」，亦即他認爲這樣好利自爲的人性是治道的基礎。牟宗三先生說：

　　「治道就字面講，就是治理天下之道，或處理人間共同事務之道。

　　其本質就是『自上而下』的。」〔註50〕

正如牟先生所言，韓非心目中的治道，就是君王由上而下的治理國家之道，而此治道的根本，就在於充分利用好利自爲的人性。從「仲尼救火」、「齊國厚葬」兩則寓言，很清楚的看出韓非以人情好惡來設賞立罰的治道立足點，同時，他也以這樣的人性論作爲基點，構築起他的價值觀。

第二節　從「田仲論瓠」詮表功利實效的價值觀

　　韓非認爲人性自利自爲，這樣的人性自然無法開出內在價值，因此，價值只能從外建立。本節先以「田仲論瓠」的寓言分析韓非認爲事物有沒有價

〔註47〕〈八經〉，《校釋》，頁150。
〔註48〕〈詭使〉，《校釋》，頁104。
〔註49〕〈難一〉，《校釋》，頁319。
〔註50〕牟宗三，《政道與治道》，台北：台灣學生書局，1980年4月，頁26。

值在於是否實用，再以「墨子木鳶」、「射稽之謳」、「畫筴」、「三年成一葉」、「棘刺母猴」、「中山可伐」等寓言來探討韓非的價值觀。

在〈外儲說左上〉中，韓非寫下這則寓言：

> 齊有居士田仲者，宋人屈穀見之，曰：「穀聞先生之義，不恃仰人而食。今穀有巨瓠，堅如石，厚而無竅，獻之！」仲曰：「夫瓠所貴者，謂其可以盛也。今厚而無竅，則不可剖以盛物；堅如石，則不可以剖而斟，吾無以瓠為也！」曰：「然、穀將欲棄之。今田仲不恃仰人而食，亦無益人之國，亦堅瓠之類也。」〔註51〕

這則有關巨瓠的寓言，很容易令人聯想到《莊子·逍遙遊》中的五石之瓠。〔註52〕不過，同樣是不能裝東西和盛水的巨瓠，在莊子的寓言裡，是可以繫在腰間，浮於江湖，逍遙物外的無用大用；在韓非的寓言裡，卻是完全無用，只能丟棄的廢物。

從田仲對於巨瓠的評價，可以看出：在韓非眼中，事物有沒有價值就在於是否實用，同樣在〈外儲說左上〉中，韓非還寫下另外三則寓言：

> 墨子為木鳶，三年而成，蜚一日而敗。弟子曰：「先生之巧，至能使木鳶飛。」墨子曰：「吾不如為車輗者巧也，用咫尺之木，不費一朝之事，而引三十石之任，致遠力多，久於歲數。今我為鳶，三年成，蜚一日而敗。」惠子聞之曰：「墨子大巧，巧為輗，拙為鳶。」〔註53〕

> 宋王與齊王仇也，築武宮，謳癸倡，行者止觀，築者不倦。王聞，召而賜之。對曰：「臣師射稽之謳，又賢於癸。」王召射稽使之謳，行者不止，築者知倦。王曰：「行者不止，築者知倦，其謳不勝如癸美，何也？」對曰：「王試度其功，癸四板，射稽八板；撅其堅，癸

〔註51〕〈外儲說左上〉，《校釋》，頁489。

〔註52〕《莊子·逍遙遊》。惠子謂莊子曰：「魏王貽我大瓠之種，我樹之成而實五石，以盛水漿，其堅不能自舉也。剖之以為瓢，則瓠落無所容。非不呺然大也，吾為其無用而掊之。」莊子曰：「夫子固拙於用大矣。宋人有善為不龜手之藥者，世世以洴澼絖為事。客聞之，請買其方百金。聚族而謀曰：『我世世為洴澼絖，不過數金；今一朝而鬻技百金，請與之。』客得之，以說吳王。越有難，吳王使之將。冬，與越人水戰，大敗越人，裂地而封之。能不龜手一也，或以封，或不免於洴澼絖，則所用之異也。今子有五石之瓠，何不慮以為大樽而浮於江湖，而憂其瓠落無所容？則夫子猶有蓬之心也夫！」見陳壽昌輯，《南華真經正義》，內篇，頁6。

〔註53〕〈外儲說左上〉，《校釋》，頁480。

五寸，射稽二寸。」〔註54〕

客有爲周君畫筴者，三年而成，君觀之，與髹筴者同狀，周君大怒。畫筴者曰：「築十版之牆，鑿八尺之牖，而以日始出時，加之其上以觀。」周君爲之，望見其狀，盡成龍蛇禽獸車馬，萬物之狀備具，周君大悅。此畫筴之功，非不微難也，然其用與素髹筴同。〔註55〕

這三則寓言都揭示了韓非把功利實效做爲價值判斷的唯一標準，墨子製作的木鳶十分精巧，在工藝上有很大的價值，可是，木鳶對人、對社會卻沒有實用功效，反觀工匠製做的車轅前端的橫木，雖然看來尋常，卻可以拉動車子，載運貨物，對人和社會有很大的幫助，因此，從這個角度看，木鳶的巧是拙，車輗的拙是巧。

同樣的，就音樂價值來評論，癸的歌聲會讓行人停下來看誰是歌者，工人聽了也會忘記疲倦；而他老師射稽唱歌時，卻並沒有行人會爲聽歌停下腳步，工人聽了射稽的歌也會感覺疲倦，因此，就藝術層面來說，癸的歌聲必然比射稽悅耳得多。可是，就功效來說，在癸唱歌時，工人由於傾聽歌聲而分心，自然會影響工作品質，而射稽的歌聲卻能讓工人全心全意工作，工作的速度既快，質量又好。

在韓非重視實效的價值標準下，藝術美感變得完全不重要，在用誇飾手法寫成的「畫筴」寓言中，非常明白的顯示了他的看法。這位替周君彩繪馬筴的客人花了三年時間才完成了他的藝術精品，不過，這件神乎其技的藝術品必須要先修築一堵高度十丈，寬度二丈的牆，在上面挖開八尺見方的窗洞，在太陽初升的時候，把馬筴放在上面，才能看到馬筴上面精巧的龍蛇禽獸車馬圖樣。周君很滿意客人的創作，韓非也認爲彩繪馬筴的工夫不是不夠微細艱難，可是，這麼美麗精巧的馬筴，用途卻和只塗上漆，沒有任何花樣的馬筴完全一樣。

在〈喻老〉中，也有和上面幾則寓言相近的一則寓言：

宋人有爲其君以象爲楮葉者，三年而成，豐殺莖柯，毫芒顏澤，亂之楮葉之中，而不可別也。此人遂以功食祿於宋邦。列子聞之曰：「使天地三年而成一葉，則物之有葉者寡矣。」〔註56〕

這則寓言不像「畫筴」那樣，藉著「築十版之牆，鑿八尺之牖，而以日

〔註54〕同上注，《校釋》，頁 480～481。
〔註55〕同上注，《校釋》，頁 487。
〔註56〕〈喻老〉，《校釋》，頁 778。

始出時加之其上而觀」的誇飾寫法，來展現隱喻其中的嘲諷。不過，只從這片用象牙雕成的楮葉，放在眞的楮葉當中都分不出眞假，就足以看出象牙楮葉的逼眞程度和藝術之美。可是，韓非並沒有讚美雕刻者的卓越手藝，反而藉列子的話說出他的評斷：「使天地三年而成一葉，則物之有葉者寡矣。」

不過，木鳶、畫筴、象牙葉雖然既費工夫又不實用，畢竟還眞有一個花了許多時間完成的實物在那裡，更具諷刺性的是根本不可能有實物存在的「棘刺母猴」。

> 宋人有請爲燕王以棘刺之端爲母猴者，必三月齋然後能觀之，燕王因以三乘養之。右御冶工言王曰：「臣聞人主無十日不燕之齋。今知王不能久齋以觀無用之器也，故以三月爲期。凡刻削者，以其所以削必小。今臣冶人也，無以爲之削，此不然物也，王必察之。」王因因而問之，果妄，乃殺之。冶人謂王曰：「計無度量，言談之士多棘刺之說也。」〔註57〕

這則寓言的結尾，韓非很明白的藉精通雕刻藝術的冶工對受騙的燕王說出：「如果國君不能對國政詳加考慮，前來遊說的人就會提出棘刺母猴這種荒謬虛妄的意見。」在韓非的時代，求取功名富貴的言談之士周遊各國，其中全無經世之才，只會空言闊論，以吹噓爲能事的必然很多，「棘刺母猴」的寓言，在對這類人諷刺之餘，更進一步表現出韓非對那些舌燦蓮花，用美言虛畫空中樓閣的所謂「辯智之士」的厭惡。

從以上幾則寓言中，很清楚的顯示：韓非認爲巨瓠無用、木鳶不巧的原因，是因爲它們不實用；同樣的，他對動人歌聲、精巧藝術品的不屑一顧，也是因爲它們不實用。至於引人發笑的「棘刺母猴」，更是毫不留情的諷刺了難以檢驗的假話空言。

當這樣以現實功效做爲唯一價值的觀點落實在對人的評價上，就是「田仲論瓠」這則寓言的結尾：田仲不仰賴別人過日子，也對國家沒有益處，和不能盛物、裝水的巨瓠並沒有兩樣。

以「是否有益於人之國」來做爲價值判斷的標準，是韓非思想極受詬病之處，勞思光先生即對此價值觀深不以爲然，他說：

〔註57〕〈外儲說左上〉中「棘刺母猴」的寓言有連續兩則，請爲棘刺母猴者一爲宋人一爲衛人，結尾亦一被殺一逃走，但內容寓意相似。第二則故事性較爲濃厚，第一則表明寓意較顯豁，此處所引爲第一則。《校釋》，頁482。

「韓子一面將性惡論推至極致，另一面則承權威主義之思想，否定
一切價值，而只肯定一君權。『二柄』供人主之用；法術亦僅爲人主
所需。故韓非子學說中之唯一肯定即爲君權或人主之利……韓非思
想，在價值觀念方面，爲一純粹否定論者；故不唯與先秦諸子不同，
且在世界哲學史上，亦屬一極爲罕見之邪僻思想。」〔註58〕

王讚源先生也說：

「諸子當中，除了韓非之外，墨子的價值觀也是功利的，但是他們
的目標不同。墨子的「興天下之利，除天下之害」；與英人邊沁
（J.Bentham）創始的功利主義（Utilitarianism）比較接近。功利主
義爲謀最大多數人的最大幸福爲原則；墨子設想的對象也是芸芸眾
生。天下萬民。而韓非卻不然。他看清利己之心是人類行爲的誘因
和動力，因此用它作爲施行賞罰，運作謀術的根據，以達成鞏固君
權的目的。說明白一點：韓非就是以君王的功利爲功利。」〔註59〕

關於韓非是否主張性惡論，在本章第一節已有論析。至於韓非子是否只肯定
人主之利，不爲天下萬民設想？後文中另有論及。而有關韓非的價值觀，筆
者以爲，王邦雄先生認爲韓非欲以法來齊一社會的價值基準與行爲模式，歸
向尊君重國的新價值觀的見解更爲周延精到，王先生說：

「韓非的價值觀，乃是現實功利的價值觀。價值的內涵，不落在人
心自覺應該如何的理想上，而落在現實情境可能如何的實效上。故
其價值觀，已無異是實效論。凡有助於君尊國強者，就有價值。故
曰：『夫言行者，以功用爲之的彀者也。』〔註60〕又曰：『明主舉事
實，去無用，不道仁義者故，不聽學者之言。』〔註61〕是韓非即基
於此一實效之價值觀，反對儒者仁義之說，以其治道僅有適然之善，
而無必然之功。韓非的法理，就建立在這一功利主義的價值觀之
上。……立法，旨在止姦，而無意養善，以法能齊一社會原本不一
的價值基準與行爲模式，『賞必出乎公利，名必在乎爲上。』〔註62〕

〔註58〕 勞思光，《新編中國哲學史》（一），台北：三民書局，2002年10月，重印三
版二刷，頁342～344。

〔註59〕 王讚源，《中國法家哲學》，台北：東大圖書公司，1991年8月，頁105。

〔註60〕 〈問辯〉，《校釋》，頁85。

〔註61〕 〈顯學〉，《校釋》，頁20。

〔註62〕 〈八經〉，《校釋》，頁174。

　　使全民本其自爲之心，而歸向於尊君重國的新價值觀，統合於以農
　　戰本職的新模式。如是人人必廢私而從公，不自爲而爲上；君國之
　　功利，由是而得以實現完成。」〔註63〕

　　王邦雄先生此段話，將韓非君國功利的價值觀剖析極爲精譬。而此功利
實效的價值觀，建構起韓非以國家富強爲最終目的的政治思想。

　　關於「政治」的定義，學者看法差異甚大，並沒有學術界一致同意的定
義。在第二次世界大戰前，許多政治學者皆以「國家事務的處理」來作爲政
治定義。不過，華力進先生認爲此定義在當今雖依舊有用，但稍嫌狹窄，因
此，華先生參酌幾種當代政治學者的說法，並融合其個人看法，將「政治」
簡單定義爲：

　　「政治是指一個社會的直接或間接有關權威性決策及其執行的社會
　　活動。」〔註64〕

　　先秦時代對於「政治」，當然沒有二十世紀的現代化定義，不過，儘管當
時沒有對於政治的定義，卻早已有政治活動，至於華先生所說的「權威性決
策及其執行」，更是從古至今，國家領導者必須具有的執政權力。朱堅章先生
亦說：

　　「人類自有集體生活，就有政治活動，自有政治活動，就有政治思
　　想。政治思想乃是來自於人們對政治事務的想像、主張、反省與批
　　判。」〔註65〕

關於中國政治思想的研究，由於周代以前文獻不足，學者目前最早只能以周
代作爲研究起點，而又以周室東遷之後的春秋末葉與戰國時代爲重心。此段
時期社會面臨巨變，不僅爭戰頻仍，民生困苦，同時舊日維繫人心的風俗制
度皆動搖崩壞，失去原有效用。此即蕭公權先生所說：

　　「深思遠慮之士，對此巨變之原因與影響，自不免加以疑問批評，
　　而提出抗議或補救之方。政治思想，於是勃興。上述種種情形，春
　　秋已見其端，至戰國而更甚。」〔註66〕

先秦諸子對於如何解決當時社會解體、民生凋敝的情況，紛紛提出自己的政

〔註63〕王邦雄，《韓非子的哲學》，台北：東大圖書公司，1979年9月，頁122～123。
〔註64〕華力進，《政治學》，台北：國立空中大學，1997年8月，頁4。
〔註65〕朱堅章，〈重視政治學研究的「應然面」〉，麥克里蘭（J.S.McClelland）著，彭
　　　　淮棟譯，《西洋政治思想史》，台北：商周出版，2000年2月，頁1。
〔註66〕蕭公權，《中國政治思想史》，北京：新星出版社，2005年11月，頁2。

治思想，企圖對現實政治進行指引，而他們對政治事務的不同反省與主張，顯然和他們不同的價值取向密切相關。韓非思想係以富國強兵爲依歸，要達成這個現實目的，就不能不注重一切事務的實際成效。也正由於韓非將價值觀定在功利實效，就此觀點而言，不獨隱士對國家毫無用處，即便孔子、墨子、曾子、史鰌這些當時舉世所知的賢者，對國家也沒有實質貢獻。他說：

> 「博習辯智如孔、墨，孔、墨不耕耨，則國何得焉？修孝寡欲如曾、史，曾、史不攻戰，則國何利焉？」〔註67〕

爲什麼韓非對世俗所重的學者和隱士抱持負面看法呢？他在「中山可伐」這則寓言中很清楚的說明了原因：

> 趙主父使李疵視中山可攻不也，還報曰：「中山可伐也，君不亟伐，將後齊燕。」主父曰：「何故可攻？」李疵對曰：「其君見好巖穴之士，所傾蓋與車以見窮閭隘巷之士以十數，伉禮下布衣之士以百數矣。」君曰：「以子言論，是賢君也，安可攻？」疵曰：「不然。夫好顯巖穴之士而朝之，則戰士怠於行陣；上尊學者，下士居朝，則農夫惰於田。戰士怠於行陣者，則兵弱也，農夫惰於田者，則國貧也。兵弱於敵，國貧於內，而不亡者，未之有也，伐之不亦可乎！」
> 主父曰：「善。」舉兵而伐中山，遂滅之。〔註68〕

在這則寓言中，中山的國君因爲喜歡隱士，尊敬學者，而導致兵弱國貧，並因而招來趙、齊、燕等大國覬覦。文中，韓非藉李疵回報趙武靈王的話表明了：即使趙國不去攻滅中山，中山也必然亡於其他國家，因此，中山亡於強敵是必然後果。表面上看來，中山亡國是因爲國家貧弱，可是，追究造成貧弱的原因，弱與貧來自於戰士不奮勇打仗，農夫不戮力耕田，至於戰士與農夫爲什麼會怠於自己的本業？是由於國君對於隱士和學者的推崇，因此，中山之亡，眞正的緣由在於國君治理國家的時候，不知道哪種人眞正對國家有利。

爲什麼尊崇隱士、學者這些人物會造成國家覆亡的嚴重後果？韓非在〈六反〉中用相當長的一段文章來論述：

> 畏死、遠難，降北之民也，而世尊之曰「貴生之士」；學道、立方，離法之民也，而世尊之曰「文學之士」；遊居、厚養，牟食之民也，

〔註67〕 〈八說〉，《校釋》，頁136。
〔註68〕 〈外儲說左上〉，《校釋》，頁507～508。

而世尊之曰「有能之士」；語曲、牟知，僞詐之民也，而世尊之曰「辯
智之士」；行劍、攻殺，暴憿之民也，而世尊之曰「礒勇之士」；活
賊、匿姦，當死之民也，而世尊之曰「任譽之士」；此六民者，世之
所譽也。赴險、殉誠，死節之民，而世少之曰「失計之民」也；寡
聞、從令，全法之民也，而世少之曰「樸陋之民」也；力作而食，
生利之民也，而世少之曰「寡能之民」也；嘉厚、純粹，整穀之民
也，而世少之曰「愚戇之民」也；重命、畏事，尊上之民也，而世
少之曰「怯懾之民」也；挫賊、過姦，明上之民也，而世少之曰「諂
讒之民」也；此六民者，世之所毀也。姦僞無益之民六，而世譽之
如彼；耕戰有益之民六，而世毀之如此；此之謂六反。〔註69〕

韓非認爲：當時被社會尊稱爲貴生之士、文學之士、有能之士、辯智之士、
礒勇之士、任譽之士的六種人，實際上是「姦僞無益之民」；相反的，被社會
貶低爲失計之民、樸陋之民、寡能之民、愚戇之民、怯懾之民、諂讒之民的
六種人，實際上是「耕戰有益之民」。這種價值背反造成的結果就是：「姦僞
無益之民」得到禮遇，獲得實利：「布衣循私利而譽之，世主聽虛聲而禮之，
禮之所在，利必加焉。」〔註70〕至於「耕戰有益之民」卻沈淪在社會底層：「百
姓循私害而訾之，世主壅於俗而賤之，賤之所在，害必加焉。」〔註71〕

　　爲什麼貴生之士、文學之士、有能之士、辯智之士、礒勇之士、任譽之
士能夠受到君王禮重，世人尊崇呢？這是因爲他們擁有社會給予的美名，韓
非觀察到人類社會有這樣的現象：「民之重名，與其重利也均」〔註72〕；「民
之急名也，甚其求利也如此」〔註73〕；「利之所在，民歸之；名之所彰，士死
之。」〔註74〕

　　從這些現象，韓非歸納出他的結論：厚賞是利，名位也是利，刑罰是害，
貧賤也是害，人不但會追逐有形的物質，也會追逐無形的名譽。

　　而「六反」中所敘述的反常現象，就在於世俗所認定的名聲毀譽和這些
人對國家的利益完全相反，因而必然會造成嚴重後果：「名、賞在乎私、惡當

〔註69〕　〈六反〉，《校釋》，頁 88～89。
〔註70〕　同上注，《校釋》，頁 89。
〔註71〕　同上注。
〔註72〕　〈八經〉，《校釋》，頁 174。
〔註73〕　〈詭使〉，《校釋》，頁 105。
〔註74〕　〈外儲説左上〉，《校釋》，頁 473。

罪之民，而毀害在乎公、善宜賞之士，索國之富強，不可得也。」〔註75〕

那麼，要如何解決這個難題呢？韓非認為：只有讓國家的賞罰和民間的毀譽一致，「賞必出乎公利，名必在乎為上。賞譽同軌，非誅俱行。」〔註76〕；「功名所生，必出於官法。」〔註77〕；「譽輔其賞，毀隨其罰」〔註78〕換言之，也就是讓社會評價統合於國家的法律規範當中。因為，如果聽任世俗毀譽和國法賞罰雙方分歧，當一個人雖然受到國家的刑罰，卻獲得世人的崇高評價；或是雖然受到國家的封賞，卻被整個社會所嘲笑唾棄，在衡量得失之下，國法的賞罰必然會失去效用。韓非這樣說：「賞者有誹焉，不足以勸；罰者有譽焉，不足以禁。」〔註79〕；「功外於法，而賞加焉，則上不能得所利於下；名外於法，而譽加焉，則士勸名而不畜於君。」〔註80〕「譽所罪，毀所賞，雖堯不治。」〔註81〕所以，無論政府、民間，都只能有一套統合於國法之下的價值觀，這樣，國家才可治、可富、可強。關於此點，高柏園先生剖析得十分清楚：

> 「韓非不僅以此價值觀開展其理論學說，同時他也希望通過政治之運作，而將此價值觀推廣為每個人的價值觀，如此一方面可以使得所有人重利害而受法之賞罰的制約，另一方面也可以統一國家內的價值觀，而使國力得到高度的統合，而此二義皆是因其有現實之大利而為韓非所強調。」〔註82〕

韓非對人性的認定純由經驗出發，他具體觀察現實中的眾生相，認為人性自利自為，這樣的人性自然無法開出內在價值，因此，價值必需由外建立，透過「田仲論瓠」、「墨子為木鳶」、「畫筴」、「象牙楮葉」、「棘刺母猴」、「中山可伐」等寓言，韓非很清楚的闡明他以現實功利做為唯一價值的觀點，可是，韓非又認為：個人的私利並沒有價值，唯有把個人私利導向國家公利才具價值，而國家的公利是富與強，富強的根本原因在於耕戰，因此，凡是無益於耕戰的人都不應享有世俗的高名，應將社會的毀譽與國法的賞罰同一，成為

〔註75〕〈六反〉，《校釋》，頁89。
〔註76〕〈八經〉，《校釋》，頁174。
〔註77〕同上注，《校釋》，頁176。
〔註78〕〈五蠹〉，《校釋》，頁40。
〔註79〕〈八經〉，《校釋》，頁174。
〔註80〕〈外儲說左上〉，《校釋》，頁473。
〔註81〕〈外儲說左下〉，《校釋》，頁522。
〔註82〕高柏園，《韓非哲學研究》，台北：文津出版社，1994年9月，頁63。

世人唯一的價值。就政治來講，全國民眾有同樣的價值觀當然便於統治並有利於鼓勵耕戰，可是，定於一的思想卻不可避免的會形成獨斷，並剝奪了其他價值的可能發展，然而，韓非爲了達到富國強兵的目的，已無視於現實功利的價值觀所造成的負面影響了。

國家的富強與否當然和當政者的治國之道息息相關，而治國之道和外在環境的變化具有密切關連性，同樣是追求功利實效，不同的時代、不同的自然條件、不同的經濟狀況會造成不同的結果，緣此，韓非提出了他的歷史觀和治道觀。

第三節　從「守株待兔」詮表變古以治今的治道觀

韓非思想中最高的價值在於君國的富與強，爲了達到這個終極目標，就必須有可以讓國家走向富強的治道。本節先以「守株待兔」的寓言闡明韓非認爲治道應該隨不同時代改變，再以「卜子故褲」、「鄭人買履」、「塵飯塗羹」、「徐偃王行仁」、「共工之戰」、「宋襄公之仁」、「子貢辯智」等寓言印證韓非「世異則事異，事異則備變。」，「仁義用於古，而不用於今」的觀念，並說明韓非認爲：在「當今爭於力」的時代，唯有法家的治道才是因應時代的唯一選擇。

在〈五蠹〉的第一段中，韓非寫下「守株待兔」的著名寓言：

> 宋人有耕者，田中有株，兔走觸株，折頸而死，因釋其耒而守株，
> 冀復得兔；兔不可復得，而身爲宋國笑。〔註83〕

這則寓言流傳到今天，「守株待兔」這句成語幾乎人人皆知，不過，後人看這個故事，著眼點多半放在宋人的愚蠢無知上，韓非所要表達的主旨卻是寓言最後這句話：

> 今欲以先王之政，治當世之民，皆守株之類也。〔註84〕

韓非認爲：時代不同，環境不同，面對的問題和挑戰自然也不同，如果國君依舊用先王的治道來治理當代的民眾，可笑的程度就如同等待兔子觸株的農夫一樣。

韓非用兩則和「守株待兔」意義相同的寓言來闡述他對「變」和「不變」

〔註83〕〈五蠹〉，《校釋》，頁26。
〔註84〕同上註。

的看法。

> 鄭縣人卜子使其妻爲袴，其妻問曰：「今袴何如？」夫曰：「象吾故袴。」
> 妻因毀新，令如故袴。〔註85〕

> 鄭人有欲買履者，先自度其足，而置之其坐，至之市，而忘操之；
> 已得履，乃曰：「吾忘持度，反歸取之。」及反，市罷，遂不得履。，
> 人曰：「何不試之以足？」曰：「寧信度，無自信也。」〔註86〕

透過「卜子故褲」與「鄭人買履」這兩則以市井小民爲主角的寓言，韓非勾勒出不知變通的可笑。不管是那位花時間把新褲毀成舊褲的卜子妻，或是因爲只相信量好的尺寸而不相信自己腳的鄭人，都讓人覺得愚痴滑稽。不過，諷刺世人的因襲不變並非韓非的主要目的，他只是要藉這兩個趣味性濃厚的故事來闡釋他對「古」與「今」的看法，以及強調在「古今異俗，新故異備」之下，治理國家絕不能墨守成規的道理。在「塵飯塗羹」這則寓言中，韓非的用意更爲顯豁：

> 夫嬰兒相與戲也，以塵爲飯，以塗爲羹，以木爲戲，然至日晚必歸
> 饟者，塵飯塗羹，可以戲，而不可食也。夫稱上古之傳頌，辯而不
> 愨，道先王仁義，而不能正國者，此亦可以戲，而不可以爲治也。
> 〔註87〕

韓非用兒童以塵飯塗羹爲戲，到傍晚卻要回家吃飯的故事，闡明上古傳頌的仁義，對於現世來說，也如同孩子的遊戲，並沒有治國的實用價值。

把「先王仁義」與「兒童之戲」相提並論，充分突顯了韓非行文的犀利、比喻的出奇與想法的大膽。

韓非所面臨的時代，是一個史無前例的大變動時代。事實上，早在周室東遷之後，原來的政治倫理就已經不能用來規範天下了，孔子就說：

> 「天下有道，則禮樂征伐自天子出；天下無道，則禮樂征伐自諸侯
> 出。……天下有道，則政不在大夫。天下有道，則庶人不議。」〔註88〕

牟宗三先生則以「周文疲弊」來說明春秋時期禮崩樂壞，典章制度發生問題

〔註85〕〈外儲説左上〉，《校釋》，頁502。
〔註86〕同上注，頁505。
〔註87〕同上注，頁493。
〔註88〕《論語・季氏》，朱熹，《四書章句集註》，台北：鵝湖出版社，1984年9月，
　　　　頁171。

的情況。〔註89〕在這個混亂的時代裡，政治倫理、社會結構、經濟制度都全面崩潰，舊有的體制已經成爲過去，新生的秩序尚未整合建構，爲了因應世事的變化，哲學家紛紛提出了他們的政治觀點和實行方法，司馬談就在〈論六家要旨〉中指出：

> 「夫陰陽儒墨名法道德，此務爲治者也，直從所言之異路，有省不
> 省耳。」〔註90〕

諸子百家出於對現實的不滿，紛紛提出變革意見，只不過所主張的變革方向不同，有些主張復舊的法古，有些主張創新的變古。蕭公權先生就說：

> 「在此由封建天下轉爲專制天下之過渡時期，政治思想之可能態
> 度，不外三種。（一）對將逝之舊制度表示留戀，而圖有以維持或恢
> 復之。（二）承認現狀，或有意無意中迎合未來之新趨勢而爲之張目。
> （三）對於一切新舊之制度均感厭惡，而偏重個人之自足與自適。
> 就其大體言之，儒墨二家同屬第一類，法家諸子屬第二類，道家之
> 老莊及一切『爲我』之思想家，獨善之隱君子，即皆屬第三類。」
> 〔註91〕蕭公權先生又說：「法家思想一洗中庸柔順和平謙退之風，而
> 以尊君重國、富強進取爲務。法家學說內容之價值如何，姑且不論，
> 其所具之積極樂觀與開國氣象，則誠爲其他各家所無。」〔註92〕

正如蕭先生所說，韓非做爲集法家大成的哲學家，他的思想確實具有不泥古的積極進取精神，他主張「不期循古，不法常行」〔註93〕；「世異則事異，事異則備變。」〔註94〕韓非這種看法，往往被認爲是「進化的歷史哲學」或「歷史進化論」，陳啓天、曾繁康、張素貞、黃信彰等諸位先生皆持此論。〔註95〕

〔註89〕 牟宗三先生說：「周文發展到春秋時代，漸漸的失效。這套西周三百年的典章制度，這套禮樂，到春秋的時候就出問題了，所以我叫它做『周文疲弊』。諸子的思想出現就是爲了對付這個問題。」牟宗三，《中國哲學十九講》，台北：台灣學生書局，1983 年 10 月，頁 60。

〔註90〕 《史記・太史公自序》，楊家駱主編，《新校本史記三家注》，台北：鼎文書局，頁 3288～3289。

〔註91〕 蕭公權，《中國政治思想史》，北京：新星出版社，2005 年 11 月，頁 15。

〔註92〕 同前注，頁 17。

〔註93〕 〈五蠹〉，《校釋》，頁 26。

〔註94〕 同上注，頁 33。

〔註95〕 陳啓天先生說：「上古不同於中世，中世不同於當今。事異則事異，事異則備變。這是韓非的一種進化的歷史哲學。」陳啓天，〈韓非及政治學〉，《校釋》，頁 943。曾繁康先生說：「韓非對於歷史進化，有極其深刻之認識，與透闢之

　　不過，以歷史進化論的說法，來印證韓非所說的「古人亟於德，中世逐於智，當今爭於力」。〔註96〕可以明顯看出「進化」這個說法似乎並不妥當，因為，從「德」到「智」到「力」，就文化發展來說，並不是進化而是退化，所以，韓非對歷史的觀點，仍以王邦雄先生所說的「變古歷史觀」為宜。〔註97〕

　　在〈五蠹〉篇中，韓非用古與今的外在自然環境不同、民眾生活水準不同來說明為什麼需要「變古」的道理。

> 上古之世，人民少而禽獸眾，人民不勝禽獸蟲蛇。有聖人作，構木為巢，以避群害，而民悅之，使王天下，號之曰「有巢氏。」民食果、蓏、蚌、蛤，腥、臊、惡、臭，而傷害腹胃，民多疾病。有聖人作，鑽燧取火，以化腥臊，而民悅之，使王天下，號之曰「燧人氏。」中古之世，天下大水，而鯀、禹決瀆。近古之世，桀、紂暴亂，而湯、武征伐。今有構木鑽燧於夏后氏之世者，必為鯀、禹笑矣。有決瀆於殷、周之世者，必為湯、武笑矣。然則今有美堯、舜、禹、湯、武之道於當今之世者，必為新聖笑矣。是以聖人不期循古，不法常行，論世之事，因為之備。〔註98〕

在這段歷史敘述中，韓非從上古之世、中古之世、近古之世一直講到當今之世，他藉著不同的時代，不同的環境，說明每一代的君主所面臨的現實挑戰是不一樣的，也因此，每個時代的治國之道都必須因應當時的情況加以變革，以解決不同的時代問題。韓非認為：經濟是造成爭奪的主要因素，上古之世由於物質足夠，人民不需要爭奪，因而無需設賞立罰。到了當今之世，由於人口迅速增加，資源不夠分配，爭奪因而產生，即便重賞累罰仍然不免於混亂。他說：

　　解說。」曾繁康，《中國政治思想史》，台北：大中華圖書公司，1971 年 8 月，頁 205。張素貞女士說：「春秋戰國之際，社會劇變，一時諸子，率皆不滿現狀，各思濟世。…法家則不然，獨懷創新之意，以為歷史進化，法古不是應世之急，欲改革現狀，必『論世之事，必為之備』，遂有變古之說。」張素貞，《韓非子思想體系》，台北：黎明文化，1993 年 8 月，頁 59。黃信彰先生說：「以進化的歷史觀為主要治世理念，是戰國時期法各流派普遍認同之準則…法家的『歷史進化論』實從子產反古鑄刑書以來即開先例。」黃信彰，《韓非子君德思想研究》，2006 年 4 月，台北：秀威資訊，頁 92。

〔註96〕〈八說〉，《校釋》，頁 138。

〔註97〕王邦雄先生說：「我說變古的歷史觀，因為韓非認為不同的時代，有不同的問題，不同的問題，有不同的治道，所以就韓非說來，一定是變法圖強。」王邦雄，《中國哲學論集》，台北：台灣學生書局，民 2004 年 3 月，頁 120。

〔註98〕〈五蠹〉，《校釋》，頁 25～26。

> 古者，丈夫不耕，草木之實足食也；婦人不織，禽獸之皮足衣也。
> 不事力而養足，人民少而財有餘，故民不爭。是以厚賞不行，重罰
> 不用，而民自治。今人有五子不爲多，子又有五子，大父未死而有
> 二十五孫。是以人民眾而貨財寡，事力勞而供養薄，故民爭。雖倍
> 賞累罰，而不免於亂。〔註99〕

韓非認爲：在物質豐富，人民不多的上古時代，講仁義道德是行得通的，可
是，隨著時代的變化，經濟條件的轉換，再講仁義道德，就會像他寓言中所
說的守株待兔的宋人、買履取度的鄭人和毀新褲爲舊褲的卜子妻同樣可笑
了。韓非認爲人性自利自爲，因此，當時代的轉變造成了經濟條件的更動，
人們爲了求取自己的利益，行爲自然不可能和過去相同。

> 堯之王天下也，茅茨不翦，采椽不斲，糲粢之食，藜藿之羹，冬日麑
> 裘，夏日葛衣，雖監門之養，不虧於此矣。禹之王天下也，身執耒臿，
> 以爲民先，股無胈，脛不生毛，雖臣虜之勞，不苦於此矣。以是言之，
> 夫古之讓天子者，是去監門之養，而離臣虜之勞也，古傳天下而不足
> 多也。今之縣令，一日身死，子孫累世絜駕，故人重之。是以人之於
> 讓也，輕辭古之天子，難去今之縣令者，薄厚之實異也。〔註100〕

在此，韓非進一步用物質條件說明「古」與「今」的不同，堯爲天子，衣食
極爲簡樸刻苦；禹爲天子，爲了治水四處辛苦奔波，他們的生活比一般平民
百姓還要勞累，因此，揖讓天下並不是那麼困難。可是，在當今，官員中最
基層的縣令，死後就可以餘蔭子孫，兩者相較，就可以很清楚的看出爲什麼
古之天子願意揖讓天下，今之縣令竭力維護官位了。韓非從歷史的發展得出
這樣的結論：

> 古人亟於德，中世逐於智，當今爭於力。古者，寡事而備簡，樸陋
> 而不盡，故有珧銚而推車者。古者，人寡而相親，物多而輕利易讓，
> 故有揖讓而傳天下者。然則行揖讓，高慈惠，而道仁厚，皆推政也。
> 處多事之時，用寡事之器，非智者之備也。當大爭之世，而循揖讓
> 之軌，非聖人之治也。故智者不乘推車，聖人不行推政也。〔註101〕

這段論述很清楚的顯現了韓非對於道德、揖讓、慈惠、仁厚的觀念，他

〔註99〕同上注，頁28～29。
〔註100〕同上注，頁29。
〔註101〕〈八說〉，《校釋》，頁138～139。

並非全然反對道德，只是認為：道德僅適合上古時代物質豐富，人民不爭的時代，在亂世侈談道德，無異於「塵飯塗羹」的寓言。韓非說：

> 夫古今異俗，新故異備，如欲以寬緩之政、治急世之民，猶無轡策而御駻馬，此不知之患也。〔註102〕

他用「徐偃王行仁」、「共工之戰」、「宋襄公之仁」三則寓言來闡述這個道理。

> 古者文王處豐、鎬之間，地方百里，行仁義而懷西戎，遂王天下。徐偃王處漢東，地方五百里，行仁義，割地而朝者三十有六國，荊文王恐其害己也，舉兵伐徐，遂滅之。故文王行仁義而王天下，偃王行仁義而喪其國，是仁義用於古，而不用於今也。故曰：世異則事異。〔註103〕

> 當舜之時，有苗不服，禹將伐之，舜曰：「不可。上德不厚而行武，非道也。」乃修教三年，執干戚舞，有苗乃服。共工之戰，鐵銛矩者及乎敵，鎧甲不堅者傷乎體，是干戚用於古，不用於今也。故曰：事異則備變。〔註104〕

在「徐偃王行仁」中，韓非以周文王、徐偃王同樣行仁義，結果文王得到天下，偃王卻因此亡國的歷史故事，點出「世異則事異」的道理；在「共工之戰」中，韓非以舜治有苗和共工之戰的對比，指出「執干戚舞」的禮樂教化在服有苗時固然發揮了效果，可是，到了共工之戰，卻已經完全不適用了。這兩則寓言是韓非說明「世異則事異」、「事異則備變」的具體例證，「宋襄公之仁」則近一步強調了「仁義用於今」的後果。

> 宋襄公與楚人戰於涿谷上，宋人成列矣，楚人未及濟，右司馬購強趨而諫曰：「楚人眾而宋人寡，請使楚人半涉未成列而擊之，必敗。」襄公曰：「寡人聞君子曰：不重傷，不擒二毛，不推人於險，不迫人於阨，不鼓不成列。今楚未濟而擊之，害義。請使楚人畢涉成陣，而後鼓士進之。」右司馬曰：「君不愛宋民，腹心不完，特為義耳。」公曰：「不反列，且行法。」右司馬反列，楚人已成列撰陣矣，公乃鼓之。宋人大敗，公傷股，三日而死，此乃慕仁義之禍。〔註105〕

〔註102〕〈五蠹〉，《校釋》，頁36。
〔註103〕同上注，頁33。
〔註104〕同上注。
〔註105〕〈外儲說左上〉，《校釋》，頁511。

兩軍對陣，楚軍多於宋軍，就戰術而言，宋軍當然應該在楚軍渡河渡了一半，
尚未擺好陣勢時發動攻擊，才能克敵致勝。可是，宋襄公無視於現實狀況，
堅持「不重傷，不擒二毛，不推人於險，不迫人於阨，不鼓不成列。」的「君
子曰」。可是，他堅持等楚軍布陣完畢才開始進攻的後果卻是：不但造成了宋
軍大敗，也讓自己受傷死亡。以面對戰爭的仁厚和公平而言，宋襄公的確稱
得上是仁義之君，可是，不知變通的死守仁義，帶給他的卻是失敗和死亡，
韓非用這則帶有諷刺意味的悲劇，再一次闡明「仁義用於古，而不用於今」
的觀念。那麼，當今之世，人們需要的是什麼呢？韓非在「子貢辯智」這則
寓言中這樣表示：

> 齊將伐魯，魯使子貢說之，齊人曰：「子言非不辯也，吾所欲者土地
> 也，非斯言所謂也。」遂舉兵伐魯，去門十里以為界。〔註106〕

這則寓言並沒有說明子貢為了想說服齊人不要進攻魯國，講了些什麼話，不
過，從齊人說「子言非不辯也」，足以了解子貢辯才無礙，說理暢達的外交家
風範。不過，子貢的論辯再精闢，對事件的發展都不會有影響，因為，齊人
很直接的表明：攻打魯國，為的就是土地，所以，不管子貢的理由有多充分，
魯國依舊難逃惡運。韓非綜合了「徐偃王行仁」和「子貢辯智」的失敗，做
出結論：

> 偃王仁義而徐亡，子貢辯智而魯削。以是言之，夫仁義、辯智，非
> 所以持國也。去偃王之仁，息子貢之智，循徐、魯之力，使敵萬乘，
> 則齊、荊之欲不得行於二國矣。〔註107〕

這段話是「上古競於道德，中世逐於智謀，當今爭於氣力。」〔註108〕的再一
次說明，也是韓非透過寓言中不同歷史人物的故事所要傳達的，隨著時代不
同，治國之道必須應時而變的道理。他說：

> 不知治者，必曰：「無變古，毋易常。」變與不變，聖人不聽，正治
> 而已。然則古之無變，常之毋易，在常古之可與不可。伊尹毋變殷，
> 太公毋變周，則湯、武不王矣。管仲毋易齊，郭偃毋更晉，則桓、
> 文不霸矣。〔註109〕

〔註106〕〈五蠹〉，《校釋》，頁33。
〔註107〕同上註。
〔註108〕同上註。
〔註109〕〈南面〉，《校釋》，頁129。

> 治民無常，唯法爲治。法與時轉則治，治與世宜則有功。故民樸而
> 禁之以名則治，世智而維之以刑則從。時移而法不易者亂，世變而
> 禁不變者削。故聖人之治民也，法與時移，而禁與世變。〔註110〕

在前一段析論中，韓非用商朝和周朝的建立；齊桓公和晉文公的霸業來說明他主張的「變與不變，聖人不聽，正治而已」的觀點，韓非的價值觀是功利實效的，這樣的價值觀落在實際政治上，就是國家富強，稱王成霸。伊尹變殷、太公變周、管仲易齊、郭偃更晉，爲的都是讓國家更爲強盛，也由於他們能夠因應外在的環境變異治國的方法，「法與時轉，治與世宜」，才能獲得成功。反之，「時移而法不易者亂，世變而禁不變者削」，如果只死守所謂的先王仁義，不能隨時代變更治國之道，結果必然像徐偃王、宋襄公，不但失國喪生，還爲後人所笑。

韓非認爲：外在的物質條件決定了人類歷史的步伐，在不同的經濟環境下，治國之道自然需要因應時代的變化與時俱進，他以「守株待兔」、「卜子故褲」、「鄭人買履」等寓言點出拘泥不變的可笑；以「塵飯塗羹」說明先王仁義不過像是兒童遊戲，已不具實用意義；以「徐偃王行仁」、「共工之戰」、「宋襄公之仁」、「子貢辯智」等印證仁義、辯智用於古而不用於今，最後歸結出在「當今爭於氣力」的此時，必須有符合時代需要的政治思想和政治制度，才能國家強盛，進而成霸稱王。至於能夠讓國家強盛的制度是什麼？韓非提出他以法爲中心，以勢爲執行力，以術爲方法的政治思想。

第四節　小結

韓非的政治哲學，奠基於他對人性的看法，他把人性放在一個接受考驗的位置，例如：年歲欠收導至糧食不足；豪門貴族寵妾覬覦正妻的地位；國君與重臣的權力鬥爭等等……，然後，他觀察到：人性是自利自爲的，人總是在算計利益，逃避禍害，可是，這中間卻不一定是惡或善，只是出於自爲心的好利惡害。因此，同樣的人性會引發爭奪，也會產生合作。他說：

> 王良愛馬，越王勾踐愛人，爲戰與馳。醫善吮人之傷，含人之血，
> 非骨肉之親也，利所加也。輿人成輿，則欲人之富貴；匠人成棺，
> 則欲人之夭死也。非輿人仁，而匠人賊也，人不貴，則輿不售，人

〔註110〕〈心度〉，《校釋》，頁 814～815。

不死，則棺不買。情非憎人也，利在人之死也。〔註111〕

韓非明白指出：人性自利。可是，就是因爲人性好利惡害，才能夠以獎賞激勵，以刑罰威嚇，讓國家可以據此治理人民。他說：

> 凡治天下，必因人情。人情者有好惡，故賞罰可用；賞罰可用，則
> 禁令可立，而治道具矣。〔註112〕

韓非還發現：人不但會爭取物質上的利，更會爭取社會大眾給予的美譽，這也就是名，因此，「名」是更大的利。「利之所在，民歸之；名之所彰，士死之。」〔註113〕，只要能夠充分掌握人們爭名逐利之心，國家的治道就可以建立。

　　於是，在韓非認爲自利自爲的人性才是治道基礎的同時，他也建立起以功利實效做爲唯一價值的價值觀。這是由於，人性既然本身沒有善惡，只有利害算計，這樣的人性自然難以自覺，也難以建立起內在價值，所以，價值只能向外尋求，也就是：唯有獲得功利實效才具有價值。然而，個人所追求的既然只有私利，並沒有內在的美善做爲支撐，因此也就不可能具有理想，也談不上價值的實現，所以，只有站在君國的整體立場考量，才能實現以國富兵強爲目的的最大價值，這也就是韓非所強調的「亂弱者亡，人之性也；治強者王，古之道也。」〔註114〕

　　此「古之道」基於「人之性」，而「人之性」在好利自爲。不過，既然人人都有自爲心，都爲自己的利益打算，就難免會因爲利益衝突而引起爭奪，國家也必然會陷入混亂，不可能富強，因此，只有透過國法，把人人的私利導向國家的公利，國富兵強的價值才能得以實現。韓非認爲：一個國家的積弱不振，完全是因爲領導者不懂得治國之道，他說：「故世之所以不治者，非下之罪，上失其道也。」〔註115〕

　　那麼，什麼樣的治道才能讓國家富強呢？韓非用歷史的發展變化來說明這個問題，他認爲：每個時代都面對不同的環境與挑戰，如果不知變通的以古代的治道來治理當世的人民，效果必然不彰，甚至會造成亡國的慘劇。他爲歷史的變遷和治道的因應下了這樣的結論：「世異則事異」、「事異則備變」

〔註111〕　〈備內〉，《校釋》，頁196。
〔註112〕　〈八經〉，《校釋》，頁150。
〔註113〕　〈外儲說左上〉，《校釋》，頁473。
〔註114〕　〈飾邪〉，《校釋》，頁204。
〔註115〕　〈詭使〉，《校釋》，頁105。

〔註116〕，因此，「聖人不期循古，不法常行，論世之事，因為之備。」〔註117〕

　　韓非也以經濟情況的變化具體闡明上古、中世、當今的不同，最後歸結為：「上古競於道德，中世逐於智謀，當今爭於氣力。」〔註118〕，也因此，「仁義用於古而不用於今」〔註119〕在現今的時代，想要「治強者王」，必須另謀他途。他說：

> 聖人之治也，審於法禁，法禁明著則官治；必於賞罰，賞罰不阿則民用。民用官治則國富，國富則兵強，而霸王之業成矣。霸王者，人主之大利也。人主挾大利以聽治，故其任官者當能，其賞罰無私。使士民明焉，盡力致死，則功伐可立而爵祿可致。爵祿致，而富貴之業成矣。富貴者，人臣之大利也。人臣挾大利以從事，故行危至死，其力盡而不望。此謂君不仁，臣不忠，則可以霸王矣。〔註120〕

　　韓非以好利自為的人性論、功利實效的價值觀和變古治今的治道觀做為理論基礎，建構起他以霸王之業為最終目的的政治哲學。建構霸王之業的前提是國富兵強，而「審於法禁，必於賞罰，官治民用」是讓國家走向富強的唯一途徑。以此為基礎，韓非提出他法、術、勢統合運用的政治理論。

　　韓非為了更清晰的展現他對人性、價值和治道的看法，運用大量寓言來說明他的思想觀點，這些寓言有的用幽默或誇飾的方式呈現有趣的內容，如「夫妻禱祝」、「畫筴」、「棘刺母猴」、「守株待兔」、「卜子妻」；有的以客觀的敘述來描寫帶有悲劇性的故事，如「春申君之妾」、「宋襄公之仁」、「三桓攻昭公」；有的平實陳述國家興衰亂亡的原因，如「中山可伐」、「徐偃王行仁」、「子貢辯智」；也有的以簡短顯明的寓意解說想要表達的道理，如「鱣似蛇」、「自為心」、「三年成一葉」。不過，無論這些寓言用何種手法呈現，主旨都是為了詮表韓非對人性、價值和治道的看法，而透過這些寓言，韓非的哲學論點得以呈現得更為清晰顯豁。

〔註116〕〈五蠹〉，《校釋》，頁33。
〔註117〕同上注，頁26。
〔註118〕同上注，頁33。
〔註119〕同上注。
〔註120〕〈六反〉，《校釋》，頁92。

第四章 《韓非子》寓言中的法制要素

第一節 從「茅門之法」解析法的公平性

　　在韓非思想中，法治是因應他所處的那個「爭於氣力」的時代最佳的治道，而要談法治，就必須重視「法」的公平性。本節先以「茅門之法」寓言解析韓非「王子犯法與庶民同罪」的法公平性與普遍性觀念，再以「跀危生子皋」、「翟黃乘軒騎」、「直躬謁吏」、「梁車刖姐」、「魯人從君戰」等寓言來說明在法的公平性之下，國家政治流暢運行的情形。

　　在〈外儲說右上〉中，韓非寫下這則寓言：

　　　　荊莊王有茅門之法曰：「群臣大夫諸公子入朝，馬蹄踐霤者，廷理斬
　　　　其輈，戮其御。」於是太子入朝，馬蹄踐霤，廷理斬其輈，戮其御。
　　　　太子怒，入爲王泣曰：「爲我誅戮廷理。」王曰：「法者所以敬宗廟，
　　　　尊社稷。故能立法從令尊敬社稷者，社稷之臣也，焉可誅也？夫犯
　　　　法廢令不尊敬社稷者，是臣乘君而下尚校也。臣乘君則主失威，下
　　　　尚校則上位危。威失位危，社稷不守，吾將何以遺子孫？」於是太
　　　　子乃還走，避舍露宿三日，北面再拜請死罪。〔註1〕

在這則寓言中，可以很清楚的看到韓非借楚莊王訓示違反茅門之法的太子，來闡明「立法」的意義和法的公正性。不過，這位太子顯然原本認爲自己有不守法的特權，因此，才會在觸法後，非但不認爲自己的行爲不對，反倒先行要求父親替他誅戮依法行事的官吏，繼而，又並非在受到訓斥的同時就知

〔註1〕〈外儲說右上〉，《校釋》，頁579。

過能改，直到三天之後才醒悟過來，請求給自己最嚴厲的罪刑。不過，也正是因為有了太子從不守法到認同法的轉折，才更突顯了這則寓言突顯以法治國，太子亦需守法的精神。

這則寓言還有「一曰」，也就是另一個版本，主角依舊是楚王、太子和執法的廷理，只是內容稍有不同：

> 楚王急召太子。楚國之法，車不得至於茆門。天雨，廷中有潦，太子遂驅車至於茆門。廷理曰：「車不得至茆門，非法也。」太子曰：「王召急，不得須無潦。」遂驅之，廷理舉殳而擊其馬，敗其駕。太子入為王泣曰：「廷中多潦，驅車至茆門，廷理曰非法也，舉殳擊臣馬，敗臣駕，王必誅之。」王曰：「前有老主而不踰，後有儲主而不屬，矜矣。是真吾守法之臣也。」乃益爵二級，而開後門出太子，勿復過。〔註2〕

這則寓言的主角是「楚王」，並沒有說明是那一位楚王，至於其他兩位角色太子和廷理倒是一樣，只不過在上一個故事中，楚莊王只讚美廷理是「社稷之臣」，並沒有當場給他什麼實質獎勵。在這個故事中，則立刻給廷理晉升了兩級爵位，讓廷理名利雙收。

這兩則寓言的主旨當然都是「王子犯法與庶民同罪」，也就是法的公平性，不過，很弔詭的，在兩則寓言中，卻都沒有看到太子本身有受到什麼處罰。當然，在第一則故事中，茆門之法原本的規定就是「馬蹄踐霤者，斬其輈，戮其御。」廷理也依法行事，可是，在太子「再拜請死罪」時，故事就結束了，所以，楚莊王究竟有沒有處罰太子，寓言中並沒有交代。

至於在第二個故事中，楚王在訓示過太子後，不但「開後門出太子。」還交代他「勿復過」。表面上看來，楚王告誡太子「勿復過」似乎大公無私，不過，開後門的舉動卻有些引人疑惑，似乎有提防廷理追究太子之意。同樣的，這個故事中的太子，也並沒有受到處罰。

這兩則寓言固然都顯示了即便貴為太子，也必須守法的公平精神；也強調了由於太子也必須守法，所以「法」一定具有全民都需要遵守的普遍性。不過，卻也讓人懷疑：如果太子犯的不是「馬蹄踐霤」或是「車不得至於茆門」這等小罪，而是必須受刑的大事，會不會受到處分？

韓非最佩服的商鞅，最初在秦國施行法令時，就曾經處理過太子犯法的

〔註2〕同上注，頁 579～580。

事件：

> 令行於民朞年，秦民之國都言初令之不便者以千數。於是太子犯法。
> 衛鞅曰：「法之不行，自上犯之。」將法太子。太子，君嗣也，不可
> 施刑，刑其傅公子虔，黥其師公孫賈。明日，秦人皆趨令。行之十
> 年，秦民大說，道不拾遺，山無盜賊，家給人足。民勇於公戰，怯
> 於私，鄉邑大治。〔註3〕

秦國這位太子犯法，剛好給了商鞅一個殺雞儆猴的機會，而且，也造成了很
正面的結果，讓秦國人民因此奉法，十年後「家給人足，鄉邑大治」。只不過，
犯法的是太子，商鞅拿來開刀的卻是太子那兩位無辜的師傅，雖然，商鞅所
說的「壹刑」似乎不包括太子，〔註4〕然而，太子犯法，師傅遭殃，實在有違
法家所一貫主張的「賞不加於無功，罰不加於無罪」〔註5〕的原則，更談不上
真正的「王子犯法與庶民同罪」。

在韓非的寓言裡，並沒有太子犯下罪行禍延老師的故事，不過，透過寓
言故事裡楚王對太子的態度，卻不能不讓人合理懷疑：如果太子真的犯了重
罪，結果是不是也會跟《史記‧商君列傳》的記載一樣，以處罰太子的師傅
來象徵性的表白「王子犯法與庶民同罪」？

不過，即使太子並沒有受到實質的處分，在兩則「茅門之法」寓言中，
韓非卻都藉著楚王對太子的訓示，解析了「法律之前，人人平等」的觀念，
認為就算貴為太子，在法律之前也不能享有特權。在韓非所處的那個「禮不
下庶人，刑不上大夫」的時代，韓非以貴族的身分闡明法的平等精神是極為
了不起的。

同時，韓非也在「茅門之法」的寓言中，藉楚王之口說出執法公正的廷
理「真社稷之臣也」、「真吾守法之臣也」。戰國時期，雖然社會已發生變化，
宗法制度已逐漸解體，然而，貴族宗室的勢力仍非常龐大，不遵守國家法令
的往往是貴族重臣，這增加了執法上的極大困難，也成為變法的巨大阻力，

〔註3〕 《史記‧商君列傳》，楊家駱主編，《新校本史記三家注》，台北：鼎文書局，
　　　　頁2231。
〔註4〕 《商君書‧賞刑》：壹刑者，刑無等級。自卿相將軍以至大夫庶人，有不從王
　　　　令，犯國禁，亂上制者，罪死不赦。有功於前，有敗於後，不為損刑。有善
　　　　於前，有過於後，不為虧法。《新譯商君書》，貝遠辰注譯‧陳滿銘校閱，台
　　　　北：三民書局，1996年10月，頁141。
〔註5〕 〈難一〉，《校釋》，頁322。

商鞅、吳起的悲劇下場，正來自於支持他們的國君去世後，宗室重臣們的反撲。而這也正是韓非所說的：「知術能法之士與當塗之人，不可兩存之仇也。」〔註6〕因此，在寓言中，韓非除了強調「王子犯法與庶民同罪」，也強調「守法之臣執法時無分親貴平民，一體適用」。這樣依法行事的精神也就是韓非所說的：

> 法不阿貴，繩不撓曲。法之所加，智者弗能辭，勇者弗敢爭。刑過不避大臣，賞善不遺匹夫。故矯上之失，詰下之邪，治亂決繆，絀羨齊非，一民之軌，莫如法。〔註7〕

韓非認為，如果「法」的施行真正公平，人們會「以罪受誅，人不怨上」〔註8〕，在〈外儲說左下〉中，他說了這則寓言：

> 孔子相衛，弟子子皋為獄吏，刖人足，所跀守門。人有惡孔子於衛君者，曰：「仲尼欲作亂。」衛君欲執孔子，孔子走，弟子皆逃，子皋後門，跀危引之而逃之門下室中，吏追不得。夜半，子皋問跀危曰：「吾不能虧主之法令，而親刖子之足，是子報仇之時也；而子何故乃肯逃我？我何以得此於子？」跀危曰：「吾斷足也，固吾罪當之，不可奈何！然方公之治臣獄也，公傾側法令，先後臣以言，欲臣之免也甚，而臣知之。及獄決罪定，公慨然不悅，形於顏色，臣見又知之。非私臣而然也，夫天性人心固然也，此臣之所以悅而德公也。」孔子曰：「善為吏者樹德，不能為吏者樹怨。概者、平量者也，吏者、平法者也，治國者不可失平也。」〔註9〕

根據《論語》和《左傳》，孔子並沒有相衛之事，因此，陳啟天、賴炎元、松皋圓諸位先生皆認為此則寓言中之孔子應為孔悝誤傳。〔註10〕不過，在寓言

〔註6〕〈孤憤〉，《校釋》，頁282。
〔註7〕〈有度〉，《校釋》，頁262。
〔註8〕〈外儲說左下〉，《校釋》，頁520。
〔註9〕同上注，頁525。
〔註10〕關於孔子相衛事，據陳啟天《韓非子校釋》引日人松皋圓《定本韓非子纂聞》云：「據論語及左傳、無孔子相衛之事。蓋當時孔悝作亂，逐出公輒，偶因同姓謬傳聞耳。家語、季羔為衛之士師，刖人之足，俄而衛有蒯聵之亂，季羔逃之，走郭門，是也。」《校釋》，頁525～526。賴炎元、傅武光注釋的《新譯韓非子》中，年代說明則更為明確：孔子於魯哀公十二年離衛返魯，當年孔子六十八歲，後四年，衛卿孔悝驅逐衛出公，立蒯聵，是為莊公。次年，孔子卒。可見衛國發生動亂時，孔子在魯不在衛。所謂孔子相衛，恐怕是因同姓的關係而誤孔悝為孔子。賴炎元、傅武光，《新譯韓非子》，台北：三民

中很明確的指有人向衛君進讒「仲尼欲作亂」，且欲抓孔子，因此孔子出走，弟子亦逃。而孔悝在衛國爲相的史實卻是驅逐了衛出公，另立衛莊公，如果說是同姓謬傳，故事內容應該不會相差如此大。且在《韓非子》全書中，可以看到許多韓非藉孔子的話來論證自己思想的寓言，所以，這則寓言應是韓非有意用孔子來解說他的「執法公平」觀念，至於這個故事是否後人誤傳，對於韓非藉這則寓言所顯示的意義並無影響。

至於這段寓言中跀危所說的「夫天性人心固然也」，亦有另本寫做「天性仁心」。而關於這則寓言，陳拱和林緯毅兩位先生都認爲跀危和子皋的舉動就是「仁」的顯現，陳拱先生認爲：跀危對子皋的感激之心，本身就是具體的仁，傾身相救子皋則是依於仁而發的具體的義，因此，跀危深感於子皋的是仁、義雙顯，前者是居心，後者是行爲。不過，韓非卻因爲心靈的茅塞重重，偏執過甚，讓這等高層義理失於交臂之間。〔註11〕林緯毅先生則認爲：跀危救子皋，發自於人天生固有的天性仁心，不含偏私、袒護的情識之意。這種德性感應是當下產生的，不存在任何知識計較、考慮，沒有任何條件。這與《孟子·公孫丑上》所說的，人見孺子入於井，皆有的怵惕惻隱之心情景是相同的。因此，這則寓言反映了韓非的思想中有天性仁心的意識。〔註12〕

至於「跀危生子皋」這則寓言，韓非很顯然是藉用孔子對這件事的評述，來表明「概者、平量者也，吏者、平法者也，治國者不可失平也。」的道理。由於子皋的公正執法，而使跀危「以罪受誅，人不怨上」，透過這個寓言，深刻而明晰的說明了法的公平性。

同樣在〈外儲說左下〉中，韓非以「翟黃乘軒騎」這則寓言，解說「以功受賞，臣不德君」。〔註13〕

> 田子方從齊之魏，望翟黃乘軒騎駕出，方以爲文侯也，移車異路而避之，則徒翟黃也，方問曰：「子奚乘是車也？」曰：「君謀欲伐中山，臣薦翟角而謀得果。且伐之，臣薦樂羊而中山拔。得中山，憂欲治之，臣薦李克而中山治。是以君賜此車。」方曰：「寵之稱功尚

書局，2003 年 2 月，頁 449。

〔註11〕 參見陳拱，《韓非思想論衡》，台北：台灣商務印書館，民 2008 年 5 月，頁 98 ～101。

〔註12〕 參見林緯毅，《法儒兼容——韓非子的歷史考察》，台北：文津出版社，2004 年 11 月，頁 34～35。

〔註13〕 〈外儲說左下〉，《校釋》，頁 520。

薄」。〔註14〕

在此則寓言中，當田子方問翟黃爲什麼乘坐和魏文侯相同的車子時，翟黃很平實的說出他對魏國伐中山、得中山、治中山的薦人功勞，並沒有對魏文侯對他的禮遇歌功頌德，而田子方聽後，發出的是「寵之稱功尙薄」的評論。這則寓言和「跀危生子皋」共同解析了韓非主張的：「以罪受誅，人不怨上……以功受賞，臣不德君」；「以過受罪，以功致賞，而不念慈惠之賜，此帝王之政也」〔註15〕；「有功者必賞，賞者不德君，力之所致也；有罪者必誅，誅者不怨上，罪之所生也」〔註16〕「民知誅罰之皆起於身也，故疾功利於業，而不受賜於君」〔註17〕之理念，讓「法不阿貴，繩不撓曲」；「刑過不避大臣，賞善不遺匹夫」；「一民之軌，莫如法」的法公平性故事化、形象化的顯現出來。

不過，韓非所極力強調的法公平性，卻和當時社會上認同，也是儒家主張的「親親尊尊」並不相容，司馬談所說的：「法家不別親疏，不殊貴賤，一斷於法，則親親尊尊之恩絕矣。」〔註18〕不僅是漢朝的觀念，也是戰國時代普遍的觀念。

《論語・子路》有這麼一段記載：

葉公語孔子曰：「吾黨有直躬者，其父攘羊，而子證之。」孔子曰：

「吾黨之直者異於是。父爲子隱，子爲父隱，直在其中矣。」〔註19〕

直躬的故事在〈五蠹篇〉中是這樣的：

楚有「直躬」，其父竊羊而謁之吏，令尹曰：「殺之。」以爲直於君而曲於父，報而罪之。以是觀之，夫君之直臣，父之暴子也。〔註20〕

在《論語》中，並沒有提到直躬舉發父親偷羊後受到何等對待，在《韓非子》中，直躬顯然不幸得多，他因爲告發父親而被令尹判了死罪。韓非對直躬的遭遇顯然深感不平，才因此發出「以是觀之，夫君之直臣，父之暴子也」的感嘆。

〔註14〕 同上注，頁 527。

〔註15〕 〈六反〉，《校釋》，頁 100。

〔註16〕 〈難三〉，《校釋》，頁 353。

〔註17〕 同上注。

〔註18〕 《史記・太史公自序》，楊家駱主編，《新校本史記三家注》，台北：鼎文書局，頁 3288～3289。

〔註19〕 《論語・子路》，朱熹，《四書章句集註》，台北：鵝湖出版社，1984 年 9 月，頁 146。

〔註20〕 〈五蠹〉，《校釋》，頁 44。

在〈外儲說左下〉中有一則寓言和「直躬謁吏」的寓意十分類似：

> 梁車新爲鄴令，其姊往看之，暮而後門閉，因踰郭而入，車遂刖其
> 足，趙成侯以爲不慈，奪之璽而免之令。〔註21〕

身爲縣令，梁車因爲對犯法的姐姐依法行刑而被趙成侯免職，這和直躬因爲舉發父親偷羊而獲罪的意義相同，都是因爲違反了「親親尊尊」的原則，讓原本公正的行爲受到懲罰。

〈五蠹〉中的「魯人從君戰」含意也十分類似：

> 魯人從君戰，三戰三北，仲尼問其故，對曰：「吾有老父，身死莫之
> 養也。」仲尼以爲孝，舉而上之。以是觀之，夫父之孝子，君之背
> 臣也。〔註22〕

這則寓言中的魯人在三次戰爭中都不戰而逃，犯的是極爲嚴重的陣前脫逃罪，可是，孔子卻認爲他是爲了要奉養老父才不敢戰死，以孝子的名義推薦他作官。對於孔子表彰這位對父親盡孝的逃兵，韓非深不以爲然，而發出「夫父之孝子，君之背臣也」的感嘆。

「直躬」的故事反應出來的，正是儒、法兩家爭執的焦點，儒家以親親爲人之本，說「人人親其親，長其長，而天下平」〔註23〕。法家則反對儒家親親的觀點，說「親親則別，愛私則險，民眾而以別、險爲務，則民亂」。〔註24〕法家力主法的公平性，認爲親親、愛私，都和法的平等精神背道而馳，因此提出：「骨肉可刑，親戚可滅，至法不可闕也。」〔註25〕；「愛多者，則法不立」〔註26〕的說法。

而韓非在書中所一再強調的，也正是法對所有人一體適用的公平精神，他說：

> 椎鍛者，所以平不夷也；榜檠者，所以矯不直也。聖人之爲法也，
> 所以平不夷，矯不直也。〔註27〕

〔註21〕 〈外儲說左下〉，《校釋》，頁 552。
〔註22〕 〈五蠹〉，《校釋》，頁 44。
〔註23〕 《孟子・離婁上》，朱熹，《四書章句集註》，台北：鵝湖出版社，1984 年 9 月，頁 281。
〔註24〕 《商君書・開塞》，《新譯商君書》，貝遠辰注譯・陳滿銘校閱，台北：三民書局，1996 年 10 月，頁 75。
〔註25〕 《慎子・逸文》，《慎子》，四部叢刊初編子部，台北：國立中央圖書館，頁 20。
〔註26〕 〈內儲說上〉，《校釋》，頁 382。
〔註27〕 〈外儲說右下〉，《校釋》，頁 608。

　　不辟親貴，法行所愛〔註28〕

　　　誠有功，則雖疏賤必賞；誠有過，則雖近愛必誅。〔註29〕

雖然，由於時代因素，韓非的「法律面前人人平等」觀念並不見得能夠完全落實，不過，從他所舉的兩則「茅門之法」寓言中，可以很清楚的看出來他力主「王子犯法與庶民同罪」的平等精神。「跀危生子皋」、「直躬謁吏」、「魯人戰北」等寓言，也在在表明韓非強烈認同法律和執法的公平性。戴東雄先生認為：

　　　「法律的平等不但能消除貴族階級的特殊權力，而且能樹立國法的

　　　權威，提高國家政府的權力。」〔註30〕

誠如戴先生所言，韓非在法平等的基礎上，建立他以法治國的普遍性、強制性和標準性。

第二節　從「吳起立車轅」解析法的普遍性

　　在韓非的法思想中，「法」不僅需要具有公平性，更需要具有普遍性，因為，法既然確立，就必須不打折扣的依法行事，所以，必須讓全國上下每一個人都知道法的存在，並相信法的效力，法治才能夠成功。本節先以「吳起立車轅」的寓言說明韓非對法普遍性的重視，再以「人皆習射」、「子產相鄭」的寓言來解析韓非所主張的：法應該客觀普遍、淺顯平實、易知易行的觀點。

　　在〈內儲說上〉中，韓非說了這則寓言：

　　　吳起為魏武侯西河之守，秦有小亭臨境，吳起欲攻之，不去則甚害

　　　田者；去之則不足以徵甲兵。於是乃倚一車轅於北門之外，而令之

　　　曰：「有能徙此南門之外者，賜之上田上宅。」人莫之徙也。及有徙

　　　之者，還賜之如令。俄又置一石赤菽於東門之外，而令之曰：「有能

　　　徙此於西門之外者，賜之如初。」人爭徙之。乃下令曰：「明日且攻

　　　亭，有能先登者，仕之國大夫，賜之上田上宅。」人爭趨之。於是

　　　攻亭，一朝而拔之。〔註31〕

〔註28〕〈外儲說右上〉，《校釋》，頁 584。

〔註29〕〈主道〉，《校釋》，頁 694。

〔註30〕戴東雄，《從法實證主義之觀點論中國法家思想》，台北：三民書局，1982 年
　　　　9 月，頁 119。

〔註31〕〈內儲說上〉，《校釋》，頁 409。

這個故事和《史記》中記載的商鞅「移木取信」內容相當類似，「移木取信」的故事見於〈商君列傳〉。是商鞅剛到秦國實行變法時，爲了讓人民了解法令，所使用的一個小手段：

> 令既具，未布，恐民之不信，已乃立三丈之木於國都市南門，募民有能徙置北門者予十金。民怪之，莫敢徙。復曰：「能徙者予五十金」。有一人徙之，輒予五十金，以明不欺。卒下令。〔註32〕

無論是吳起立車轅、置赤菽，或是商鞅立三丈之木，都是在公開昭告民眾：法令既立，就絕對不打折扣的依法行事，以取信於民，達到立法的效果。就目的而言，這是要以「信賞」來證明法令的效力；就意義而言，這是要讓每個民眾都能夠了解法令並遵行法令，換言之，也就是讓法的內容能夠在民眾之間公開，強調法的普遍性。

吳起和商鞅都是韓非極爲敬佩的「法術之士」，在《韓非子》書中，有不少地方都提到這兩位比韓非年代早的法家，其中不但褒揚的成分遠過於批評，韓非對於他們的悲劇性下場更是深表同情。〈和氏〉中說：「楚不用吳起而削亂，秦行商君法而富強。二子之言也已當矣，然而枝解吳起，而車裂商君」〔註33〕。韓非自詡爲和吳起、商鞅一樣的「法術之士」，對吳起以立車轅的方式在民眾間廣泛散佈法令的效用，他是極爲贊同的。

從「吳起立車轅」這則寓言，可以看到：吳起所選擇的「道具」，都是和民眾生活與思維非常接近的，不管是車轅或是紅色的豆類都是民眾熟悉的日常物品，至於用來做爲賞賜的上田上宅，更是民眾夢寐以求的財富。在這個故事的第一段中，當人們看到法令居然公布：有人能把車轅從北門之外徙於南門之外，就賜以上田上宅。由於搬車轅是如此輕易，而上田上宅的賞賜卻如此豐厚，兩者完全不相襯，所以，人們一定都在觀望，而且，在觀望之餘還相互傳誦這件怪事。結果，眞有大膽的人去照命令搬了車轅，也得到了上田上宅。於是，第二次吳起重施故技，要民眾搬一石赤菽時，眾人就都搶著去搬了。可以想見，當時全西河的民眾都在討論那兩個因爲遵行法令而得到上田上宅的幸運兒，也因此，當吳起第三次下令，要人們第二天進攻秦國的烽火亭，最先登亭的給予重賞時，人人奮勇爭先，在極短的時間裡就完成了任務。

〔註32〕 《史記・商君列傳》，楊家駱主編，《新校本史記三家注》，台北：鼎文書局，頁2231。

〔註33〕 〈和氏〉，《校釋》，頁294。

和這則寓言的意義有些類似的是同樣出於〈內儲說上〉的「人皆習射」，故事同樣發生在魏國，主角由吳起換爲李悝：

> 李悝爲魏文侯上地之守，而欲人之善射也，乃下令曰：「人之有狐疑之訟者，令之射的：中之者勝，不中者負。」令下，而人皆疾習射，日夜不休。及與秦人戰，大敗之，以人之善射也。〔註34〕

仔細追究，這個故事中，李悝下的法令其實有些奇特：「人之有狐疑之訟者，令之射的：中之者勝，不中者負。」這種不由證據斷案，而由射箭技術斷案的做法自然不足爲訓。不過，李悝的眞正目的卻不在眞以此辦案，而是著眼於與秦人的戰鬥能夠得勝，所以，故事中並沒有提到他用這種方式判決了幾個案子，而是人們知道這條法令之後，「皆疾習射，日夜不休」，也因爲人人善射，和秦人打仗，大勝而回。

韓非引用這個故事，著眼點當然不在於李悝的奇特辦案方式，而在於他爲了取得和秦人作戰的勝利，以法讓社會大眾普遍的知道射箭準確的利益，激發人人去努力學習射箭。無論是「吳起立車轅」或是「人皆習射」，兩個故事都表明了行法時，要先在民眾心中建立起誠信，不過，再深一層探究，法的誠信必須建立在民眾知道法的存在，相信法的效力的基礎上，這也就是表示：法不但具有無分貴賤、尊卑、高低，人人都要遵從的公平性，也具有眾人皆知的普遍性。

在韓非的理念中，法的普遍性和公平性同等重要，他說：

> 法者，編著之圖籍，設之於官府，而布之於百姓者也。……故法莫如顯。〔註35〕

以現代眼光來看，「編著之圖籍」的法是成文法，「設之於官府」的法是公布法。法既形諸於文字，又由官府公告周知，普遍性自不待言，因此也就「法莫如顯」。

根據目前的史料記載，中國最早的公布法出現於春秋時代，公元前五百三十六年，鄭國大臣子產把鄭國法律條文鑄在象徵諸侯權位的金屬鼎上向社會公布，史稱「鑄刑書」，這是中國歷史上第一次記載的公布法。〔註36〕子產

〔註34〕〈內儲說上〉，《校釋》，頁410～411。
〔註35〕〈難三〉，《校釋》，頁364。
〔註36〕《左傳·昭公六年》：三月，鄭人鑄刑書，叔向使詒子產書曰，始吾有虞於子，今則已矣，昔先王議事以制，不爲刑辟，懼民之有爭心也…。左丘明撰，杜預注，孔穎達疏，《春秋左傳注疏》，《十三經注疏》，海南國際新聞出版中心，

所鑄的刑書內容爲何，依現有史料已無法得知，不過，從晉國大臣叔向寫給子產的信中，可以看到叔向反對鑄刑書的理由是：「民知有辟，則不忌於上，並有爭心，以徵於書，而徼幸以成之，弗可爲矣，夏有亂政而作禹刑，商有亂政而作湯刑，周有亂政而作九刑，三辟之興，皆叔世也，今吾子相鄭國，作封洫，立謗政，制參辟，鑄刑書，將以靖民，不亦難乎。」〔註37〕

王曉波先生根據叔向這封信，解釋了子產所鑄的刑書性質，他說：

> 「『民知有辟』：就是人民知道有法條可循。『徵於書』：人民不但知道有法條可循，並且，也會援引法條，由此可見『刑書』是公諸於民的。『不忌於上，並有爭心』：根據法條行爲，並可據『法』力爭，而不再畏懼執『刑』者。由此可見『刑書』是『法無明文不罰』的『罪刑法定』。」〔註38〕

子產在鄭簡公十二年爲卿，參與國政，鄭簡公二十三年時爲相，歷任鄭簡公、鄭定公、鄭獻公、鄭聲公四任國君，《史記·鄭世家》說：「聲公五年，鄭相子產卒，鄭人皆哭泣，悲之如亡親戚。子產者，鄭成公少子也。爲人仁愛人，事君忠厚。孔子嘗過鄭，與子產如兄弟云。及聞子產死，孔子爲泣曰：『古之遺愛也！』。」〔註39〕

從這段記載，可以看到子產受鄭人愛戴的情形。韓非在〈外儲說左上〉中，也收錄了兩則有關子產執政的故事：

> 鄭簡公謂子產曰：「國小，迫於荊、晉之間。今城郭不完，兵甲不備，不可以待不虞。」子產曰：「臣閉其外也已遠矣，而守其內也已固矣，雖國小猶不危之也。君其勿憂。」是以沒簡公身無患。〔註40〕

> 子產相鄭，簡公謂子產曰：「飲酒不樂，俎豆不大，鍾鼓竽瑟不鳴，寡人之事也。國家不定，百姓不治，耕戰不輯睦，亦子之罪。子有職，寡人亦有職，各守其職。」子產退而爲政五年，國無盜賊，道不拾遺，桃棗陰於街者莫有援也，錐刀遺道三日可反，三年不變，民無飢也。〔註41〕

1996 年 11 月，頁 772。

〔註37〕《左傳·昭公六年》，同上注，頁 773。
〔註38〕王曉波，《先秦法家思想史論》，台北：聯經出版公司，1991 年 7 月，頁 38。
〔註39〕《史記·鄭世家》，楊家駱主編，《新校本史記三家注》，台北：鼎文書局，頁 1775。
〔註40〕〈外儲說左上〉，《校釋》，頁 510。
〔註41〕同上注。

從鄭人對子產去世的悲傷、孔子對子產的讚美，以及子產在鄭國執政的實際成效。我們可以推想：子產的政治思想和行政方式必然合乎鄭國人民需要，他所鑄的「刑書」，帶給人民的也必然利多於弊，也正是由於子產的政績有目共睹，在子產鑄刑鼎的二十三年後，晉國也鑄了刑鼎。《左傳》記載：

> 「冬，晉趙鞅，荀寅，帥師城汝濱，遂賦晉國一鼓鐵，以鑄刑鼎，
> 著范宣子所謂刑書焉。」〔註42〕

和鄭國鑄的「刑書」一樣，晉國鑄的「刑鼎」沒有留下具體的內容，不過，在《左傳》中，卻留下孔子一段反對的議論。

> 仲尼曰：「晉其亡乎，失其度矣，夫晉國將守唐叔之所受法度，以經
> 緯其民，卿大夫以序守之，民是以能尊其貴，貴是以能守其業，貴
> 賤不愆，所謂度也，文公是以作執秩之官，爲被廬之法，以爲盟主，
> 今棄是度也，而爲刑鼎，民在鼎矣，何以尊貴，貴何業之守，貴賤
> 無序，何以爲國。」〔註43〕

從這段話中可以了解，刑鼎與「貴賤不愆」的「度」發生了衝突，這就擾亂了以禮治國的社會秩序。孔子對刑鼎的不認同，是根源於儒家尊崇禮制，主張「尊尊」、「親親」的理念，這和法家對刑鼎的看法是完全不同的。在法家的觀念裡，法令公開的價值在於讓人民知道什麼是合法的，什麼是非法的，知所趨避，而以此來維繫社會秩序，這也就是商鞅所說的：

> 行法令，明白易知，爲置法官吏爲之師，以道之知，萬民皆知所避
> 就，避禍就福，而皆以自治也。〔註44〕

陳啓天先生對法家的「法」這樣剖析：

> 「法論，就是一種以法治國的理論。這種理論，不是純粹的法理論，
> 也不是純粹的政治論，而是參合法理於政治之中，以適應戰國時勢
> 的一種新理論。在封建時代，治國的標準，不是法，而是禮和刑。
> 以禮治貴族，以刑治平民，所以說『禮不下庶人，刑不上大夫』。換
> 句話說，刑只是貴族統治平民的一種工具。這種工具操之於貴族，
> 而平民並其內容也不明瞭。因此，刑含有階級性和秘密性。但到春

〔註42〕《左傳·昭公二十九年》，左丘明撰，杜預注，孔穎達疏，《春秋左傳注疏》，
    《十三經注疏》，海南國際新聞出版中心，1996年11月，頁949。

〔註43〕同上注。

〔註44〕《商君書·定分》，貝遠辰注譯·陳滿銘校閱，《新譯商君書》，台北：三民書
    局，1996年10月，頁213。

秋時，封建制度漸次動搖，這種含有階級性和秘密性的刑，便不足
為治。所以晉鑄刑鼎，子產鑄刑書，鄧析作竹刑。刑鑄於鼎，書於
竹，便將秘密性打破了。到李悝編定法經，商鞅實行變法，更完全
將從前階級性的秘密法，變成了普遍性的公佈法。」〔註45〕

戴東雄先生則認為，子產鑄刑書，趙鞅鑄刑鼎，使一般人不敢干犯法律，
是中國歷代罪刑法定主義的起源。他說：

「罪刑法定主義所揭示的思想，在於『無法律則無刑罰』（Nulla
poena sine lege），凡未經法律規定之行為，均不能認之為犯罪而
加以處罰，此早在春秋戰國即受重視。」〔註46〕

無論陳先生所說的公佈法，或是戴先生所說的罪刑法定主義，都顯示出這樣
的法是需要讓人民了解，才能遵行的。因此，到了戰國時代，法的普遍性已
經成為法家諸子共同的主張。《商君書・定分》說：

吏民知法令者，皆問法官。故天下之吏民，無不知法者。吏明知民
知法令也，故吏不敢以非法遇民，民不敢犯法以干法官也。〔註47〕

天下吏民既然無不知法，這樣的法，對於官吏和社會大眾來說，自然都是生
活上共同了解和遵循的，在《韓非子》書中，多次提到法的普遍性：

明主言法，則境內卑賤莫不聞知也。〔註48〕

明主使其群臣，不遊意於法之外，不為惠於法之內，動無非法。〔註49〕

當世之行事，都丞之下徵令者，不避尊貴，不就卑賤，故行之而法
者，雖巷伯信乎卿相，行之而非法者，雖大吏詘乎民萌。〔註50〕

韓非除了強調大臣和民眾，無分尊卑、貴賤，都必須守法之外，更近一步提
出國君也必須在法的制約之中。他說：

明主使法擇人，不自舉也；使法量功，不自度也。〔註51〕

〔註45〕陳啓天，〈韓非及其政治學〉，《校釋》，頁953。
〔註46〕戴東雄，《從法實證主義之觀點論中國法家思想》，台北：三民書局，1982年
　　　　9月，頁107。
〔註47〕《商君書・定分》，貝遠辰注譯・陳滿銘校閱，《商君書新譯》，台北：三民書
　　　　局，1996年10月，頁209。
〔註48〕〈難三〉，《校釋》，頁364。
〔註49〕〈有度〉，《校釋》，頁261。
〔註50〕〈難一〉，《校釋》，頁329。
〔註51〕〈有度〉，《校釋》，頁253。

> 人主者，守法責成以立功者也。〔註52〕

由此可知，韓非認為：不但百姓、臣子要受法的節制，君王也在法的規範之中，法既是上下共守，其普遍性至為明顯。

不過，法固然具有普遍性，如果難以了解和實行，則觸法行為必然增加，施行效率也必然會打折扣，因此，法除了是人們普遍遵行的準則，也必須要讓國人，尤其是一般人民容易了解和遵行。因此，法的文字條文必須明確、淺顯、詳細；用辭亦不可深奧難懂，關於此點，韓非說：

> 書約而弟子辯，法省而民萌訟，是以聖人之書必著論，明主之法必詳事。〔註53〕

> 明主立可為之賞，設可避之罰……明主之表易見，故約立；其教易知，故言用；其法易為，故令行。三者立而上無私心，則下得循法而治，望表而動，隨繩而斲，因攢而縫。如此，則上無私威之毒，而下無愚拙之誅。〔註54〕

> 察士然後能知之，不可以為令，夫民不盡察。賢者然後能行之，不可以為法，夫民不盡賢。〔註55〕

韓非主張法應該淺易平實，立足於人人能夠了解的基礎上，絕不故做深奧，這樣的目的是要使一般民眾易知易行，能夠瞭解遵守，並知所趨避。唯有這樣平實易懂，人人可知可行的法，才客觀普遍，容易讓社會大眾接受而成為治國的根本。姚蒸民先生對韓非的法觀念這樣說明：

> 「韓非主張之『法』，與封建政治下之習慣法、秘密法、階級法，迥然不同。法何以必須成文？有成文以為據，則標準確定。法何以必須公布？能公布周知，則人民乃知所適從。法何以必須平等？人人地位平等，則法律之威權始得確立。此數者不僅為法理上一大進步，抑且為政治上之一大進步。」〔註56〕

筆者認同姚先生所言，韓非主張的成文法、公布法誠然具有平等、普遍的客觀標準，有這樣的準則，法的權威性才能確立，依法治國也才能夠形成嚴謹

〔註52〕〈外儲說右下〉，《校釋》，頁590。
〔註53〕〈八說〉，《校釋》，頁146。
〔註54〕〈用人〉，《校釋》，頁792。
〔註55〕〈八說〉，《校釋》，頁136。
〔註56〕姚蒸民，《韓非子通論》，台北：東大書局，1999年3月，頁174。

的制度，並讓國家以此走向富強。

第三節　從「楚厲王擊鼓」解析法的標準性

　　韓非所說的法，除了公平性和普遍性之外，也必須具有標準性。韓非主張「信賞必罰」，此處的「信」和「必」即來自法的標準與規範。本節先以「楚厲王擊鼓」的寓言說明「法」如果沒有標準性，就絕對不會有公信力。再以「李悝失信」、「箕鄭論信」、「攻原得衛」、「非令擅禱」、「日亡其半」等寓言對法的標準性做進一步的分析。

　　〈外儲說左上〉中，有這則寓言：

　　　楚厲王有警鼓，與百姓為戒，飲酒醉，過而擊，民大驚。使人止之曰：「吾醉而與左右戲，過而擊之也。」民皆罷。居數月，有警，擊鼓而民不赴。乃更令明號，而民信之。〔註57〕

這則有些類似「狼來了」的寓言意思相當明顯，是在說明「法」如果不能成為君民上下共守的行為規範，就沒有標準性，沒有標準性的法，絕不會有公信力。因此，楚厲王必須改定命令，申明號令，人民才會重行相信國法。

　　和這則寓言相似的是同一篇的「李悝失信」。

　　　李悝警其兩和，曰：「謹警，敵人旦暮且至擊汝。」如是者再三，而敵不至。兩和懈，而不信李悝。居數月，秦人來襲之，至幾奪其軍。此不信之患也。〔註58〕

這個故事還有「一曰」，內容稍有不同，卻都是在說明李悝的「不信之患」。

　　韓非透過楚厲王和李悝這兩位歷史人物，在寓言中很明白的表示：無論國君或是大臣，都必須遵守「法」的規範，不守法就不能取信於民，而失「信」的後果是極為嚴重的。這也就是他所說的：

　　　小信成則大信立，故明主積於信，賞罰不信則禁令不行。〔註59〕

　　　法不信則君行危矣。〔註60〕

　　韓非用兩則寓言來說明「信」與國政的關係：

　　　文公問箕鄭曰：「救饑奈何？」對曰：「信。」公曰：「安信？」對曰：

〔註57〕〈外儲說左上〉，《校釋》，頁518。
〔註58〕同上註。
〔註59〕〈外儲說左上〉，《校釋》，頁477。
〔註60〕〈有度〉，《校釋》，頁261。

> 「信名,信事,信義。信名,則群臣守職,善惡不踰,百事不怠;
> 信事,則不失天時,百姓不偷;信義,則近親勸勉,而遠者歸之矣。」
> 〔註61〕

> 晉文公攻原,裹十日糧,遂與大夫期十日,至原十日,而原不下,
> 擊金而退,罷兵而去。士有從原中出者,曰:「原三日即下矣。」群
> 臣左右諫曰:「夫原之食竭力盡矣,君姑待之。」公曰:「吾與士期
> 十日,不去,是亡吾信也。得原失信,吾不爲也。」遂罷兵而去。
> 原人聞,曰:「有君如彼其信也,可無歸乎?」乃降公。衛人聞曰:
> 「有君如彼其信也,可無從乎?」乃降公。孔子聞而記之曰:「攻原
> 得衛者,信也。」〔註62〕

這兩則寓言都和晉文公有關,前一則是守信足以治國的論述,後一則是因守
信而獲得實際功利的說明。在前一則中,文公問晉國大夫箕鄭要如何賑救國
內的饑荒,箕鄭的回答是「守信」,接著,箕鄭論述了「信名、信事、信義」
對國政的影響。信名,群臣就會謹守職責,不踰越法度;信事,百姓就會按
照天時從事農業,不會偷懶;信義,親近的人就會勤奮努力,遠方的人就會
自動歸附。百官盡職,百姓奮力,遠人來歸,當然都是國家富強的表徵,也
是因爲守信而得到的君國大利。不過,「箕鄭論信」畢竟只是理論,於是,韓
非用「攻原得衛」來印證以信治國的理論。

　　晉文公和齊桓公都是韓非佩服的霸主,在《韓非子》書中以他們做主角
的寓言不少,而且多數具正面意義,「攻原得衛」即是以晉文公不肯失信於將
士,而放棄了即將攻下的原城,結果,原人感戴文公的守信,自動請降。這
則寓言,韓非以孔子對這件史事的記錄做結尾:「攻原得衛者,信也。」

　　以這則寓言和《論語‧顏淵篇》對照,孔子重視「信」的說法是一致的。

> 子貢問政。子曰:「足食。足兵。民信之矣。」子貢曰:「必不得已
> 而去,於斯三者何先?」曰:「去兵。」子貢曰:「必不得已而去,
> 於斯二者何先?」曰:「去食。自古皆有死,民無信不立。」〔註63〕

無論「自古皆有死,民無信不立」,或「攻原得衛者,信也。」都闡釋了「信」

〔註61〕〈外儲說左上〉,《校釋》,頁516。
〔註62〕同上注,頁515～516。
〔註63〕《論語‧顏淵篇》,朱熹,《四書章句集註》,台北:鵝湖出版社,1984年9
月,頁134～135。

的重要，不過，比較《論語》中孔子回子貢問政的話，以及《韓非子》藉孔子之言所闡釋的信，可以看得出來，孔子所說的「足食。足兵。民信之矣。」的「信」是「仁義忠信」的信，偏重於德行，因此，「信」要比生死更重要。韓非雖藉孔子口中說出「攻原得衛者，信也」，他所著重的「信」卻是「信賞必罰」的信，偏重於因為守信而讓衛國歸附的君國功利。也因此，韓非在敘述「箕鄭論信」與「攻原得衛」這兩則寓言時，重心都落在守信所獲取的實際利益上，諸如群臣守職，百事不怠；近親勸勉，遠者歸之；彼其信也，可無從乎等等，因此，雖然孔子和韓非都重視「信」，內在精神卻並不相同。

對於韓非所說的「信」，李增先生這樣解釋：

> 「從執法者方面而言，言行相合謂之信，即按所布告之法而行為相符合謂之信，從奉法者與守法者——即法所施之對象者——對法之持有信心，有所信任也，簡而言之，即是法實施中所產生的公信力。」〔註64〕

正如李增先生所言，韓非所說的信，是法的公信力，也就是人民對於法的信任和信心，這樣的「信」來自法的標準與規範，韓非說：

> 賞莫如厚而信，使民利之；罰莫如重而必，使民畏之；法莫如一而固，使民知之。故主施賞不遷，行誅無赦。譽輔其賞，毀隨其罰，則賢不肖俱盡其力矣。〔註65〕

在此，「信」和「必」所代表的意義都是「必然」、「一定」、「絕對」，亦即法的公信力。韓非認為：一個國家之所以不治，原因在於君國賞罰和世俗毀譽的悖反，因此，必須以國法的賞罰統合民間的毀譽，讓毀譽出於賞罰，賞罰出於國法，既然國法是賞罰的唯一原則，那麼，它就必須具有客觀性、標準性與規範性。

梁啟超先生就認為：

> 「法治者純以客觀的物準馭事變，其性質恰如權衡規矩。」〔註66〕

正如梁任公所說，由於法家強調國君統治國家，要依賴客觀的法制度，而最具客觀性的莫過於工匠所使用的工具，例如規矩、繩墨、權衡、斗石等

〔註64〕 李增，《先秦法家哲學——先秦法家法理、政治、哲學》，台北市：華泰文化，2001年12月，頁484。

〔註65〕 〈五蠹〉，《校釋》，頁40。

〔註66〕 梁啟超，《先秦政治思想史》，台北：東大圖書公司，1980年6月，頁158。

等，因此，在說明法的性質時，法家常常利用這些工具來做比喻。例如：《管子·七法》說：

> 尺寸也、繩墨也、規矩也、衡石也、斗斛也、角量也、謂之法。〔註67〕

《商君書·定分》說：

> 夫不待法令繩墨而無不正者，千萬之一也，故聖人以千萬治天下。
> 〔註68〕

在《韓非子》書中，以稱重量、量尺度、畫方圓的匠人工具來比喻「法」的文字更多，例如：

> 明主之國，官不敢枉法，吏不敢爲私，貨賂不行者，境内之事，盡如衡石也。〔註69〕

> 無捶策之威，銜橛之備，雖造父不能以服馬。無規矩之法，繩墨之端，雖王爾不能以成方圓。無威嚴之勢，賞罰之法，雖堯舜不能以爲治。〔註70〕

> 繩直而枉木斲，準夷而高科削，權衡縣而重益輕，斗石設而多益少。故以法治國，舉措而已矣。〔註71〕

> 託是非於賞罰，屬輕重於權衡……不引繩之外，不推繩之内；不急法之外，不緩法之内。〔註72〕

> 釋法術而任心治，堯不能正一國。去規矩而妄意度，奚仲不能成一輪。廢尺寸而差長短，王爾不能半中。使中主守法術、拙匠執規矩尺寸，則萬不失矣。〔註73〕

> 巧匠目意中繩，然必先以規矩爲度；上智捷舉中事，必以先王之法爲比。〔註74〕

〔註67〕 《管子·七法》，湯孝純注譯·李振興校閱，《新譯管子讀本》，台北：三民書局，2006 年 3 月，頁 73。
〔註68〕 《商君書·定分》，貝遠辰注譯·陳滿銘校閱，《新譯商君書》台北：三民書局，1996 年 10 月，頁 213。
〔註69〕 〈八説〉，《校釋》，頁 139。
〔註70〕 〈姦劫弒臣〉，《校釋》，頁 224。
〔註71〕 〈有度〉，《校釋》，頁 262。
〔註72〕 〈大體〉，《校釋》，頁 715。
〔註73〕 〈用人〉，《校釋》，頁 792。
〔註74〕 〈有度〉，《校釋》，頁 261～262。

> 今天下無一伯夷,而姦人不絕世,故立法、度量。度量信,則伯夷
> 不失是,而盜跖不得非。法分明,則賢不得奪不肖,強不得侵弱,
> 眾不得暴寡。〔註75〕

從以上比喻,我們可以了解,在韓非的思想中,法如同繩墨、權衡一樣,是具有標準性的治國工具,憑藉這種工具,國君在治理國家的時候,可以保證客觀性、確定性和公平性,讓全國無分貴族平民,都在法的客觀標準之下趨向君國公利。

這樣像尺寸、繩墨、規矩、衡石一樣,標準無可更改變易的法,有時甚至讓人感覺不通情理。在〈外儲說右上〉中,有兩則關於吳起出妻的寓言:

> 吳起,衛左氏中人也。使其妻織組,而幅狹於度,吳子使更之。其
> 妻曰:「諾。」及成,復度之,果不中度,吳子大怒。其妻對曰:「吾
> 始經之而不可更也。」吳子出之,其妻請其兄而索入。其兄曰:「吳
> 子,為法者也。其為法也,且欲以與萬乘致功,必先踐之妻妾然後
> 行之,子母幾索入矣。」其妻之弟又重於衛君,乃因以衛君之重請
> 吳子,吳子不聽,遂去衛而入荊也。〔註76〕

> 吳起示其妻以組,曰:「子為我織組,令之如是。」組已就而效之,
> 其組異善。起曰:「使子為組,令之如是,而今也異善,何也?」其
> 妻曰:「用財若一也,加務善之。」吳起曰:「非語也。」使之衣歸。
> 其父往請之,吳起曰:「起家無虛言。」〔註77〕

這兩則故事說的是同一件事:吳起要妻子織絲帶,結果因為妻子織出來的與原件不一樣,吳起怒而出妻。在前一則中,妻子織的絲帶不中度是因為一開始就把寬度弄錯了不能更改;後一則是妻子在不增加材料的情況下,織出來的成品比原來的樣本更佳。照理說,在前一個故事中,妻子犯的只是小錯,似乎不應該招來被休的嚴重後果。後一個故事更過份,妻子用同樣的材料織出比原件更精美的成品,經濟效益更大,實在沒有被休的理由。不過,這兩則寓言的主旨並不在於探討吳起在家中也履行法家規矩是不是合情合理,而在於說明吳起做為法家人物,即便對妻子,也嚴格要求「中度」的標準性,而當這樣的要求從家擴大到國時,就是國法必須有標準,而且,人人都必須

〔註75〕 〈守道〉,《校釋》,頁798。
〔註76〕 〈外儲說右上〉,《校釋》,頁583。
〔註77〕 同上注。

遵從這個標準。

　　韓非用下面這則寓言說明國法的標準性：

　　　　秦昭王有病，百姓里買牛而家爲王禱。公孫述出見之，入賀王曰：「百
　　　　姓乃皆里買牛爲王禱。」王使人問之，果有之。王曰：「訾之人二甲。
　　　　夫非令而擅禱，是愛寡人也。夫愛寡人，寡人亦且改法而心與之相
　　　　循者，是法不立，法不立，亂亡之道也。不如人罰二甲，而復與爲
　　　　治。」〔註78〕

百姓自動買牛爲生病的國君祝禱，自然是因爲國君治國有方，秦昭王應該感
到高興才對，可是，他卻因爲百姓的非令擅禱而予以處罪，似乎極爲不通情
理。然而，以法家的觀點來看：非令擅禱表示國法沒有確立，國法不確立，
是亂亡的根本。因此，百姓違背法令擅自爲國君祝禱，必須要受處罰。

　　從「吳起出妻」和「非令擅禱」的寓言，我們可以很清楚的看出來：韓
非對法的標準性、規範性的嚴格要求。法既然具有標準和規範的意義，就必
然不能輕易更改。韓非雖然主張「法與時移，而禁與世變。」〔註79〕不過，
依他把歷史分爲上古之世、中古之世、近古之世、當今之世的說法，〔註80〕
每一個世代的時間很長，因此，所謂「法與時移」，亦是要在歷史發生大變動
時，才因應時代的需要重行制定符合當世的法，而不是朝令夕改，讓法經常
更易。在〈解老〉中，他寫下「日亡其半」的寓言：

　　　　工人數變業，則失其功；作者數搖徙，則亡其功。一人之作，日亡
　　　　半日，十日則亡五人之功矣。萬人之作，日亡半日，十日則亡五萬
　　　　人之功矣。然則數變業者，其人彌眾，其虧彌大矣。〔註81〕

這則寓言傳神的表達了工作變動不定則收效甚微的道理，講完寓言之後，韓
非開始論述他藉寓言顯示的道理：

　　　　凡法令更則利害易，利害易則民務變，務變之謂變業。故以理觀之，
　　　　事大眾而數搖之，則多敗傷；烹小鮮而數撓之，則賊其澤，治大國
　　　　而數變法，則民苦之。是以有道之君，貴虛靜而重變法。故曰：「治
　　　　大國者，若烹小鮮。」〔註82〕

〔註78〕　〈外儲說右下〉，《校釋》，頁597。
〔註79〕　〈心度〉，《校釋》，頁814～815。
〔註80〕　〈五蠹〉，《校釋》，頁26。
〔註81〕　〈解老〉，《校釋》，頁740。
〔註82〕　同上注。

韓非不但以《老子》書中的「治大國，若烹小鮮。」〔註83〕來解釋法為什麼不可以經常變易，還舉出韓國歷史來說明法令不一的後果：

> 申不害，韓昭侯之佐也。韓者，晉之別國也。晉之故法未息，而韓之新法又生；先君之令未收，而後君之令又下。申不害不擅其法，不一其憲令，則姦多。故利在故法前令，則道之；利在新法後令，則道之。新故相反，前後相悖，則申不害雖十使昭侯用術，而姦臣猶有所譎其辭矣。故託萬乘之勁韓，十七年而不至於霸王者，雖用術於上，法不勤飾於官之患也。〔註84〕

申不害是韓非相當佩服的法家人物，申不害相韓十七年，各國皆不敢侵略韓國的政績，身為韓國貴族的韓非自然知之甚詳，因而，此處韓非說到申不害因為未重視法的標準性，以至不能懲治姦臣，而使韓國不能霸王時，頗有惋惜之意。事實上，以韓國領土和國力而言，想要在戰國時代稱王稱霸並不是那麼容易，就算申不害法術兼修，也未見得可以輔佐韓昭候成為霸主，不過，姑且不論韓非的期待是事實或想像，他對法令頻繁更易所造成的施政困境分析卻十分精闢，同時，他也做出這樣的思考：

> 法莫如一而固，使民知之。〔註85〕

> 法禁變易，號令數下者，可亡也。〔註86〕

韓非認為，法在公平性、普遍性之外，也必須具有標準性，因此，他用「楚厲王擊鼓」、「李悝失信」、「箕鄭論信」、「攻原得衛」、「吳起出妻」、「非令擅禱」、「日亡其半」等寓言，輔以論述，從正反兩面來剖析法的標準性與公信力的重要性，而得出法是君國賞罰唯一規範的結論。戴東雄先生認為：

> 「韓非以度量衡闡明法之規範的客觀性理論，嚴格區分了法和道德的分際，承認了法為獨立的存在，法的機能在實現法的安定，而不是追求正義、良善，因此，法必須嚴格維持其強制的拘束力，縱使其內容與正義牴觸，亦在所不惜。」〔註87〕

〔註83〕《老子·六十章》，王弼注，《老子》，台北：台灣中華書局據華亭張氏本校刊，1973 年 4 月，下篇頁 14。

〔註84〕〈定法〉，《校釋》，頁 78。

〔註85〕〈五蠹〉，《校釋》，頁 40。

〔註86〕〈亡徵〉，《校釋》，頁 117。

〔註87〕戴東雄，《從法實證主義之觀點論中國法家思想》，台北：三民書局，1982 年 9 月，頁 124。

戴先生以西方法實證主義來詮釋韓非的法思想，讓人對韓非的法理念更爲明晰，也說明了在韓非的思想中，法除了公平性、普遍性和標準性，也必然具有強制性。

第四節　從「石邑深澗」解析法的強制性

韓非認爲：「法」是一國上下，無論君民皆需要共守的原則，所以，必須具有公平、普遍、標準等性質。不過，無論法多麼公正客觀，如果人民不肯遵守就不具意義，而韓非認爲：人性是好利自爲的，在觸犯法令時必然會想辦法逃避刑罰，因此，法需要具有強制性，以維護法的規範與權威。本節先以「石邑深澗」寓言展現嚴刑的功效，再以「以嚴涖人」、「桃李多實」、「棄灰之刑」、「慈惠亡國」等寓言強調法強制性的必要。

「石邑深澗」這則寓言見於《內儲說上》：

> 董閼于爲趙上地守，行石邑山中，見深澗，峭如牆，深百仞，因問其旁鄉、左右，曰：「人嘗有入此者乎？」對曰：「無有。」曰：「嬰兒、盲聾、狂悖之人，嘗有入此者乎？」對曰：「無有。」「牛馬、犬彘，嘗有入此者乎？對曰：「無有。」董閼于喟然太息曰：「吾能治矣。使吾法之無赦，猶入澗之必死也，則人莫之敢犯也，何爲不治？」〔註88〕

這則寓言充分展現出韓非對官吏執行國法的看法，石邑山中的深澗既峭且險，掉下去必死無疑，可是，很奇怪的，當地不但具警覺性的成年男女從沒有人誤入澗中，就連幼兒、身心障礙者，甚至牛馬豬犬等家畜，也都不曾掉入澗中。這當然是因爲入澗必死，所以人和動物都戒愼恐懼，於是，最危險的深澗反而不會造成災害。守將董閼于了解這個道理，才會做出「吾能治矣」的結論，因爲，只要他行法無赦，就像入澗必死，誰敢觸犯法令？而法治民安，此地區又豈能不治？

這則寓言很清楚的說明了：在韓非的觀念裡，重刑可以止姦。

對於韓非來說，「法」既是一國上下君民共守的準則，亦是讓國家趨於富強之道，因此，法必須具有公平性、普遍性和標準性，不過，無論法多麼公正、客觀、穩定，必須要被大眾遵行才具意義，雖然，韓非所主張的成文法、

〔註88〕〈內儲說上〉，《校釋》，頁397。

公布法本身，就已經具有了執政者依法行事的意義，不過，為了強調法的權威，他特別強調：

> 法者，憲令著於官府，賞罰必於民心。〔註89〕

> 明吾法度，必吾賞罰。〔註90〕

「必」代表了「一定如此」之意，亦即強制推行。不過，以韓非對人性好利惡害、趨利避害的認識，雖說「必吾賞罰」，但對於「賞」，並不需要強行給予，人們自然會趨之若鶩，因此，強制性主要是針對「罰」而說，也就是：必須用「法」的強制性，來讓人民的言行合於法的準則。韓非說：

> 明主之國，令者、言最貴者也；法者、事最適者也。言無二貴，法
> 不兩適，故言行而不軌於法令者，必禁。〔註91〕

「言行而不軌於法令者，必禁。」不但表現出法的強制施行，無可通融，也從而透露出法的嚴峻。事實上，法家一貫的主張就是嚴刑峻法。在〈內儲說上〉中，收錄了一則關於子產的寓言：

> 子產相鄭，病將死，謂游吉曰：「我死後，子必用鄭，必以嚴蒞人。
> 夫火形嚴，故人鮮灼；水形懦，故人多溺。子必嚴子之形，無令溺
> 子之懦。」子產死，游吉不肯嚴形。鄭少年相率為盜，處於雚澤，
> 將遂以為亂。游吉率車騎與戰，一日一夜，僅能剋之。游吉喟然歎
> 曰：「吾蚤行夫子之教，必不悔至於此矣。」〔註92〕

子產是第一位鑄刑書的法家人物，在這則寓言中，子產告誡他的接任者游吉要以嚴形蒞人，對於此處的「嚴形」有兩種說法，一是把「形」當成狀態，也就是寓言中所說的「火形嚴」。另一種則是把「形」直接當做「刑」。〔註93〕不過，無謂哪種說法，都顯示子產告訴游吉，治國，必須要讓民眾看到嚴厲的一面。子產還用水跟火做了生動的比喻，因為火看起來就讓人畏懼，所以被火燒死的人少，水看起來沒有什麼殺傷力，所以被水淹死的人多。子產以水火為比喻的告誡出於對現實的觀察，具有經驗意義，可是，游吉卻沒有接納子產的建議，直到和作亂的鄭國少年辛苦戰鬥之後，才覺悟應該早點聽子產的意見。

〔註89〕〈定法〉，《校釋》，頁76。
〔註90〕〈顯學〉，《校釋》，頁18。
〔註91〕〈問辯〉，《校釋》，頁84。
〔註92〕〈內儲說上〉，《校釋》，頁398。
〔註93〕參看〈內儲說上〉，《校釋》，頁398，此則寓言之注釋二。

子產對游吉的教導，其實具有防患於未然的教育性，韓非透過這則寓言顯示他對法的觀念：必須在人民還沒有犯罪或是只犯下小罪的時候就及時遏止，這樣就可以避免重罪發生。他以兩則有關孔子的寓言來說明這個觀點：

> 魯哀公問於仲尼曰：「春秋之記曰：冬十二月實霜不殺菽，何爲記此？」仲尼對曰：「此言可以殺而不殺也。夫宜殺而不殺，桃李冬實。天失道，草木猶犯干之，而況於人君乎？」〔註94〕

> 殷之法，刑棄灰於街者。子貢以爲重，問之仲尼。仲尼曰：「知治之道也。夫棄灰於街，必掩人；掩人，人必怒；怒則鬥，鬥必三族相殘也。此殘三族之道也，雖刑之可也。且夫重罰者，人之所惡也，而無棄灰，人之所易也。使人行之所易，而無離其所難，此治之道也。」〔註95〕

在前一則寓言裡，韓非藉著自然界時序失調，對魯哀公分析天時失常，草木就會違反時序，讓桃李在冬天結實。連天都不能失序，國君自然更不可以。這則寓言中的「宜殺而不殺」，表面上是指草木該凋萎而沒有凋萎，實際上則也是在比喻國家的施政，該嚴厲的時候就不能放寬。至於第二則寓言，意思更爲顯明，當子貢認爲棄灰之刑處刑太重而詢問老師的看法時，孔子先分析了棄灰於街，看來無關緊要，卻很可能會造成嚴重的後果，再說出他的結論：「重罰者，人之所惡也，而無棄灰，人之所易也。使人行之所易，而無離其所難，此治之道也。」

韓非的治國之道奠基於他對人性的看法，他認爲趨利避害的人性正是賞罰可以爲治的基礎。棄灰是輕罪，但因爲棄灰會遭致重罰，而人民厭惡重罰，所以人民會去選擇最簡單的做法——不隨便棄灰。這樣，就不會產生更嚴重的後果，這種重罰輕罪以防患於未然的理論，在《商君書》裡已有論述：

> 以刑去刑，國治；以刑致刑，國亂。故曰：行刑重輕，刑去事成，國強；重重而輕輕，刑至事生，國削。〔註96〕

> 禁姦止過，莫若重刑。刑重而必得，則民不敢試，故國無刑民。國無刑民，故曰：明刑不戮。〔註97〕

〔註94〕〈內儲說上〉，《校釋》，頁399。
〔註95〕同上注，頁400。
〔註96〕《商君書·去強》，貝遠辰注譯·陳滿銘校閱，《新譯商君書》，台北：三民書局，1996年10月，頁46。
〔註97〕同上注，頁141～142。

善治者，刑不善，而不賞善，故不刑而民善。不刑而民善，刑重也。

刑重者，民不敢犯，故無刑也。而民莫敢爲非，是一國皆善也。〔註98〕

韓非對於孔子認爲重罰是「知治之道」的說明，以及《商君書》中「行刑重輕」、「以刑去刑」的理念，是極爲認同的，因此，他在〈內儲說上〉中說：

公孫鞅之法也，重輕罪。重罪者，人之所難犯也；而小過者，人之所易去也。使人去其所易，而無離其所難，此治之道。夫小過不生，大罪不至，是人無罪，而亂不生也。〔註99〕

公孫鞅曰：「行刑，重其輕者；輕者不至，重者不來，此謂以刑去刑。」

〔註100〕

陳拱先生對「重輕罪」這個觀念頗不以爲然，他解釋這兩段文意說：

「商鞅所謂輕者，即輕罪者，重即加重其罪之意。輕罪者既可隨意加重其罪而刑之，則重罪者亦可隨意減輕其罪，甚至而赦免之者。這能說是任法的法治嗎？……所以這是最不公平而最邪惡的勾當，韓非不知有所驚覺，反而將列入〈儲說〉，視爲經典之作，可見其著迷之深。」〔註101〕

誠然，「重輕罪」的作法確實會讓人連想到嚴刑峻法、刻薄寡恩，這也是陳拱先生以及歷代學者批評法家的一大主因。不過，卻也有學者持不同看法，熊十力先生對於韓非主張的嚴刑即並不反對，他說：

「有作惡亂紀，雖細惡小失，亦重罰之。以警效尤。以此治亂國浮滑之民，則適宜之道也。六經之言刑，本主罰當其罪，無可故輕故重。此以常理言也，然治亂國用重典，經亦有明文。」〔註102〕

熊先生以「治亂國用重典」來詮釋韓非的重刑，王讚源先生的看法也大致相似，他認爲：

「韓非未嘗不知道儒家說的『仁者無敵』、『爲政以德』的理想很高，境界很美，只是在那爭氣力的戰國時代行不通。」〔註103〕

〔註98〕同上注，頁151～152。

〔註99〕〈內儲說上〉，《校釋》，頁402。

〔註100〕同上注。

〔註101〕陳拱，《韓非思想論衡》，台北：台灣商務印書館，民2008年5月，頁213。

〔註102〕熊十力，《韓非子評論》，台北：台灣學生書局，1978年10月，頁90。

〔註103〕王讚源，《中國法家哲學》，台北：東大圖書公司，1991年8月，頁113。

的確，在「強凌弱，眾暴寡」的戰國亂世，一個國家必須內政修明，才能消極的不被併吞，積極的邁向富強。而韓非認為：唯有全國上下依法運作，才是唯一的治道，而他之所以重輕罪，就是一種以嚇阻來教育國民不能違法的手段，他以老子思想：「圖難於其易，為大於其細」〔註104〕來說明這個觀念：

> 明君見小姦於微，故民無大謀；行小誅於細，故民無大亂；此謂「圖難於其所易也，為大者於其所細」也。〔註105〕

在〈飭令〉和〈六反〉中，韓非不僅再度引述商鞅的「以刑去刑」，也從治道觀點，詳細闡述了以刑去刑的理念，並駁斥了當時不少人皆主張的「重刑傷民」說法：

> 重刑明民，大制使人，則上利。行刑、重其輕者，輕者不至，重者不來，此謂以刑去刑。罪重而刑輕，刑輕則事生，此謂以刑致刑，其國必削。〔註106〕

> 今不知治者，皆曰：「重刑傷民，輕刑可以止姦，何必於重哉？」此不察於治者也。夫以重止者，未必以輕止也；以輕止者，必以重止矣。是以上設重刑者而姦盡止，姦盡止，則此奚傷於民也！所謂重刑者，姦之所利者細，而上之所加焉者大也。民不以小利蒙大害，故姦必止也。所謂輕刑者，姦之所利者大，上之所加焉者小也。民慕其利而傲其罪，故姦不止也。故先聖有諺曰：「不躓於山，而躓於垤。」山者大，故人慎之；垤微小，故人易之也。今輕刑罰，民必易之。犯而不誅，是驅國而棄之也；犯而誅之，是為民設陷也。是故輕罪者，民之垤也。是以輕罪之為道也，非亂國也，則設民陷也，此則可謂傷民矣！〔註107〕

對於〈六反〉中韓非對罪刑輕重的論述，王邦雄先生詮釋得十分清晰，他認為：

> 「此言在利害之計量下，重刑則姦偽者之所害者大，所利者小，輕刑則其所害者小，所利者大，故重刑足以止姦，輕刑反而傲罪。重刑之殘忍，足以有姦盡止之結果；而姦既已盡止，又於民何傷，此

〔註104〕 見《老子・六十三章》，王弼注，《老子》，台北：台灣中華書局據華亭張氏本校刊，1973 年 4 月，下篇頁 16。
〔註105〕 〈難三〉，《校釋》，頁 353。
〔註106〕 〈飭令〉，《校釋》，頁 829～830。
〔註107〕 〈六反〉，《校釋》，頁 96。

即所謂『前苦而長利』。輕刑之仁慈，必有姦不止之終局；姦既不止，無異爲民設陷，此即所謂『偷樂而後窮』。故重刑者始爲愛民，輕刑者反爲傷民。由是可知，法雖禁於已然之後，若用之得當，刑罰必於民心，亦有其防範未然之功。重輕罪，則小過易去；小過不生，則大罪不至。是以重刑之後效，乃人無罪，亂亦不生。此即『以刑去刑』的教育功能。」〔註108〕

韓非的價值觀，係以功利實效做爲唯一考量，因此，他在衡量以仁治國和以法治國的利弊得失之後，提出這樣的看法：

法之爲道，前苦而長利；仁之爲道，偷樂而後窮。聖人權其輕重，出其大利，故用法之相忍，而棄仁之相憐也。〔註109〕

韓非還用和人們生活很貼近，每個地方都會出現的不良少年做比喻，說明在治理國家時，法比愛有效的道理：

今有不才之子，父母怒之弗爲改，鄉人譙之弗爲動，師長教之弗爲變。夫以父母之愛，鄉人之行，師長之智，三美加焉，而終不動其脛毛。州部之吏，操官兵，推公法，而求索奸人，然後恐懼，變其節，易其行矣。故父母之愛，不足以教子，必待州部之嚴刑者，民固驕於愛，聽於威矣。故十仞之城，樓季弗能踰者，峭也；千仞之山，跛牂易牧者，夷也。故明王峭其法，而嚴其刑也。〔註110〕

透過這段生動的敘述，那個不感念父母之愛，而屈服於官兵之威的不才之子形貌似乎相當清晰。也由於很多人都看過、接觸過這類不良少年，所以韓非的論述具有相當大的說服力，不過，爲了加強論證效果，他又舉出下列這則寓言：

魏惠王謂卜皮曰：「子聞寡人之聲聞亦何如焉？」對曰：「臣聞王之慈惠也。」王欣然喜曰：「然則功且安至？」對曰：「王之功至於亡。」王曰：「慈惠，行善也，行之而亡何也？」卜皮對曰：「夫慈者不忍，而惠者好與也。不忍則不誅有過，好予則不待有功而賞。有過不罪，無功受賞，雖亡不亦可乎？」〔註111〕

魏惠王問卜皮他的名聲如何，自然是對自己以「慈惠」治國的政績相當肯定，

〔註108〕王邦雄，《韓非子的哲學》，台北：東大圖書公司，1979 年 9 月，頁 159。
〔註109〕〈六反〉，《校釋》，頁 95～96。
〔註110〕〈五蠹〉，《校釋》，頁 39～40。
〔註111〕〈內儲說上〉，《校釋》，頁 406。

所以，當卜皮的答案和他所料相同時，他的立即反應是：那麼我的功業將會到達什麼地步呢？沒想到卜皮的回答卻是：「王之功至於亡！」這個完全出乎魏惠王預料的答案當然讓他大吃一驚，而卜皮接下來的解釋是：行慈惠，就會狠不下心和喜歡賞賜，因此就導至有過不罪，無功受賞，賞罰不功，亡國不是很合理嗎？

　　韓非的政治思想以國之治強為依歸，透過這則寓言，韓非再一次闡明治國不能「仁惠慈愛」，必須「明吾法度，必吾賞罰」。同時，他也認為：滿足人民的欲望並非真正的愛，因為，這樣的愛帶給人民的只是政亂兵弱的災難，唯有以法治國才能帶給人民利益，這才是真正愛民。他說：

> 聖人之治民，度於本，不從其欲，期於利民而已。故其與之刑，非所以惡民，愛之本也。〔註112〕

> 法者，王之本也；刑者，愛之自也。〔註113〕

> 夫嚴刑者，民之所畏也；重罰者，民之所惡也。故聖人陳其所畏，以禁其邪，設其所惡，以防其姦。是以國安，而暴亂不起。吾以是明仁義愛惠之不足用，而嚴刑重罰之可以治國也。〔註114〕

在韓非的思想中，國家要安定、富強，必須以法治國，不過，由於人性好利惡害，因而，在觸犯法令時必然會千方百計的逃避刑罰，為了維護法的莊嚴，政府必須強制推動法令，這樣，全國上下才能遵循法的規範，法也才具有絕對的權威性。為了解說為什麼需要以嚴刑來推動法，韓非用「石邑深澗」、「以嚴蒞人」、「桃李多實」、「棄灰之刑」等寓言來輔助論述，說明為了君國大利，執法必須嚴明，因為，唯有如此，法的平等、普遍、客觀、標準、安定、公信等等特質才能落實，國家也才能夠因為厲行法制走向富強。

第五節　小結

　　周初行封建制度，治國的標準不是法，而是禮和刑。以禮治貴族，以刑治平民，也就是「禮不下庶人，刑不上大夫」，〔註115〕其間顯示了貴族和平民

〔註112〕〈心度〉，《校釋》，頁813。

〔註113〕同上注。

〔註114〕〈姦劫弒臣〉，《校釋》，頁224。

〔註115〕《禮記·曲禮上》，《小戴禮記》，《十三經注疏》第七冊，台北：藝文印書館，1960年1月。禮記卷三，頁6。關於儒家主張的：「禮不下庶人，刑不上大夫」。

的「別」。孔子認爲禮應是每個人共同的規範，並非貴族的專利，所以主張「禮下庶人」，他說：「道之以政，齊之以刑，民免而無恥。道之以德，齊之以禮，有恥且格。」〔註116〕

　　孔子的理念，是要把原本只能用刑的庶人提昇到高層面，和大夫一樣接受禮的規範。至於法家，則是站在孔子所反對的那一面，主張「刑上大夫」，要把貴族拉下來和平民一起「齊之以刑」。事實上，從孔子的話裡，我們可以了解，「齊」的觀念是儒、法兩家都同意的，差異只在於是用「禮」或「刑」來「齊」而已。而法家所說的「刑」，也就是指「法」。做爲法家的代表人物，韓非當然主張：只有法才是「齊」的標準。他說：「聖人之治國，不恃人之爲吾善也，而用其不得爲非也。恃人之爲吾善也，境內不什數；用人不得爲非，一國可使齊。」〔註117〕

　　在這段話中，韓非很清楚的表示，他主張用「法」來做治國的標準，是因爲自善之人太少，恃人爲善，以德治國的效果必然不彰，所以必須用法治來讓人不能也不敢做違法的事，如此，國家才能在齊之以法的標準下走向富強。對韓非而言，治國不能隨適然之善的仁，而需行必然之道的法，他這樣論述：

　　　　爲治者用眾而舍寡，故不務德而務法。夫必恃自直之箭，百世無矢；恃自圓之木，千世無輪矣。自直之箭、自圓之木，百世無有一；然而世皆乘車射禽者，何也？隱栝之道用也。雖有不恃隱栝，而有自直之箭，自圓之木，良工弗貴也。何則？乘者非一人，射者非一發也。不恃賞罰，而有恃自善之民，明主弗貴也，何則？國法不可失，而所治非一人也。故有術之君，不隨適然之善，而行必然之道。〔註118〕

　　　　法之爲道，前苦而長利；仁之爲道，偷樂而後窮。聖人權其輕重，

　　　　學者認爲：這是中國古代法律制度中一項重要的法律原則。此一原則在實質上強調了庶民與貴族的階級之分和不平等。「禮不下庶人」是指庶人不具有貴族的身份和地位，也不能享有貴族的禮儀，但庶人有庶人的禮，這種禮對於庶人來說更有束縛意味。事實上，任何越禮的行爲都要受到處罰，對庶人更是如此。「刑不上大夫」是指貴族犯罪，在一定條件下可以獲得某些寬宥，在適用刑罰時享有某些特權，以保持貴族整體的尊嚴。

〔註116〕《論語·爲政》，朱熹，《四書章句集註》，台北：鵝湖出版社，1984年9月，頁54。

〔註117〕〈顯學〉，《校釋》，頁16。

〔註118〕同上注。

出其大利，故用法之相忍，而棄仁之相憐也。〔註119〕

今世皆曰尊主安國者，必以仁義智能，而不知卑主危國者之必以仁義智能也。故有道之主，遠仁義，去智能，服之以法。是以譽廣而名威，民治而國安。〔註120〕

惜草茅者耗禾穗，惠盜賊者傷良民。今緩刑罰，行寬惠，是利姦邪而害善人也，此非所以為治也。〔註121〕

雖然，在韓非的政治思想中，「法」的重要組成部份是「刑」，所以，在《韓非子》書中，「刑」常常就是指「法」。不過，「法」的意義要比「刑」寬廣，韓非的法，是政治與法理的結合，簡言之，也就是依此標準治國的制度，而不僅限於「刑」的範圍。韓非所說的「聖人」、「有術之君」、「有道之主」，既然要用「法」來做為治國的唯一準則，那麼，「法」的本身就必須讓人民信服，才能收到效果。

韓非主張，法必須是公平的，全國上下共守，具有王子犯法與庶民同罪的平等精神；法必須是普遍的，要形諸文字，佈於官府，讓人民易知易行；法必須是標準的，像度量衡一樣有規範性，這樣才會具公信力。

不過，由於人性自利自為，立意再佳的法，也很難讓民眾自動自發的遵行，因此，法除了公平性、普遍性、標準性之外，必須具強制性，才真正能夠發揮治國的作用。從韓非對法的論述，我們可以很明白的看到：在韓非以功利實效做為唯一價值觀的思想中，「法」的作用自然也是功利的，無論法的制定、性質或推行，目的都是為了治國的需要，也就是為了要達到國富兵強的君國大利。他說：

當魏之方明立辟、從憲令之時，有功者必賞，有罪者必誅，強匡天下，威行四鄰；及法慢，妄予，而國日削矣。當趙之方明國律、從大軍之時，人眾兵強，辟地齊燕；及國律慢，用者弱，而國日削矣。當燕之方明奉法、審官斷之時，東縣齊國，南盡中山之地；及奉法已亡，官斷不用，左右交爭，論從其下，則兵弱而地削，國制於鄰敵矣。故曰明法者強，慢法者弱。〔註122〕

〔註119〕 〈六反〉，《校釋》，頁95～96。
〔註120〕 〈說疑〉，《校釋》，頁232。
〔註121〕 〈難二〉，《校釋》，頁332。
〔註122〕 〈飾邪〉，《校釋》，頁208。

　　魏、趙、燕三國的由強而弱，是距離韓非那個時代不遠的事實，韓非冷靜觀察這三個國家的歷史興衰，歸納出「明法者強，慢法者弱」的結論。從他的分析，我們可以很清楚的看出來：韓非認為：只要切實施行法治，國家就會強盛。為了讓自己的理念更容易被接受，他以「茅門之法」、「跀危生子皋」、「吳起立車轅」、「人皆習射」、「楚厲王擊鼓」、「非令擅禱」、「石邑深澗」、「棄灰之刑」等寓言來說明「明法者強，慢法者弱」的道理，以增加理論的說服力，冀望學說能被「明主」採行。

第五章 《韓非子》寓言中的勢位關係

第一節 從「平公問霸」詮釋人設之勢

在韓非學說中，「勢」是和「法」、「術」鼎足而立的重要思想。〈難勢〉更是專門論述「勢」的篇章，在〈難勢〉中，韓非以三段式的論辯來闡述「勢」。第一段引慎到主張的自然之勢，說明勢位比賢智重要；第二段以儒家的觀點提出勢必待賢乃治的主張來辯駁慎到的說法；第三段是韓非自己的法家論點，他反駁儒家，認為賢、勢不能相容，論說待賢不如任勢的道理。本節先以「平公問霸」的寓言詮釋韓非所主張的人設之勢，再以「晏子說景公」、「樂池之客」的寓言加強說明。

在〈難二〉中，韓非寫下「平公問霸」的寓言：

> 晉平公問叔向曰：「昔者齊桓公九合諸侯，一匡天下，不識臣之力也？
> 君之力也？」叔向對曰：「管仲善制割，賓胥無善削縫，隰朋善純緣，
> 衣成，君舉而服之，亦臣之力也，君何力之有！」師曠伏琴而笑之。
> 公曰：「太師奚笑也？」師曠對曰：「臣笑叔向之對君也。凡為人臣
> 者，猶炮宰和五味而進之君，君弗食，孰敢強之也？臣請譬之，君
> 者壤地也，臣者草木也，必壤地美、然後草木碩大，亦君之力也，
> 臣何力之有！」〔註1〕

在此則寓言中，晉平公問臣子叔向，齊桓公之所以稱霸的原因，究竟是君力還是臣力？叔向舉出齊桓公的三位大臣，認為桓公稱霸得力於他們的忠

良賢能。當時也在場的師曠卻不以爲然，他認爲國君有如土壤，臣子有如草木，一定要土壤肥沃，草木才會長得好。所以，桓公稱霸的原因在於國君本身，臣子哪有什麼功勞！

　　照一般寓言的結構，後發言的那個人講的才是結論，不過，這則寓言卻有些不同，因爲這個故事出於〈難二〉篇。《韓非子》中的四篇難篇，採用的是辯難體，每篇分爲數節，在每一節的開始部份，韓非先援引歷史故事，再以「或曰」起始，就故事內容予以論駁。「或曰」當然就是韓非自己的意見，因此，辯駁中的評論才是韓非要表達的思想。在講完「平公問霸」的歷史故事之後，他這麼說：

> 或曰：叔向、師曠之對，皆偏辭也。夫一匡天下，九合諸侯，美之大者也，非專君之力也，又非專臣之力也。昔者宮之奇在虞，僖負羈在曹，二臣之智，言中事，發中功，虞曹俱亡者，何也？此有其臣而無其君者也。且蹇叔處虞而虞亡，處秦而秦霸，非蹇叔愚於虞而智於秦也，此有君與無臣也。向曰：「臣之力也，」不然矣。昔者桓公宮中二市，婦閭二百，被髮而御婦人，得管仲，爲五伯長；失管仲，得豎刁，而身死蟲流出戶不葬。以爲非臣之力也，且不以管仲爲霸；以爲君之力也，且不以豎刁爲亂。昔者晉文公慕於齊女而亡歸，咎犯極諫，故使得反晉國。故桓公以管仲合，文公以舅犯霸。而師曠曰：「君之力也，」又不然矣。凡五霸所以能成功名於天下者，必君臣俱有力焉，故曰叔向、師曠之對，皆偏辭也。〔註2〕

韓非以宮之奇、僖負羈、蹇叔等歷史人物的例子，說明能幹的臣子必須得遇明君才有發揮機會，碰到不懂治國的君王，再出眾的才華也無用武之地，所以，叔向說的「臣之力也」不正確。他又以齊桓公任用管仲，成爲五霸之長，任用豎刁，死後不得安葬；以及晉文公因爲舅犯勸諫才回晉國的兩件史事，說明國君要得到良臣輔佐才能治國，所以，師曠說的「君之力也」也不正確。所以，韓非的結論是：「凡五霸所以能成功名於天下者，必君臣俱有力焉」。

　　深入分析，韓非對五霸所做的結論──稱霸天下，有賴於君臣協力，其實也正是他所主張的「人設之勢」的實際發用，因爲，一個國家之所以能夠成爲天下霸主，是因爲國君擅用「法」與「術」，以法治國，以術御臣，讓整個官僚體系依據國法治理國家，如此，政治才能上軌道，國家也才能富強。

〔註 2〕　〈難二〉，《校釋》，頁 335～336。

韓非說：

> 明主之治國也，任其勢。〔註3〕

此處的「勢」，當然是指人設之勢，在〈難勢〉篇中，韓非以三段式的論辯方式來闡述「勢」，第一段他先談慎到所主張的恃自然之勢而不慕賢，第二以儒家尚賢的理論，對慎子的說辭提出辯難，第三段才是他自己的論點，也就是要以「人設之勢」來補「自然之勢」的不足。他說：

> 勢必於自然，則無爲言於勢矣。吾所爲言勢者，言人之所設也。〔註4〕
>
> 吾所以爲言勢者，中也。中者，上不及堯、舜，而下亦不爲桀紂。
>
> 抱法處勢則治，背法去勢則亂。〔註5〕
>
> 人主之大物，非法則術也。〔註6〕
>
> 君執柄以處勢，故令行禁止。柄者，殺生之制也；勢者，勝眾之資也。〔註7〕

從以上引述，我們可以知道：既然「抱法處勢則治，背法去勢則亂」、「君執柄以處勢，故令行禁止」，那麼，「人設之勢」的落實就是「法」。也就是「慶賞之勸，刑罰之威」的「刑」、「德」二柄。〔註8〕而韓非又表示：「人主之大物，非法則術也」，因此，「人設之勢」除了「法」，也包含了「術」。在〈大體〉篇中，他對此闡述得更爲清晰。

> 寄治亂於法術，託是非於賞罰，屬輕重於權衡。不逆天理，不傷情性；不吹毛而求小疵，不洗垢而察難知；不引繩之外，不推繩之內；不急法之外，不緩法之內。守成理，因自然。禍福生乎道法，而不出乎愛惡。榮辱之責，在乎己，而不在乎人。〔註9〕

從這段話中可以了解：韓非認爲國家治亂之源，在於國君能夠藉著執法施術而掌握「人設之勢」。他說：

> 人主者，非目若離婁，乃爲明也；非耳若師曠，乃爲聰也。不任其數，而待目以爲明，所見者少矣，非不弊之術也。不因其勢，而待

〔註3〕〈難三〉，《校釋》，頁360。
〔註4〕〈難勢〉，《校釋》，頁69。
〔註5〕同上注，頁70。
〔註6〕〈難三〉，《校釋》，頁363～364。
〔註7〕〈八經〉，《校釋》，頁150。
〔註8〕〈難勢〉，《校釋》，頁70。
〔註9〕〈大體〉，《校釋》，頁715。

耳以爲聰，所聞者寡矣，非不欺之道也。明主者，使天下不得不爲
己視，使天下不得不爲己聽。故身在深宮之中，而明照四海之內，
而天下弗能蔽、弗能欺者，何也？闇亂之道廢，而聰明之勢興也。
故善任勢者國安，不知因其勢者國危。〔註10〕

　　韓非認爲國家安定必須要善於掌握人設之勢，此重勢觀點與荀子說法一
致，荀子說：

古者聖人以人之性惡，以爲偏險而不正，悖亂而不治，古爲之立君
上之勢以臨之，明禮義以化之，起法正以治之，重刑罰以禁之，使
天下皆出於治，合於善也。〔註11〕

人主者，天下之利勢也。〔註12〕

明主臨之以勢，申之以命，章之以論，禁之以刑。〔註13〕

　　荀子認爲：人性向惡，所以要爲天下建立君主之勢，昌明禮義、制訂法
度、設置刑罰，這樣才是聖王的治道，也才能讓社會國家走上正軌。至於要
建立一套社會可以普遍遵循的制度，自然有賴於國君以君勢來推行。由此可
見，荀子所主張的「勢」，也是經由國家制度而造成的人設之勢。不過，荀子
所言的人設之勢是「隆禮貴義」，這和韓非的「抱法執術」有根本上的差異，
荀子說：

臣請遂道王者諸侯彊弱存亡之效，安危之埶：君賢者其國治，君不
能者其國亂；隆禮貴義者其國治，簡禮賤義者其國亂；治者彊，亂
者弱，是彊弱之本也。〔註14〕

　　荀子與韓非對「勢」的理解不同，正是儒家德治與法家法治的根本差異。
〈外儲說右上〉中的一則寓言，充分顯示儒、法兩家對治國之道看法的迥異：

景公與晏子游於少海，登柏寢之台，而還望其國曰：「美哉，泱泱乎，
堂堂乎，後世將孰有此？」晏子對曰：「其田成氏乎！」景公曰：「寡
人有此國也，而曰田成氏有之何也？」晏子對曰：「夫田氏甚得齊民。
其於民也，上之請爵祿行諸大臣，下之私大斗斛區釜以出貸，小斗

〔註10〕〈姦劫弒臣〉，《校釋》，頁216～217。
〔註11〕《荀子·性惡篇》，王忠林注譯，《新釋荀子讀本》，台北：三民書局，2003
　　　　年4月，頁396。
〔註12〕《荀子·王霸篇》，同前注，頁165。
〔註13〕《荀子·正名篇》，同前注，頁377。
〔註14〕《荀子·議兵篇》，同前注，頁234～235。

斛區釜以收之。殺一牛,取一豆肉,餘以食士。終歲、布帛取二制焉,餘以衣士。故市木之價,不加貴於山;澤之魚鹽龜鱉蠃蚌,不加貴於海。君重斂,而田成氏厚施。齊嘗大飢,道旁餓死者不可勝數也,父子相牽而趨田成氏者,不聞不生。故周秦之民相與歌之曰:『謳乎、其已乎!苞乎,其往歸田子乎!』《詩》曰:『雖無德與女,式歌且舞。』今田氏之德,而民歌舞,民往歸之矣。故曰:其田氏乎。」公泫然出涕曰:「不亦悲乎!寡人有國,而田氏有之,今爲之奈何?」晏子對曰:「君何患焉!若君欲奪之,則近賢而遠不肖,治其煩亂,緩其刑罰,振貧窮而恤孤寡,行恩惠而給不足,民將歸君,則雖有十田氏,其如君何!」〔註15〕

在這個故事一開始,晏子就語出驚人,當齊景公很得意的誇耀齊國之大之美,並問:「後世誰會擁有這塊美好的土地呢?」他想要得到的答案,當然是他的後代能夠傳國千秋萬世,可是,晏子卻回答說:「其田成氏乎?」這個意料之外的答案自然大出景公意料,接著,晏子述說田成子對人民的恩惠和得民心的情況,齊景公聽後當然既驚且懼,於是,晏子勸景公要「治其煩亂,緩其刑罰,振貧窮而恤孤寡,行恩惠而給不足」,認爲如此施政,就可以得回民心,田氏也就無機可趁了。

晏子勸諫齊景公的「緩刑罰、行恩惠」,其本上是儒家的德治思想,和韓非以法、術建構的「人設之勢」並不相同,因此,在敘述完寓言本文之後,韓非做出這樣的評論:

夫獵者託車輿之安,用六馬之足,使王良佐轡,則身不勞,而易及輕獸矣。今釋車輿之利,捐六馬之足與王良之御,而下走逐獸,則雖樓季之足,無時及獸矣。 託良馬固車,則臧獲有餘。國者,君之車也,勢者,君之馬也。夫不處勢以禁誅擅愛之臣,而必德厚以與天下齊行以爭民,是皆不乘君之車,不因馬之利,舍車而下走者也。
故曰:景公不知用勢之主也。〔註16〕

在這段論述中,韓非以「國者,君之車也,勢者,君之馬也」;「必德厚以與天下齊行以爭民,是皆不乘君之車,不因馬之利,舍車而下走者也」設喻,說明景公身爲國君,根本不必去和田成子較勁,以德厚慈惠爭取民心。

〔註15〕 〈外儲說右上〉,《校釋》,頁 559～560。
〔註16〕 同上注,頁 561～562。

只要抱法處勢，依國法運用威勢，對田成子處以重刑，自然可以消除禍患。對這個歷史故事，韓非的結論是「景公不知用勢之主也。」

事實上，依照《史記・齊太公世家》記載，齊景公在位前期，晏子就認為齊國終歸於田氏：

> 「九年，景公使晏嬰之晉，與叔向私語曰：『齊政卒歸田氏。田氏雖無大德，以公權私，有德於民，民愛之。』」〔註17〕

晏子所說的「以公權私」，用韓非的觀點來看，就是原本應該屬於國君的「勢」被田氏所用，可是，齊景公並沒有意識到這一層危機，對晏子的屢次勸諫也不以為意，〔註18〕才導至田氏勢力越來越大，最終取代呂氏擁有齊國。

無論是晏子所說的：輕賦稅，減刑罰，以德治讓人民歸心。或是韓非所說的：抱法處勢，廢私立公，以法治讓國政上軌道。如果齊景公能夠採行兩種治道中的任何一種，或許齊國的歷史有機會重寫，不過，齊景公卻坐失良機，也因此，韓非以法家立場，發出景公不知用勢的感嘆。

至於韓非所說的「勢」意涵為何？陳啓天先生認為韓非所說的勢就是政治學上所說的主權：

> 「勢，猶今言主權或統治權……言及『權』，『重』與『柄』者，皆與勢有關，亦即與主權或統治權有關也。凡論及勢者，可統名曰『主權論』」〔註19〕

姚蒸民先生則把陳啓天先生的意思闡發得更清楚，他說：

> 「勢也者，為國家實現統治目的言具有之最高權威，如就國家言，相當於今世所稱之『主權』；如就君主言，則相當於近代所謂之『統治權』。」〔註20〕

〔註17〕《史記・齊太公世家》，楊家駱主編，《新校本史記三家注》，台北：鼎文書局，頁1503。

〔註18〕《史記・齊太公世家》記載景公三十二年晏子諫景公事：彗星見。景公坐柏寢，嘆曰：「堂堂！誰有此乎？」群臣皆泣，晏子笑，公怒。晏子曰：「臣笑群臣諫甚。」景公曰：「彗星出東北，當齊分野，寡人以為憂。」晏子曰：「君高臺深池，賦斂如弗得，刑罰恐弗勝，茀星將出，彗星何懼乎？」公曰：「可禳否？」晏子曰：「使神可祝而來，亦可禳而去也。百姓苦怨以萬數，而君令一人禳之，安能勝眾口乎？」是時景公好治宮室，聚狗馬，奢侈，厚賦重刑，故晏子以此諫之。同前注，頁1504。

〔註19〕〈難勢〉釋題，《校釋》，頁63。

〔註20〕姚蒸民，《韓非子通論》，台北：東大圖書公司，1999年3月，頁138。

梁啓雄先生則說：

> 「韓子書中『權勢』、『勢重』、『威勢』均見，歸納起來，『勢』字有
> 『權威』意……這權威，是因依著人情好惡的心理或人心向背的形
> 勢而造成的，君王就利用這『心理』和『形勢』來處理政治，就成
> 爲勢治政權。」〔註21〕

陳、姚、梁三位先生對「勢」的詮釋，都以國家或君主的立場闡述，張純和
王曉波兩位先生則認爲：《韓非子》書中所說的「勢」，固然絕大部分是指國
君的「勢」，不過，也有關於人臣的勢，這種人臣之勢是替國君斷事的勢，也
就是職權。〔註22〕

正如張、王兩位先生所言，韓非在〈八說〉篇中提到：

> 任人者，使有勢也。……任人者，使斷事也。〔註23〕

從本節起始所引的「平公問霸」寓言中，我們可以了解，韓非認爲一個
國家的強盛有賴於君臣協力，因爲，即使在君權至上的國家裡，君王也不可
能獨攬所有的統治事務，而且韓非主張：「明主治吏不治民」、〔註24〕「聖人
不親細民，明主不躬小事」〔註25〕，所以，必須要有一個官僚系統替他統治
人民，而官吏要有效的統治人民，必須具有職權。在〈內儲說上〉中，韓非
舉了這則寓言：

> 中山之相樂池以車百乘使趙，選其客之有智能者以爲將行，中道而
> 亂，樂池曰：「吾以公爲有智，而使公爲將行，今中道而亂，何也？」
> 客因辭而去，曰：「公不知治。有威足以服之，而利足以勸之，故能
> 治之。今臣，君之少客也。夫從少正長，從賤治貴，而不得操其利
> 害之柄而治之，此所以亂也。嘗試使臣：彼之善者，我能以爲卿相；
> 彼不善者，我得以斬其首；何故而不治！」〔註26〕

這位在寓言中沒有名字的樂池少客，很清楚的點出了他沒有辦法當領頭
人的原因是因爲地位低下，對其他食客「不得操其利害之柄而治之」，換言之，
也就是缺乏帶人必須有的「勢」，透過少客的話，「任人者，使有勢也」的意

〔註21〕梁啓雄，《韓子淺解》，台北：台灣學生書局，1971 年 1 月，頁 390。
〔註22〕同上注，參看頁 118。
〔註23〕〈八說〉，《校釋》，頁 134。
〔註24〕〈外儲說右下〉，《校釋》，頁 591。
〔註25〕同上注，《校釋》，頁 607。
〔註26〕〈內儲說上〉，《校釋》，頁 401。

義更加明晰。

　　筆者以爲，這則解說「勢」的寓言可以分兩個層次來看，第一個層次是臣子能夠帶人的職權，第二個層次是「勢」是治國的要件。少客說：「彼之善者，我能以爲卿相；彼不善者，我得以斬其首；何故而不治！」事實上，能以卿相爲厚賞，斬首爲重罰，當然是君勢而非臣勢。因此，在這則寓言中，韓非要表達的是：「勢」爲治國的必要條件，無勢，臣不足以治民，君不足以治吏。國家的政治當然不免於亂。

　　不過，在韓非以君國爲重心的思想中，對人臣之勢的解說畢竟極少，他的「人設之勢」主要還是針對君主立言，雖說稱霸天下，需要君臣協力，不過，臣子的角色僅止於輔佐，握有決策權的還是國君。他說：「明主之治國也，任其勢。」而「勢」在政治上的實際發用即是「法」與「術」，以此，韓非不但給予「人設之勢」明確的定位，也確定了國君抱法處勢以治國的立場。

第二節　從「矛楯之說」詮釋待賢不如任勢

　　韓非思想落實於現實政治，他認爲：無論堯舜或桀紂都是「千世一出」的，絕大多數君王都是「中主」，所以，想要天下長治久安，就必須靠中主能夠治國。而韓非的設想，就是要通過一套完整的制度，讓中主可以治國，這套制度就是「法」。因此，只要中主抱法處勢，就可以讓國家上軌道，並不需要等待聖賢才能治國。本節先以「矛楯之說」的寓言分析韓非所說的賢與勢不能相容，再用「舜之救敗」和「救火」的寓言進一步說明待賢不如任勢的道理。

　　在〈難勢〉篇中，韓非寫下「矛楯之說」的寓言：

> 客曰：人有鬻矛與楯者，譽其楯之堅，物莫能陷也。俄而又譽其矛曰「吾矛之利，物無不陷也。」人應之曰：「以子之矛，陷子之楯，何如？」其人弗能應也。〔註27〕

　　這則寓言預設了一個兩難的局面，這位賣矛與楯的人，在面對「以子之矛，陷子之楯」的詢問時，的確無法回答，因爲，他的答案只能有兩個，第一個回答是：「楯不破」，那麼，就否定他所說的「矛之利，物無不陷」；第二個回答是：「楯會破」，那麼，就否定他所說的「楯之堅，物莫能陷」。因

〔註27〕　〈難勢〉，《校釋》，頁 69～70。

此，任何一種說法，都讓他無法自圓其說。如果用西洋哲學的邏輯概念來說，這就是亞里士多德所說的「你不能同時聲稱某事物在同一方面既是又不是」，也就是通常所說的「矛盾律」。〔註28〕

　　在舉出這則寓言之後，韓非緊接著論辯「賢」與「勢」正如寓言中的矛與楯，是不能相容的兩個概念。他說：

> 以不可陷之楯與無不陷之矛，爲名不可兩立也。夫賢之爲勢不可禁，
> 而勢之爲道也無不禁，以不可禁之賢與無不禁之勢，此矛楯之說也。
> 夫賢勢之不相容，亦明矣。〔註29〕

這段話出於〈難勢〉篇的第三段，〈難勢〉的第一段，是闡述慎子的「自然之勢」，第二段是韓非以儒家的賢治說來反駁慎子的勢治說，他說：

> 今以國爲車，以勢爲馬，以號令爲轡，以刑罰爲鞭笞，使堯舜御之
> 則天下治，桀、紂御之，則天下亂，則賢不肖相去遠矣。〔註30〕

　　到了第三段，則是韓非以法家立場來批駁儒家的賢治說，他認爲賢與勢的不能相容，就像不可陷之楯與無不陷之矛一樣。爲什麼賢勢不能相容呢？因爲「賢之爲勢不可禁」，賢治是不必依靠強制力量就可以治的。至於勢治呢，「勢之爲道也無不禁」，勢治是在任何方面都要採取強制手段的，因此，不可禁之賢與無不禁之勢正如盾不可陷。而矛無不陷，所以賢與勢不能同時並立。

　　這是韓非從邏輯上來說明賢勢不相容，以「矛楯之說」設喻相當巧妙，批駁亦簡潔有力，不過，卻與儒家思想不盡相應，因爲，儒家雖然主張德化，卻也並沒有排斥用強制手段。孟子說：

> 仁則榮，不仁則辱。今惡辱而居不仁，是猶惡溼而居下也。如惡之，
> 莫如貴德而尊士，賢者在位，能者在職。國家閒暇，及是時明其政
> 刑。雖大國，必畏之矣。〔註31〕

孟子這段話說明仁君尊賢使能，要嚴明政教與刑罰，以國法定刑罰，這就必

〔註28〕矛盾律（Law of Contradiction）是傳統邏輯基本規律之一。又稱不矛盾律。它通常被表述爲 A 不是非 A，或 A 不能既是 B 又不是 B。在傳統邏輯裏，矛盾律首先是作爲事物規律提出來的，意爲任一事物不能同時既具有某屬性又不具有某屬性。它作爲思維規律，則是任一命題不能既眞又不眞。參考鄔昆如主編，《哲學槪論》，台北：五南圖書出版公司，2005 年 12 月，頁 63。

〔註29〕〈難勢〉，《校釋》，頁 70。

〔註30〕同上注，頁 66。

〔註31〕《孟子・公孫丑上》，朱熹，《四書章句集註》，台北：鵝湖出版社，1984 年 9月，頁 235。

須具有強制性。孟子所言爲儒家的尙賢任勢之治，其間的賢與勢，並非如韓非所說的不相容。

不過，以韓非的立場，他必須要反對賢治，因爲，他視君國爲一體，君王的地位是絕對的，不可以被取代的。可是，君王卻不可能都是聖賢，爲了讓不是聖賢的國君也能成爲「明主」，他的理論只能強調任勢而不能認同尙賢，所以，他說：

> 堯、舜、桀、紂，千世而一出，是比肩、隨踵而生也。世之治者，不絕於中，吾所以爲言勢者，中也。中者，上不及堯、舜，而下亦不爲桀紂。抱法處勢則治，背法去勢則亂。今廢勢背法而待堯、舜，堯、舜至乃治，是千世亂而一治也。抱法處勢而待桀、紂，桀、紂至乃亂，是千世治而一亂也。且夫治千而亂一，與治一而亂千也，是猶乘驥駬而分馳也，相去亦遠矣。夫棄隱栝之法，去度量之數，使奚仲爲車，不能成一輪。無慶賞之勸，刑罰之威，釋勢委法，堯、舜戶說而人辯之，不能治三家。夫勢之足用亦明矣，而曰「必待賢」則亦不然矣。〔註32〕

韓非認爲：無論賢如堯舜，暴如桀紂，都只是「千世一出」的極少數，一般國君都是上不及堯、舜，下亦不爲桀紂的中主。如果要等待堯舜出現，天下才能平治，那麼，就會千世亂而一世治，人民哪裡能夠等待那麼長的時間呢。因此，要讓天下長期治平，就必須要靠中主能夠治國，那麼，就算不幸碰到桀紂，也不過千世治而一世亂，絕大多數的時間，政治都是上軌道的。韓非的設想，是要通過一個制度，讓中主可以治國。這個制度就是「法」，中主只要「抱法處勢」，以國君的勢位，行慶賞之勸，刑罰之威，就可以把國家治理得上軌道。所以，他的結論是「勢之足用亦明矣，而曰「必待賢」則亦不然矣。」

關於韓非所說的「勢之足用亦明矣」，高柏園先生認爲：

> 「韓非所謂『勢之足用』，實際上是預設了人主之爲中材，以及人主之抱法處勢，因此，此『勢之足用』實僅是在韓非所設定之情況下爲足用而已。此則與愼子之所謂『勢位之足恃』不同，亦與儒者之謂『勢之於治亂，本未有位也。而語專言勢之足以治天下者，則其智之所至者淺矣。』之論不相衝突。換言之，儒者不必然要反對韓

非之說，而韓非之說亦不必能推翻儒者以賢者用勢爲治天下之充分

條件之說。至於韓非以此義破斥儒者『必待賢』之說，此實爲不相

干之論，蓋儒者並未主張『必待賢』乃治也。」〔註33〕

高先生此說誠爲持平之論，只是，由於韓非的勢論立場爲「人設之勢」、「待賢不如任勢」，爲了加強說明「勢」可由人所設，不需待與不必待，他必須舉出「賢」的不可待與不能待。所以，雖然正如高先生所言：儒者並未主張「必待賢」乃治。而且，依孟子「人皆可以爲堯舜」之說，〔註34〕既然堯舜並非天生，人人皆可以通過德性成爲堯舜，又怎麼會千世而一出？可是，依韓非的論點，他依舊必須把儒家的「尚賢」、「任賢」解爲「待賢」，如此，他才能以儒家做爲論辯對象，解說自己的思想。他說：

> 百日不食，以待粱肉，餓者不活。今待堯、舜之賢，乃治當世之民，
> 是猶待粱肉而救餓之說也。夫曰：「良馬固車，臧獲御之，則爲人笑；
> 王良御之，則日取乎千里，」吾不以爲然。夫待越人之善遊者，以
> 救中國之溺人，越人善游矣，溺者不濟矣。夫待古之王良，以馭今
> 之馬，亦猶越人救溺之說也，不可亦明矣。夫良馬固車，五十里而
> 一置，使中手御之，追速致遠，可以及也，而千里可日致也，何必
> 待古之王良乎！〔註35〕

這段話中，韓非認爲待賢正如「待粱肉而救餓」、「待善遊越人救中國溺者」，是緩不濟急的事。同時，他也以古代御車技巧高超的王良來比喻千世一出的堯舜。王良固然擅於駕車，可是，如果每五十里設一個驛站，每個驛站都準備良馬固車，讓中等的御者來駕駛，也能夠日行千里，何必等待王良？同樣的，中主依恃君主的勢位，透過良好的制度，也可以平治天下，又何必等待堯舜？

　　韓非以「矛楯之說」的寓言出發，先在邏輯上指出「賢」與「勢」是相悖的兩個觀念，再從現實上說明，如果治國要等待賢人出現，會造成千世亂而一世治的局面，因此，必須建立一套可以運行、可以操作的良好制度，讓中主以國爲車，以勢爲馬，抱法處勢，國家自能平治，又何須等待賢者？

　　韓非在《難勢》篇中，以三家的辯難來證成待賢不如任勢的道理，其中，

〔註33〕高柏園，《韓非哲學研究》，台北：文津出版社，1994年9月，頁114。

〔註34〕《孟子‧告子下》，朱熹，《四書章句集註》，台北：鵝湖出版社，1984年9月，頁339。

〔註35〕〈難勢〉，《校釋》，頁70。

「矛楯之說」是重要的邏輯論據，這則寓言，在〈難一〉篇中再度登場，而且，用來隱喻的主角是堯與舜：

> 歷山之農者侵畔，舜往耕焉，朞年甽畝正。河濱之漁者爭坻，舜往漁矣，朞年而讓長。東夷之陶者器苦窳，舜往陶焉，朞年而器牢。仲尼歎曰：「耕漁與陶，非舜官也，而舜往爲之者，所以救敗也。舜其信仁乎！乃躬藉處苦而民從之，故曰聖人之德化乎！」〔註36〕

在這則寓言中，由於農人、漁夫、陶匠都產生了問題，所以舜親自前往，他讓每件事都在一年之內情況改觀，於是，三年後，不但排解了農人、漁者的紛爭，讓民風趨向純樸禮讓，也提高了陶器的製作品質。孔子對這件事的評論是：耕種、捕魚和製陶都不是舜的職掌，舜卻親自前去挽救，眞是仁者啊！聖人，是以道德來感化人民的。

對於舜親自和民眾一起工作，並且感化眾人，孔子的著眼點是「聖人之德化」。不過，由於〈難一〉篇是採辯難體，因此，韓非自己的思想是放在寓言後面的論辯，他說：

> 或問儒者曰：「方此時也，堯安在？」其人曰：「堯爲天子。」然則仲尼之聖堯奈何？聖人明察在上位，將使天下無姦也。今耕漁不爭，陶器不窳，舜又何德而化？舜之救敗也，則是堯有失也。賢舜，則去堯之明察；聖堯，則去舜之德化，不可兩得也。楚人有鬻楯與矛者，譽之曰：「吾楯之堅，莫能陷也。」又譽其矛曰：「吾矛之利，於物無不陷也。」或曰：「以子之矛陷子之楯，何如？」其人弗能應也。夫不可陷之楯，與無不陷之矛，不可同世而立。今堯舜之不可兩譽，矛楯之說也。且舜救敗，朞年已一過，三年已三過，舜壽有盡，天下過無已者，以有盡逐無已，所止者寡矣。賞罰使天下必行之，令曰：「中程者賞，弗中程者誅。」令朝至暮變，暮至朝變，十日而海內畢矣，奚待朞年？舜猶不以此說堯令從己，乃躬親，不亦無術乎？且夫以身爲苦而後化民者，堯舜之所難也；處勢而矯下者，庸主之所易也。將治天下，釋庸主之所易，道堯舜之所難，未可與爲政也。〔註37〕

在這段論述中，韓非也引用了「矛楯之說」的寓言來解說堯舜不可兩譽。

〔註36〕〈難一〉，《校釋》，頁316。
〔註37〕同上注，頁316～317。

因為，如果當時的天子堯能夠明察，人民就不會產生問題，舜也就無從德化。如果需要舜去解決農民漁民的爭端，教陶匠製做精良的陶器，就表示堯的執政有缺失，所以：「賢舜則去堯之明察，聖堯則去舜之德化」。堯舜不可能兩譽，就像不可陷之楯與無不陷之矛，不可能同時存在一樣。

韓非除了以邏輯說明堯的聖明與舜的德化不能同時成立之外，也以事實指出舜的德化效率太差。因為，他一年改正一項缺失，三年改正三項缺失，舜的生命有盡，而天下的缺失無窮。以有限的生命去改正無窮的過失，所能改正的太少了。

在批評過舜的德化效果既有限，效率又不佳之後，韓非提出了他的治國方案。韓非認為：嚴格樹立天下共同遵守的制度，合法者賞，不合法者罰，如此，十天就可以達到效果，何必要等一年！舜有這麼好的方法不去實行，卻要親自去德化人民，豈不太缺乏治術！

在這段論辯的結尾，韓非把話鋒轉向「中主抱法處勢則治」，他說：必須事必躬親，身受勞苦，才能感化人民，堯舜都很難做到；而利用權力來矯正人民，是平凡的君主都很容易做到的。因此，他歸結出這樣的結論：「將治天下，釋庸主之所易，道堯、舜之所難，未可與為政也。」

韓非思想以實際治國為依歸，他所考慮的，是要用什麼方法才能讓國家迅速富強，對他而言，這個問題的答案無疑是抱法、處勢、用術。在「舜之救敗」這則寓言中，韓非對於德化的反對，是因為德化效率差、收效慢，而且實行困難，遠不及以勢行法，實行易、成效高、收效快。明代門無子在《韓子迂評》中針對這段話說：「此言德化不如法，以勢行法易，以德行化難。」〔註38〕的確是很中肯的看法。

在韓非的政治架構中，官僚體系分層負責，國君任勢而治，自無需像舜一樣事必躬親，在〈外儲說右下〉中，他說了這則寓言：

> 救火者，令吏挈壺甕而走火，則一人之用也；操鞭箠指麾而趣使人，
>
> 則制萬夫。是以聖人不親細民，明主不躬小事。〔註39〕

的確，派一個人去救火，就算再賣力，能發揮的也不過一個人的力量，可是，以君勢為後盾，坐陣指揮，可以驅策一萬人同時去救火，因此，國君應該做

〔註38〕門無子，《韓子迂評》，嚴靈峰編，《韓非子集成》，台北：成文出版社，1980年4月，第20冊。

〔註39〕〈外儲說右下〉，《校釋》，頁607。

的是國家的總指揮，而不是一般百姓所做的耕種漁陶。韓非這種明主不躬小事的看法，其實和孟子是相當接近的。《孟子‧滕文公上》記載對農家許行心悅誠服的陳相去見孟子，向孟子宣揚許行主張賢者與民並耕而食，饔飧而治的道理，孟子先問陳相許行穿的衣服是不是也是自己織的？烹飪和種田的器具是不是也是自己做的？陳相的回答當然是否定的。於是，孟子說：

> 治天下獨可耕且為與？有大人之事，有小人之事。且一人之身，而百工之所為備。如必自為而後用之，是率天下而路也。故曰：或勞心，或勞力；勞心者治人，勞力者治於人；治於人者食人，治人者食於人。天下之通義也。〔註40〕

孟子把人分為勞心者和勞力者，並不是階級的劃分，而是強調分工專職的理念和分工合作的社會。因為，如果一國上下都並耕而食，織布為衣，這個社會必然沒有效率可言，必須每個行業各盡本職，社會才會進步繁榮。孟子所說的「治天下獨可耕且為與？」和韓非主張的「聖人不親細民，明主不躬小事」，觀念是很接近的。

　　韓非兩次引用「矛楯之說」的寓言，都是以這則寓言作為邏輯論證，來解說德治不如法治，待賢不及任勢的道理。王邦雄先生如此論述韓非的法勢之治：

> 「儒家之仁政，非中主之所能，惟聖人可為，而聖人千世而一出，故仁政待賢之結果，必千世亂而一治。韓非法勢之治，為中主之所能，惟暴人可亂，而暴人亦千世而一出，故法勢之治不必待賢之結果，為千世治而一亂。故就統治者而言，權其輕重，取其大利，則仍以法勢之治，才是可行之治道。」〔註41〕

　　正如王先生所言，由於韓非認為：「賢者寡，而不肖者眾」〔註42〕；「堯舜千世而一出」，所以，在他的理想中，要以一套可以具有標準性、規範性的國法，讓全國上下都可以奉守遵行，如此，中主既擁有國君的勢位，又有固定的軌道可以遵循，就可以把國家治理好，又何需等待堯舜出現？也因此，為了建立一個他理想中的法治之國，韓非必須再三強調「待賢不如任勢」。

〔註40〕《孟子‧滕文公上》，朱熹，《四書章句集註》，台北：鵝湖出版社，1984年9月，頁258。
〔註41〕王邦雄，《韓非子的哲學》，台北：東大圖書公司，1979年9月，頁173。
〔註42〕〈難勢〉，《校釋》，頁65。

第三節　從「狐偃論戰」詮釋信賞必罰

　　在韓非思想中，賞罰二柄是極為重要的觀念，通過賞罰，法治才能確立。不過，如果賞罰只是虛文，不落實在實際應用上就不具意義，而賞罰的落實，必須以標準既定，就絕對不能更改的公信力作為基礎，也就是「信賞必罰」。本節先以「狐偃論戰」的寓言說明唯有切實執行賞與罰，才能讓國家強大。再以「越王焚宮室」、「曾子殺彘」、「竊采金」、「踊貴屨賤」等寓言指出：就實際政治運用而言，韓非所主張的「人設之勢」，必須要通過信賞必罰才能展現。

　　在〈外儲說右上〉中，有一則關於晉文公和狐偃的寓言：

　　晉文公問於狐偃曰：「寡人甘肥周於堂，卮酒豆肉集於宮，壺酒不清，生肉不布，殺一牛遍於國中，一歲之功盡以衣士卒，其足以戰民乎？」狐子曰：「不足。」文公曰：「吾弛關市之征而緩刑罰，其足以戰民乎？」狐子曰：「不足。」文公曰：「吾民之有喪資者，寡人親使郎中視事；有罪者赦之；貧窮不足者與之；其足以戰民乎？」狐子對曰：「不足。此皆所以慎產也。而戰之者，殺之也。民之從公也，為慎產也，公因而迎殺之，失所以為從公矣。」曰：「然則何如足以戰民乎？」狐子對曰：「令無得不戰。」公曰：「無得不戰奈何？」狐子對曰：「信賞必罰，其足以戰。」公曰：「刑罰之極安至？」對曰：「不辟親貴，法行所愛。」文公曰：「善。」明日，令田於圃陸，期以日中為期，後期者行軍法焉。於是公有所愛者，曰顛頡，後期，吏請其罪，文公隕涕而憂。吏曰：「請用事焉。」遂斬顛頡之脊，以徇百姓，以明法之信也。而後百姓皆懼，曰：「君於顛頡之貴重如彼甚也，而君猶行法焉，況於我則何有矣。」文公見民之可戰也，於是遂興兵伐原，克之；伐衛，東其畝，取五鹿；攻陽；勝虢；伐曹；南圍鄭，反之陴；罷宋圍；還與荊人戰城濮，大敗荊人。返為踐土之盟，遂成衡雍之義。一舉而八有功。所以然者，無他故異物，從狐偃之謀，假顛頡之脊也。〔註43〕

在這則寓言中，晉文公先以他對百姓所施的仁義惠愛，三次詢問狐偃這樣是不是就能夠驅使人民去打仗了？狐偃的答案都是：不足。因為，文公所做的都是讓百姓生活安定的事，而戰爭是要以死相拼的，人民擁護文公，是因為

〔註43〕　〈外儲說右上〉，《校釋》，頁 584～585。

可以安居樂業，而不是可能會喪失性命，因此，對民眾施以惠愛，並不足以讓他們走上戰場。在剖析過這番道理之後，狐偃很清楚的告訴文公，必須「信賞必罰」，才可以驅動人民打仗，而刑罰的原則就是「不辟親貴，法行所愛。」對狐偃的建議，文公心領神會，第二天，就揮淚斬了犯法的愛臣顛頡，這個殺雞儆猴的宣示果然讓百姓認識到國法的嚴明，不敢違抗命令，於是，文公領兵征伐，建立起霸主功業，在此段寓言最後，韓非對文公稱霸的結論是：「從狐偃之謀，假顛頡之脊也」。如果再說簡單一點，就是「信賞必罰」。

關於顛頡被殺之事，此則寓言與《左傳》所記不同，〔註44〕不過，韓非寓言引用史事，在於表達自己的思想，並不在於歷史陳述，因此，顛頡究竟因何而死並無關重要，他只是要借文公斬顛頡之事，來闡述「不辟親貴，法行所愛」所能夠造成的正面影響而已。

在「狐偃論戰」的寓言中，我們可以看到，晉文公最初告訴狐偃的，都是他對百姓的恩惠，這正是儒家的德化，文公以為：以仁義愛惠施於民，人民就會因為愛君國而戰。可是，狐偃卻指出：仁義惠愛並不足以讓人民上戰場，唯有加以威勢、行以國法，民眾才不得不戰。此處，韓非以法家的立場，認為儒家的德治不足使民，只有法治才能讓國家治強。這也就是他所說的：

> 聖人之治國也，固有使人不得不為我之道，而不恃人之以愛為我也。

> 恃人之以愛為我者危矣，恃吾不可不為者安矣。〔註45〕

> 有術之君，不隨適然之善，而行必然之道。〔註46〕

韓非認為：治國之道，需要有一套百姓不得不為我效命的辦法，而不是依恃百姓對我的愛，愛是「適然」的，也就是偶然的，治理國家，憑藉適然之愛並不牢靠，唯有依恃「不能不為我」的必然之道，國家才有富強的保證。韓非所指的「必然之道」，也就是通過國君的勢，建立起一套可以遵行的法制，信賞必罰，治國之道即在於此。「狐偃論戰」的寓言是在說明這套道理，「越王焚宮室」亦然。

〔註44〕《左傳·僖公二十八年》：三月，丙午，入曹，數之以其不用僖負羈，而乘軒者三百人也，且曰，獻狀，令無入僖負羈之宮，而免其族，報施也，魏犨，顛頡，怒曰，勞之不圖，報於何有，爇僖負羈氏氏，魏犨傷於胸，公欲殺之，而愛其材，使問，且視之病，將殺之，魏犨束胸，見使者曰，以君之靈，不有寧也，距躍三百，曲踊三百，乃舍之，殺顛頡以徇于師。

〔註45〕〈姦劫弒臣〉，《校釋》，頁216。

〔註46〕〈顯學〉，《校釋》，頁16。

越王問於大夫文種曰：「吾欲伐吳可乎？」對曰：「可矣。吾賞厚而信，罰嚴而必，君欲知之，何不試焚宮室？」於是遂焚宮室，人莫救之。乃下令曰：「人之救火者，死，比死敵之賞；救火而不死者，比勝敵之賞；不救火者，比降北之罪。」人之塗其體，被濡衣而走火者，左三千人，右三千人，此知必勝之勢也。〔註47〕

這則記載於〈內儲說上〉的寓言，比「狐偃論戰」更直接的點出「賞厚而信，罰嚴而必」是勸民赴戰的良策。越王宮室被焚，這是何等大事，然而，沒有上級的命令，人們都不敢去救火，直到命令下達，眾人才條理井然的去救火。基於有這樣紀律嚴明的隊伍，文種才敢認為越國可以伐吳。在這則寓言中，文種所說的「必勝之勢」就是「賞與罰」。在〈二柄〉中，韓非把這個理念詮釋得更為清楚：

明主之所道制其臣者，二柄而已矣。二柄者，刑德也。何謂刑德？曰殺戮之謂刑，慶賞之謂德。為人臣者，畏誅罰而利慶賞，故人主自用其刑德，則群臣畏其威而歸其利矣。〔註48〕

韓非所說的「勢」是指人設之勢，透過這段話，我們可以很清晰的看到刑和德，也就是殺戮與慶賞是人設之勢的重要內容，通過賞罰，國君充分展現威勢來治理臣民。在書中，韓非提到賞罰之處不少，如：

公孫鞅之治秦也，設告坐而責其實，連什伍而同其罪，賞厚而信，刑重而必。是以其民用力勞而不休，逐敵危而不卻，故其國富而兵強。〔註49〕

明於治之數，則國雖小，富；賞罰敬信，民雖寡，強。賞罰無度，國雖大兵弱者，地非其地，民非其民也。〔註50〕

賞罰不信，則禁令不行。〔註51〕

用賞過者失民，用刑過者民不畏。有賞不足以勸，有刑不足以禁，則國雖大必危。〔註52〕

〔註47〕 〈內儲說上〉，《校釋》，頁409。
〔註48〕 〈二柄〉，《校釋》，頁179。
〔註49〕 〈定法〉，《校釋》，頁78。
〔註50〕 〈飾邪〉，《校釋》，頁206。
〔註51〕 〈外儲說左上〉，《校釋》，頁477。
〔註52〕 〈飾邪〉，《校釋》，頁207。

有術之主，信賞以盡能，必罰以禁邪。〔註53〕

賞莫如厚而信，使民利之；罰莫如重而必，使民畏之。〔註54〕

明君之行賞也，曖乎如時雨，百姓利其澤；其行罰也，畏乎如雷霆，神聖不能解也。故明君無偷賞，無赦罰。偷賞，則功臣墮其業，赦罰，則姦臣易為非。是故誠有功，則雖疏賤必賞；誠有過，則雖近愛必誅。〔註55〕

對於韓非以厚賞重刑的理念治國，熊十力先生是贊同的，他說：

「厚賞重刑之說，皆韓子為法之精義也……厚賞，重罰，視用之如何耳，如以刺察異己，凡異己者之一言之行，有不合於當道者，雖其言誠是，其行誠善，亦以叛逆待之，因厚賞告者，而處叛逆以重誅。如是者，其法必敗，其社會必日腐壞，其國必亡。如其用人行政，或諸事考績，皆審合刑名，職舉效著者，當厚賞，則厚賞之，其有作惡亂紀，雖細惡小失，亦重罰之，以警效尤，以此治亂國浮滑之民，則適宜之道也。」〔註56〕

姚蒸民先生則以當時的時代背景來說明韓非重視賞罰的必要性：

「在韓非學說中，凡所謂勢、權、重、柄等，固均為與主權或統治權有關，第以當日之時代環境所限，自不能不特重司法權中之賞罰權；更欲憑賞罰之運用，表現君主之權威，冀能以此實現富國強兵之目的，而使韓國得以生存於戰國之急世。」〔註57〕

誠如熊、姚兩位先生所言，由於韓非的思想皆以治國為考量，為了因應戰國末年的混亂局面，他特別重視賞罰。在《韓非子》書中，賞罰有時和「法」並論，有時又和「勢」並論，關於此點，王邦雄先生解釋得很透徹：

「非其觀念不明晰，蓋勢之用，在執賞罰之二柄，行使統治的權力；而賞罰之基準則在法，以法為人主治國的唯一標準。法為厚賞重罰，勢則求其信賞必罰，以是之故，法與勢，在賞罰之運用下，實為不可離。」〔註58〕

〔註53〕〈外儲說左下〉，《校釋》，頁521。
〔註54〕〈五蠹〉，《校釋》，頁40。
〔註55〕〈主道〉，《校釋》，頁694。
〔註56〕熊十力，《韓非子評論》，台北：台灣學生書局，1978年10月，頁90。
〔註57〕姚蒸民，《韓非子通論》，台北：東大圖書公司，1999年3月，頁139。
〔註58〕王邦雄，《韓非子的哲學》，台北：東大圖書公司，1979年9月，頁174。

不過，儘管賞罰既爲勢的表徵，又是法的施用，但賞罰如果只是虛文，不在應用上落實就不具任何意義，因此，韓非特別重視「信賞必罰」，因爲，唯有通過「信」與「必」，賞罰的效果才能確立。在《姦劫弒臣》中，韓非引用了商鞅在秦國變法的史事來說明信賞必罰的效果：

> 古秦之俗，群臣廢法而服私，是以國亂兵弱而主卑。商君說秦孝公以變法易俗而明公道，賞告姦，困末作而利本事。當此之時，秦民習故俗之有罪可以得免，無功可以得尊顯也，故輕犯新法。於是犯之者，其誅重而必；告之者，其賞厚而信。故姦莫不得，而被刑者眾，民疾怨而眾過日聞。孝公不聽，遂行商君之法，民後知有罪之必誅，而告姦者眾也，故民莫犯，其刑無所加。是以國治而兵強，地廣而主尊。此其所以然者，匿罪之罰重，而告姦之賞厚也。〔註59〕

除了論述之外，韓非也用寓言來闡釋「信賞必罰」，在〈外儲說左上〉，他引用了「曾子殺彘」的寓言：

> 曾子之妻之市，其子隨之而泣，其母曰：「女還，顧反，爲女殺彘。」妻道市來，曾子欲捕彘殺之，妻止之曰：「特與嬰兒戲耳。」曾子曰：「嬰兒非與戲也。嬰兒非有知也，待父母而學者也，聽父母之教。今子欺之，是教子欺也。母欺子，子而不信其母，非所以成教也。」遂烹彘也。〔註60〕

很明顯的，在這則寓言中，韓非是藉用曾子的話來說明「信賞」的重要，雖然，曾子之所以殺彘，其中所包涵的意義不僅是韓非所說的目的性的「必須要守信」，更包含了道德性的「誠信」、「忠信」，不過，韓非卻忽視其中的道德意涵，僅以此來爲「明主表信」的「信賞」立說。〔註61〕

和「信賞」併立的是「必罰」，韓非以「竊采金」的寓言來說明「必罰」的效果：

> 荊南之地，麗水之中生金，人多竊采金。采金之禁，得而輒辜磔於市，甚眾壅離其水也，而人竊金不止。夫罪、莫重辜磔於市，猶不止者，不必得也。故今有於此，曰：「予汝天下，而殺汝身，」庸人不爲也。夫有天下，大利也，猶不爲者，知必死也。故不必得，則

〔註59〕〈姦劫弒臣〉，《校釋》，頁 217。
〔註60〕〈外儲說左上〉，《校釋》，頁 517。
〔註61〕同上注，頁 477。

雖辜磔，竊金不止；知必死，則予之天下，不爲也。〔註62〕

　　肢解於市是多麼重的懲罰，可是，儘管因爲竊金而被判處重刑的人如此眾多，人們依舊因爲竊金可以得利而前仆後繼；擁有天下是何等重大的利益，可是，如果擁有天下的代價是必須死亡，就算再笨的人也不會要天下。這其中的關鍵就在於是不是一定會得到處罰，如果存有或許可以逃避刑罪的心，竊金就不會停止；如果知道得天下等於死亡，就絕對不會要天下。韓非用這則寓言呈現出人們的僥倖心理，也解析了要防止不法行爲，就必須嚴格實行「必罰」，根本讓人不存絲毫僥倖。

　　不過，法家雖然賞罰並列，但兩者的比例卻並不一致。《商君書‧開塞》有這麼一段話：

治國刑多而賞少。故王者刑九而賞一，削國賞九而刑一。〔註63〕

韓非固然沒有「賞九而刑一」的說法，卻也明白表示治國應該重刑少賞：

重刑少賞，上愛民，民死賞；多賞輕刑，上不愛民，民不死賞。利出一空者，其國無敵；利出二空者，其兵半用；利出十空者，民不守。重刑明民，大制使人，則上利。〔註64〕

　　在《難二》篇中，韓非更以「踊貴屨賤」的寓言，表明他對刑的觀點：

景公過晏子曰：「子宮小、近市，請移子家豫章之圃。」晏子再拜而辭曰：「且嬰家貧，待市食而朝暮趨之，不可以遠。」景公笑曰：「子家習市，識貴賤乎？」是時景公繁於刑，晏子對曰：「踊貴而屨賤。」景公曰：「何故？」對曰：「刑多也。」景公造然變色，曰：「寡人其暴乎！」於是損刑五。〔註65〕

「踊」通「踴」，是指受過刖刑的人所穿的鞋子，「屨」是一般人所穿的鞋子。晏子告訴齊景公：市街上的行情是「踊貴屨賤」，其中隱含的意思是：由於踊的需要量暴增，所以商人開始哄抬價格。晏子這樣說，當然是爲了引導景公提問，而景公也正如晏子所料，詢問：「何故？」，於是，晏子理所當然的回答：「刑多」，景公接下來的反應也依然如晏子所料，他先反省自己是不是太暴虐，接著減少了刑罰。在這個故事中，晏子顯然希望景公傾向於德治，不

〔註62〕　〈內儲說上〉，《校釋》，頁402。
〔註63〕　《商君書‧開塞》，貝遠辰注譯‧陳滿銘校閱，《新譯商君書》，台北：三民書局，1996年10月，頁81。
〔註64〕　〈飭令〉，《校釋》，頁829～830。
〔註65〕　〈難二〉，《校釋》，頁331。

過，韓非卻另有看法，他辯駁說：

> 晏子之貴踴，非其誠也，欲便辭以止多刑也，此不察治之患也。夫
> 刑當無多，不當無少，無以不當聞，而以太多説，無術之患也。敗
> 軍之誅，以千百數，猶北且不止。即治亂之刑，如恐不勝，而姦尚
> 不盡。今晏子不察其當否，而以太多爲説，不亦妄乎！夫惜草茅者
> 耗禾穗，惠盜賊者傷良民。今緩刑罰，行寬惠，是利姦邪而害善人
> 也，此非所以爲治也。〔註66〕

在這段論辯中，韓非以「刑當無多，不當無少」來駁斥晏子「踴貴屨
賤」的説法，認爲晏子不察用刑是不是妥當，只以用刑太多勸諫君王，並
非治國之道。對照〈姦劫弒臣〉中的一段話，更能明白韓非主張嚴刑重罰
的理由：

> 世之學者説人主，不曰「乘威嚴之勢，以困姦邪之臣，」而皆曰「仁
> 義惠愛而已矣」。世主美仁義之名，而不察其實，是以大者國亡身死，
> 小者地削主卑。何以明之？夫施與貧困者，此世之所謂仁義；哀憐
> 百姓，不忍誅罰者，此世之所謂惠愛也。夫有施與貧困，則無功者
> 得賞；不忍誅罰，則暴亂者不止。國有無功得賞者，則民不外務當
> 敵斬首，内不急力田疾作，皆欲行貨財，事富貴，爲私善，立名譽，
> 以取尊官厚俸。故姦私之臣愈衆，而暴亂之徒愈勝，不亡何待？夫
> 嚴刑者，民之所畏也；重罰者，民之所惡也。故聖人陳其所畏，以
> 禁其邪；設其所惡，以防其姦。是以國安，而暴亂不起。吾是以明
> 仁義愛惠之不足用，而嚴刑重罰之可以治國也。〔註67〕

雖然韓非雄辯滔滔，但是，重刑少賞畢竟給人刻薄寡恩的感覺，也就無
怪太史公會給予「其極慘礉少恩」的評語了。〔註68〕

綜合韓非對勢的看法，他所説的「人主威嚴之勢」，就實際政治運用而言，
即是緊握賞罰二柄，以國君的威勢，行信賞必罰的統治權，駕御臣子，治理
萬民，更重要的是，絕對不能讓賞罰之權旁落於臣下，如此，才能長保勢位，
位尊國安。

〔註66〕同上注，頁 331～332。
〔註67〕〈姦劫弒臣〉，《校釋》，頁 224。
〔註68〕《史記・老子韓非列傳》，楊家駱編，《新校本史記三家注》，台北：鼎文書局，
　　　　頁 2156。

第四節　從「管仲治外」詮釋勢不能借於人

　　韓非所說的勢是「人設之勢」，勢既然可以由人而設，則君王和臣子都同樣可以經過人設而掌握「勢」，於是，當君王的權勢轉移到臣子身上，政權就會易主。因此，韓非一再強調：國君必須牢牢掌握君勢，絕對不能和臣子共享。本節先以「管仲治外」的寓言說明國君不能讓臣子擁有太大的權力，對再信任的大臣都必須予以制衡。再以「共轡而御」、「子罕握誅罰」、「田成惠民」、「子路行惠」等寓言，說明國君不能和臣子共勢的原因。

　　「管仲治外」的寓言，出於〈外儲說左下〉：

　　　齊桓公將立管仲為仲父，令群臣曰：「寡人將立管仲為仲父，善者入門而左，不善者入門而右。」東郭牙中門而立。公曰：「寡人立管仲為仲父，令曰：善者左，不善者右，今子何為中門而立？」牙曰：「以管仲之智，為能謀天下乎？」公曰：「能。」「以斷，為敢行大事乎？」公曰：「敢。」牙曰：「若智，能謀天下，斷，敢行大事，君因專屬之以國柄焉；以管仲之能，乘公之勢，以治齊國，得無危乎？」公曰：「善。」乃令隰朋治內，管仲治外，以相參。〔註69〕

　　管仲是韓非相當敬佩的人物，在《韓非子》書中，談及管仲的地方不少，且絕大多數是正面評價。在這則寓言中，管仲其實並沒有真正出場，不過，藉著東郭牙和齊桓公的對話，我們可以了解到管仲「智能謀天下，斷敢行大事」，是有才幹有魄力的政治家。也正因如此，當齊桓公聽東郭牙指出：以管仲之能，如果再擁有君王給予的權勢，齊國江山只怕不知誰屬時。當機立斷的令隰朋治內，管仲治外，以牽制管仲。

　　在本章第一節舉出的「平公問霸」寓言中，韓非很清楚的表示：一個國家之所以能夠治強，有賴君臣同心協力，同時，他還以桓公得管仲成為五霸之長的史事，來加強稱霸天下，君臣皆有力的論述。不過，也正因為國君不能沒有臣子的輔佐，而「人臣之於其君，非有骨肉之親也，縛於勢而不得不事也。」〔註70〕對於有能力的臣子，更需要特別提防。而最有效的提防，就是緊握君勢，不讓臣下分享。

　　對於這則寓言，韓非的結論是：「恃勢而不恃信，故東郭牙議管仲。」〔註

〔註69〕　〈外儲說左下〉，《校釋》，頁 529～530。
〔註70〕　〈備內〉，《校釋》，頁 195。
〔註71〕　〈外儲說左下〉，《校釋》，頁 521。

71〕韓非講人設之勢，這表示他察覺到國君權力的來源，並非上天所授，而是可以通過人爲力量而造成的，換言之，也就是眾力擁護的結果，他說：

> 人主者，天下一力以共載之，故安；眾同心以共立之，故尊。〔註72〕

> 上古之世，人民少而禽獸眾，人民不勝禽獸蟲蛇。有聖人作，搆木爲巢，以避群害，而民悦之，使王天下，號之曰「有巢氏」。民食果、蓏、蚌、蛤、腥、臊、惡、臭，而傷害腹胃，民多疾病。有聖人作，鑽燧取火，以化腥臊，而民說之，使王天下，號之曰「燧人氏」。
> 〔註73〕

韓非意識到：對人民有貢獻的人，人民是會擁戴他王天下的，就如有巢氏和燧人氏。同時，他也意識到：春秋五霸之所以成功，是因爲君臣雙方都有功勞，〔註74〕由於看到了君位可由眾力擁戴而得，也看到了在國家向外發展中，臣和君一樣重要，所以他特別提防權臣奪取國君之勢，因爲，勢既然可由人所設，那麼，君王可以經過人爲而掌握權勢，臣子同樣也可以經過人爲而掌握權勢。當君的權勢下移時，也就是政權易主的時候，所以，韓非一再強調，國君必須牢牢掌握君勢，絕不能與臣子分享：

> 勢重者，人主之淵也；君者，勢重之魚也。魚失於淵，而不可復得也；人主失其勢重於臣，而不可復收也。〔註75〕

> 賞罰者，利器也。君操之以制臣，臣得之以壅主。故君先見所賞，則臣鬻之以爲德，君先見所罰，則臣鬻之以爲威。故曰：「國之利器不可以示人。」〔註76〕

> 權勢不可以借人；上失其一，下以爲百。〔註77〕

> 君臣之利異，故人臣莫忠，故臣利立，而主利滅。〔註78〕

> 方吾子曰：「吾聞之，古禮，行不與同服者同車，不與同族者共家，而況君人者乃借其權而外其勢乎！」〔註79〕

〔註72〕〈功名〉，《校釋》，頁806。
〔註73〕〈五蠹〉，《校釋》，頁25～26。
〔註74〕詳見本章第一節。
〔註75〕〈内儲說下〉，《校釋》，頁434。
〔註76〕同上注，頁434～435。
〔註77〕同上注，頁427。
〔註78〕同上注，頁428。
〔註79〕〈外儲說右下〉，《校釋》，頁604。

在〈外儲說右下〉中，韓非以一則寓言說明國君不能與臣子共勢的原因：

> 造父御四馬，馳驟周旋，而恣欲於馬者，擅轡筴之制也。然馬驚於出彘，而造父不能禁制者，非轡筴之嚴不足也，威分於出彘也。王子於期為駙駕，轡筴不用，而擇欲於馬者，擅芻水之利也。然馬過於圃池，而駙駕敗者，非芻水之利不足也，德分於圃池也。故王良、造父，天下之善御者也，然而使王良操左革而叱吒之，使造父操右革而鞭笞之，馬不能行十里，共故也。田連、成竅，天下善鼓琴者也，然而田連鼓上，成竅攦下，而不能成曲，亦共故也。夫以王良、造父之巧，共轡而御，不能使馬，人主安能與其臣共權以為治？以田連、成竅之巧，共琴而不能成曲，人主又安能與其臣共勢以成功乎？〔註80〕

在這則寓言中，韓非以出彘分駿馬之威，圃池分芻水之利，來比喻不能完全掌握勢的後果。又以天下最會御馬駕車的王良、造父，全天下最善於鼓琴奏樂的田連、成竅來做比喻，說明精通技藝的兩個人如果一起做同一件事，事情就絕對失敗，依理類推，君和臣共勢又怎麼能夠成功呢？

在韓非所處的時代，權臣取代國君掌握國政，甚至弒君自立的情況都並不罕見。子罕奪宋、田氏代齊、三家分晉，都是距離不遠的例子。在這幾個改換君王的國家中，韓、趙、魏三家分晉固然造成的影響層面最大，不過，由於韓非出身韓國貴族，對於祖先奪權的史事自然有所避諱，因此，他論及國君失勢，以至被臣子取代的時候，以晉國為例的時候比較少，以齊國的田成子和宋國的司城子罕為例比較多。在〈外儲說右下〉中，他講完「共轡而御」的寓言之後，就以子罕和田成子的故事來印證寓言中的比喻。

> 司城子罕謂宋君曰：「慶賞賜與，民之所喜也，君自行之；殺戮誅罰，民之所惡也，臣請當之。」宋君曰：「諾。」於是出威令，誅大臣，君曰：「問子罕」也。於是大臣畏之，細民歸之。處期年，子罕殺宋君而奪政。故子罕為出彘，以奪其君國。〔註81〕

> 簡公在上位，罰重而誅嚴，厚賦斂而殺戮民。田恆設慈愛，明寬厚。簡公以齊民為渴馬，不以恩加民，而田恆以仁厚為圃池也。〔註82〕

〔註80〕同上注，頁 592～593。
〔註81〕同上注，頁 594～595。
〔註82〕同上注，頁 595。

田恆是田成子的名字，西漢時爲了避漢文帝劉恆的諱，稱爲田常。在《韓非子》書中，三個名字都出現過。根據《竹書紀年》，司城子罕奪政後，爲宋別成君。這兩個人都是權臣。在上述兩則寓言中，子罕掌握的是罰，田恆掌握的是賞，兩個人都僅僅掌握到賞罰二柄之一，就奪取了國政。韓非對此必然感觸極深，不僅在〈外儲說右下〉中，以「一曰」的方式，把田恆和子罕的故事各講了兩次，還在〈二柄〉與〈人主〉中，都以這兩件史事做爲君勢不可分的借鑑。

> 田常上請爵祿而行之群臣，下大斗斛而施於百姓，此簡公失德而田常用之也，故簡公見弒。子罕謂宋君曰：「夫慶賞賜予者，民之所喜也，君自行之；殺戮刑罰者，民之所惡也，臣請當之。」於是宋君失刑，而子罕用之，故宋君見劫。田常徒用德，而簡公弒，子罕徒用刑，而宋君劫。故今世爲人臣者，兼刑德而用之，則是世主之危甚於簡公宋君也。故劫殺擁蔽之主，非失刑德而使臣用之而不危亡者，則未嘗有也。〔註83〕

> 萬乘之主，千乘之君，所以制天下而征諸侯者，以其威勢也。威勢者，人主之筋力也。今大臣得威，左右擅勢，是人主失力；人主失力，而能有國者，千無一人。虎豹之所以能勝人，執百獸者，以其爪牙也；當使虎豹失其爪牙，則人必制之矣。今勢重者，人主之爪牙也；君人而失其爪牙，虎豹之類也。宋君失其爪牙於子罕，簡公失其爪牙於田常，而不蚤奪之，故身死國亡。今無術之主，皆明知宋、簡之過也，而不悟其非，不察其事類者也。〔註84〕

從這兩段論述，我們可以很清楚的看出來，在韓非所處的環境中，一定有類似田恆、子罕的權臣，所以，他才一再強調「今世爲人臣者，兼刑德而用之，則是世主之危甚於簡公宋君也。」；「今無術之主，皆明知宋、簡之過也，而不悟其非，不察其事類者也。」，希望能夠喚起國君對危機來自臣下的重視。

　　不過，韓非之所以一再反覆強調人主之勢不可下移，權勢不可以借人，正是因爲他已經察覺到：君要不要分權勢給臣，其實是一個兩難的局面。一方面，國君的權勢不能下移，另一方面，權勢的下移無法避免。因爲，韓非

〔註83〕〈二柄〉，《校釋》，頁180。
〔註84〕〈人主〉，《校釋》，頁788。另本結尾處之「不悟其非」亦有作「不悟其失」者。

主張分層負責，「聖人不親細民，明主不躬小事」〔註85〕國君既然不可能也不必要事必躬親，那麼，他就需要有臣子來幫他處理政事，管理眾人，而在這些政治運作上，執行者必須得到充分的授權，才能處理事務。韓非自己也指出君王授權給臣子的必要性：

> 任人以事，存亡治亂之機也……任人者，使有勢也……任人者，使斷事也。〔註86〕

> 勢足以行法，奉足以給事，而私無所生。〔註87〕

可是，儘管了解權力不能不充分下放，韓非卻又看出這其中必然存在危機，在〈難三〉篇中，他說：

> 物之所謂難者，必借人成勢，而勿使侵害己，可謂一難也。〔註88〕

由於要「借人成勢」，所以，在放權的時候就必須特別慎重，韓非很明白的指出「勢足以行法」，這就表示：臣子的勢只需要用來推動法制即可，換言之，也就是執行權和一定的司法權，而不是無限膨脹的統治權。至於韓非認為最重要的賞罰二柄，君王必須牢牢掌握，絕不可與臣子分享。在〈外儲說右上〉中，韓非引用了這則寓言：

> 季孫相魯，子路為郈令。魯以五月起眾為長溝，當此之為，子路以其私秩粟為漿飯，要作溝者於五父之衢而飡之。孔子聞之，使子貢往覆其飯，擊毀其器，曰：「魯君有民，子奚為乃飡之？」子路怫然怒，攘肱而入，請曰：「夫子疾由之為仁義乎！所學於夫子者、仁義也；仁義者，與天下共其所有，而同其利者也。今以由之秩粟而飡民，其不可，何也？」孔子曰：「由之野也！吾以女知之，女徒未及也，女故如是之不知禮也！女之飡之，為愛之也。夫禮，天子愛天下，諸侯愛境內，大夫愛官職，士愛其家；過其所愛曰侵。今魯君有民，而子擅愛之，是子侵也，不亦誣乎！」言未卒，而季孫使者至，讓曰：「肥也起民而使之，先生使弟子令徒役而飡之，將奪肥之民耶？」孔子駕而去魯。以孔子之賢，而季孫非魯君也，以人臣之資，假人主之術，蚤禁於未形，而子路不得行其私惠，而害不得生，況人主

〔註85〕〈外儲說右下〉，《校釋》，頁607。
〔註86〕〈八說〉，〈校釋〉頁134。
〔註87〕〈八經〉，《校釋》，頁174。
〔註88〕〈難三〉，《校釋》，頁351。

乎？以景公之勢，而禁田常之侵也，則必無劫弒之患矣。〔註89〕

在這則寓言中，當郈城令的子路替修築長溝的民眾準備漿飯，用的是自己的祿米，不是公物，子路認爲這是從孔子那裡學來的仁義，可是，孔子卻認爲這是不知禮，孔子以天子、諸侯、大夫、士各應有一定的施愛範圍教誨子路，說明超過自己所應該愛的分際，就是一種侵犯，必須阻止。正如孔子所料，季孫也派人來指責子路的行爲，孔子也因此離開魯國。韓非引用這則寓言的主要意圖，當然不是要替孔子宣揚儒家君君臣臣的那套禮治觀念，而是爲了表明行私惠這種行爲的不適當，而以孔子的話做爲佐證而已。寓言結尾，韓非又提到景公與田常的史事，並嘆息景公不知用勢，才導致田成子能以施惠於民造勢，最後釀成劫弒之禍。

為了防臣子擅權，韓非主張國家的法令、賞罰、財政、組織等大權都必須掌握在國君手中，他說：

> 人主有五壅：臣閉其主曰壅，臣制財利曰壅，臣擅行令曰壅，臣得行義曰壅，臣得樹人曰壅。臣閉其主，則主失明；臣制財利，則主失德；臣擅行令，則主失制；臣得行義，則主失名；臣得樹人，則主失黨。此人主之所以獨擅，非人臣之所以得操也。〔註90〕

由於君臣利異，所以，越是位階高、職務重要、受到寵信的臣子，就越有可能蒙蔽國君，暗中奪權。因此，韓非才要以「人主有五壅」提醒君主，必須防備這種臣子。韓非把擅令違法之臣稱爲「重臣」或「重人」，把奉公守法而升到高位的臣子稱爲「貴臣」，他說：

> 明主之國，有貴臣，無重臣。貴臣者，爵尊而官大也；重臣者，言聽而力多者也。明主之國，遷官襲級，官爵授功，故有貴臣。言不度行，而有僞必誅，故無重臣也。〔註91〕

關於韓非認爲明主之國有貴臣而無重臣的說法，高柏園先生這樣分析：

> 「所謂『貴臣』，乃是爵尊而官大者，唯此爵之尊與官之大乃是循法而至，是以其雖尊、雖大而依然爲法所規範，亦爲君主所能充分掌握者，是以貴臣乃是君權分授之成功範例。此亦說明韓非並非完全排斥君勢之外借與下移，蓋此乃是政治結構運作中不可或免的必然

〔註89〕　〈外儲說右上〉，《校釋》，頁 563。
〔註90〕　〈主道〉，《校釋》，頁 690。
〔註91〕　〈八說〉，《校釋》，頁 147。

內容，其中之關鍵端視君主能否充分控制，一旦不能控制便應立即
除之，反之，若能分權而又能控制，此正是明主運用貴臣以成治之
主要理想所在。另一方面，韓非對君勢不可下移外借之強調，亦正
是針對此重臣之可能存在而發，能控制則有貴臣，失控制則只有重
臣。此義既明，則韓非便能由充分掌握權勢爲優先考量，以此一方
面授權，一方面又防止臣勢之獨大，由此而合理地消解了君勢之不
可借與不得不借的兩難。」〔註92〕

高先生此說誠爲允當，不過，儘管韓非可以合理消解君勢不可借與不得不借
的兩難。當君權分授的關鍵繫於君主是否能夠充分控制臣子的時候，就必然
有賴於國君的專制集權。一方面，國君要以國法的制度來使全國民眾在法的
軌道上運行，誰也不能脫軌；另一方面，國君要「用術」來作爲操控臣子的
手段，而且，以控制臣子爲目的的「術」，必然含有權謀機變成份，就如齊桓
公因爲對管仲產生疑慮，而以隰朋治內，管仲治外做爲牽制一樣。也因此，
韓非所主張的人設之勢雖然是爲了避免「勢」墮爲陰暗的可能性。因爲人設
之勢在於抱法處勢，而勢足以行法，就可以避免「勢」的落入陰暗。但過分
強調君勢的流弊，卻是國君的大權獨攬，造成君主專制的獨裁政體。

第五節　小結

韓非所說的「勢」，是指「人設之勢」，他認爲堯舜、桀紂都是千世而一
出，爲數極少，絕大多數的君王都是「中主」，因此，他反對儒家的賢治，因
爲賢者太少，待賢乃治，必然千世亂而一世治，而且緩不濟急。韓非的政治
理想，是通過國君的勢，建立一套公平的、標準的、普遍的，人人都能夠且
必須遵守的制度，信賞必罰，讓所有人都在國法之內運行，這也就是他所說
的「抱法處勢則治」。他說：

> 釋法術而任心治，堯不能正一國。去規矩而妄意度，奚仲不能成一
> 輪。廢尺寸而差長短，王爾不能半中。使中主守法術、拙匠執規矩
> 尺寸，則萬不失矣。〔註93〕

> 明主之所道制其臣者，二柄而已矣。二柄者，刑德也。何謂刑德？

〔註92〕高柏園，《韓非哲學研究》，台北：文津出版社，1994 年 9 月，頁 125～126。
〔註93〕用人，《校釋》，頁 792。

曰殺戮之謂刑，慶賞之謂德。爲人臣者，畏誅罰而利慶賞，故人主
自用其刑德，則群臣畏其威而歸其利矣。〔註94〕

從這段話中可以看出來，中主之所以能夠建立人設之勢，來自於守法術。法，
讓國家在固定的軌道上運行，是治國的制度；術，讓臣子在國君的權勢下盡
職，是御臣的手段。國君只要能夠抱法執術，就能夠營造人設之勢，牢牢握
有國家的主權和國君的統治權。韓非說：

明君之所以立功成名者四：一曰天時，二曰人心，三曰技能，四曰
勢位。非天時，雖十堯不能冬生一穗；逆人心，雖賁、育不能盡人
力。故得天時則不務而自生；得人心，則不趣而自勸；因技能，則
不急而自疾；得勢位，則不進而名成。若水之流，若船之浮，守自
然之道，行無窮之令，故曰明主。〔註95〕

從「非天時雖十堯不能冬生一穗」；「得天時則不務而自生」，我們可以知道，
韓非所說的天時，是指自然界的運行軌道，也就是自然天，這和荀子所說的
「天行有常，不爲堯存，不爲桀亡」；〔註96〕「日月星辰瑞厤，是禹桀之所同
也，禹以治，桀以亂，治亂非天也」；「繁啓蕃長於春夏，畜積收藏於秋冬，
是禹桀之所同也，禹以治，桀以亂，治亂非時也」的「天」是一樣的，〔註97〕
荀子和韓非都主張天自天，人自人，既然自然的四時運行，人無法去控制，
所以，對於天時，只要依時節的變化去順應即可。筆者以爲，此處的「守自
然之道」可以分爲兩層意思，對於「天」而言，「自然之道」是指自然界的天
行有常；對於「人」而言，「自然之道」是指「因人情」，亦即順應好利惡害
的人性。因此，明君「守自然之道，行無窮之令」，也就是善用「人心」和「技
能」。韓非所說的人心，是好利惡害的自爲心，而人的自爲心正是治道的基礎。
他說：

凡治天下，必因人情。人情者有好惡，故賞罰可用；賞罰可用，則
禁令可立，而治道具矣。〔註98〕

至於韓非所說的「技能」，也就是國君用來駕御臣子的術，他說：

術者、因任而授官，循名而責實，操殺生之柄，課群臣之能者也……

〔註94〕二柄，《校釋》，頁179。
〔註95〕功名，《校釋》，頁805。
〔註96〕李滌生，《荀子集釋》，台北：台灣學生書局，2000年3月，頁362。
〔註97〕同上注，頁370。
〔註98〕八經，《校釋》，頁150。

君無術則弊於上。〔註99〕

有術之主，信賞以盡能，必罰以禁邪。〔註100〕

國君既然是用「術」來查驗臣子是否能夠適才適所，盡忠職守；無「術」就會被臣子蒙蔽，那麼，「術」就是明主必須具備的治國技能，而施用此技能的關鍵，在於信賞必罰。在韓非的治道中，賞罰是重要理念，國法以賞罰治民，國君以賞罰御臣，因此，君王必須牢牢掌握賞罰二柄，才能擁有人設之勢，只要其中之一落入臣子手中，政權就會產生危機。韓非一再強調：

夫虎之所以能服狗者，爪牙也，使虎釋其爪牙而使狗用之，則虎反服於狗矣。人主者，以刑德制臣者也；今君人者釋其刑德而使臣用之，則君反制於臣矣。〔註101〕

齊王問於文子曰：「治國何如？」對曰：「夫賞罰之爲道，利器也，君固握之，不可以示人。若如臣者，猶獸鹿也，唯薦草而就。」〔註102〕

勢重者，人君之淵也。君人者，勢重於人臣之間，失則不可復得也。簡公失之於田成，晉公失之於六卿，而邦亡身死。故曰：「魚不可脫於淵。」〔註103〕

不過，韓非一方面主張君勢不可借於臣子，另一方面卻又十分了解：一個國家的強盛，有賴於君臣協力。國君一個人自然無法治國，他必須要臣子分憂，國政才能順利運行，而處理國事，當然需要權勢，於是，韓非陷入君勢不可以外借，卻又不得不借的兩難。韓非解決這個問題的辦法是：授有限度的權給臣子，自己則牢牢抓住統治權，並對臣子嚴格控制，以消解君勢不可借與不得不借的兩難。但此舉就無可避免的形成君主專制集權的局面，也因爲君王必須使用權謀控制臣子，而讓韓非思想難免會有轉爲陰暗的疑慮。這也正是蕭公權先生所說的：

「韓非勢治之說，不問君主之行爲如何而責臣民以無條件之服從，於是君主本身遂成爲政治上最後之目的，惟一之標準，而勢治亦成

〔註99〕定法，《校釋》，頁76～77。
〔註100〕外儲說左下，《校釋》，頁521。
〔註101〕二柄，《校釋》，頁179。
〔註102〕內儲說上，《校釋》，頁408。
〔註103〕喻老，《校釋》，頁768。

爲君主專制最合邏輯之理論。」〔註104〕

韓非在解析「勢」時，以「平公問霸」、「矛楯之說」、「舜之救敗」、「狐偃論戰」、「管仲治外」、「踴貴履賤」等寓言穿插其間，反覆辯難，論述與寓言實不可分。

〔註104〕蕭公權，《中國政治思想史》，北京：新星出版社，2005 年 11 月，頁 153。

第六章　《韓非子》寓言中的術用模式

第一節　從「昭侯獨寢」顯現無為之術不形於外

在《韓非子》中關於「術」的寓言及闡述特別多，其中雖然也有關於臣術的論述，但仍以君術為重心。韓非的術，一方面是為了防止君權旁落，另一方面是為了讓君王更有效的統治國家，大體來說，前者具有的消極成分較多，後者則具極大的積極意義。本節先以「昭侯獨寢」的寓言顯現無為之術的不形於外，再以「犀首遭逐」、「薛公獻珥」、「客說宣王」、「君為臣事」等寓言說明「術」在政治上的實際運用及重要性。

「昭侯獨寢」的寓言出現於〈外儲說右上〉：

> 堂谿公謂昭侯曰：「今有千金之玉卮，通而無當，可以盛水乎？」昭
> 侯曰：「不可。」「有瓦器而不漏，可以盛酒乎？」昭侯曰：「可。」
> 對曰：「夫瓦器，至賤也，不漏可以盛酒。雖有千金之玉卮，至貴而
> 無當，漏不可盛水，則人孰注漿哉！今為人主而漏其群臣之語，是
> 猶無當之玉卮也，雖其聖智，莫盡其術，為其漏也。」昭侯曰：「然。」
> 昭侯聞堂谿公之言，自此之後，欲發天下之大事，未嘗不獨寢，恐
> 夢言而使人知其謀也。〔註1〕

韓昭候是《韓非子》書中常出現的君王，韓昭侯在位第八年，任用申不害為相，使地狹國弱，先前分別敗於魏、秦的韓國國勢轉為強盛，《史記》

〔註1〕〈外儲說右上〉，《校釋》，頁574。

稱:「申不害相韓,脩術行道,國內以治,諸侯不來侵伐。」〔註2〕韓非則說:
「託萬乘之勁韓,十七年而不至於霸王者,雖用術於上,法不勤飾於官之患
也。」〔註3〕《史記》很明白的說申不害在位時,韓國政治清明。韓非言外
之意,則對韓國當時未能稱霸不免有些嘆息,但對申不害爲相時韓國國勢之
強卻是肯定的。姑且不論當時韓國是否眞具有稱霸實力,或純爲韓非溢美之
辭,在申不害相韓時,各國皆不敢前來侵犯確是事實,這對於戰國七雄中國
勢最弱的韓國,已經是相當難得的局面。因此,韓非在文章中屢次提到昭侯
和申子,內容也多半是肯定的。

在「昭侯獨寢」的寓言中,堂谿公以人們不會用漏水的貴重玉杯裝水,
來比喻國君洩漏臣子的言語,就好像沒有底的玉杯一般,就算通達睿智,也
不能充分運用治術。韓昭侯聽了堂谿公的話之後,每逢碰到要發動大事,就
獨自就寢,恐怕說夢話讓人知道他的計謀。

這則寓言還有另外一個版本,內容較精簡,結尾則是堂谿公每次來見昭
侯,昭侯都會獨寢,因爲怕夢話給妻妾聽到。

這兩則關於昭候獨寢的寓言大抵相同,堂谿公說的是做君王的不能在別
人面前洩露臣子的言語,而韓昭侯的體會更近一步,他不但在清醒的時候會
時刻警惕自己不要洩密,就連睡覺都要嚴加提防。

從昭侯連睡覺都謹愼小心的情況,可以料想到,他在平時必然喜怒不形
於色,這也就是韓非所說的:

> 術者,藏之於胸中,以偶眾端,而潛御羣臣者也。……用術,則親
> 愛近習,莫之得聞也。〔註4〕
>
> 明主,其務在周密。是以喜見則德償,怒見則威分。故明主之言,
> 隔塞而不通,周密而不見。〔註5〕

在此,「術」的意義是專指君王所執,以「無爲」來御臣之術。

不過,除了君王之外,臣子在處理事務時,也會有各自的「術」。在《韓
非子》書中,我們可以看到「奉公法,廢私術」等反對人臣運用「私術」的

〔註2〕《史記‧韓世家》,楊家駱主編,《新校本史記三家注》,台北:鼎文書局,頁
　　　　1869。
〔註3〕〈定法〉,《校釋》,頁78。
〔註4〕〈難三〉,《校釋》,頁364。
〔註5〕〈八經〉,《校釋》,頁168。

言語，〔註6〕也可以看到「知術之士」、「法術之士」、「知術能法之士」的稱謂，〔註7〕因此，「術」並不僅限於君王所執。不過，就像韓非論勢以君勢爲主一樣，他論術也以君王之術爲重心。而他針對君王所說的術，可以歸納爲兩大類，一類是防止君王統治權被削弱甚至被篡奪所用的「藏於胸中」、「不欲見」、「親愛近習，莫之得聞」的術，這也就是牟宗三先生所說的：

> 「術是大皇帝一個人的運用，是秘密。這是個很壞的觀念，絕對的
>
> 尊君，以致大皇帝成了無限的存在，不受任何法律的限制。」〔註8〕

至於另一類，則是從積極方面著眼，主要是對臣下的考核和任用，也就是《定法》所言：「術者，因任而授官，循名而責實」。〔註9〕這種術和現代管理學有相通之處，談不上陰暗權謀。本章第三、四兩節論韓非自積極方面著眼的術，本節則專論韓非的無爲之術。

　　韓非所說的「無爲」，很顯然來自老子思想，但名詞雖同，實質卻全然相異。牟宗三先生說：

> 「這是道家被法家利用爲政治上的權術，而不是道家的本質。……
>
> 道家被法家利用而成爲權術始自申不害講術。將法家與道家相連而
>
> 言法術，是政治上的運用。」〔註10〕

《老子》有關無爲、無事的言論很多，舉例如下：

> 爲無爲，則無不治。〔註11〕
>
> 聖人無爲故無敗，無執故無失。……以輔萬物之自然而不敢爲。〔註12〕
>
> 取天下常以無事，及其有事，不足以取天下。〔註13〕

王邦雄先生對老子的無爲這樣解釋：

> 「此言聖人無爲無事，所爲的是無爲，所事的是無事，無掉人爲造
>
> 作，回歸自然天眞。引領百姓回歸自己本來如此的自在，輔助萬物

〔註6〕〈有度〉，《校釋》，頁257。

〔註7〕如「知術之士，必遠見而明察」；「知術能法之士用，則貴重之臣必在繩之外矣。」；「法術之士奚道得進，而人主奚時得悟乎？」等，見〈孤憤〉，《校釋》，頁281～283。

〔註8〕牟宗三，《中國哲學十九講》，台北：台灣學生書局，1983年10月，頁169。

〔註9〕〈定法〉，《校釋》，頁76。

〔註10〕牟宗三，《中國哲學十九講》，台北：台灣學生書局，1983年10月，頁169。

〔註11〕《老子·三章》，王弼注，《老子》，台灣：中華書局，1973年4月，上篇頁3。

〔註12〕《老子·六十四章》，同上注，下篇頁18。

〔註13〕《老子·四十八章》，同上注，下篇頁8。

> 回歸天生如此的自得，而無爲無事，本在無心無知。……天地無心，
> 萬物自生自長，聖心無心，百姓自在自得。也可以説天地無爲，而
> 萬物無不爲，聖人無爲，而百姓無不爲，此即『爲無爲，則無不治』
> 的義理，是謂無爲治道。」〔註14〕

依王先生所說，老子的無爲是「無掉人爲造作」，可是，韓非的「無爲」卻是
刻意的人爲造作，韓非所說的「無爲」，是君王用術的一種手段，也就是人主
處虛執要，涵藏不露的御臣方法，在〈外儲說右上〉中，韓非引用申不害的
話，來說明爲什麼君王需要無爲：

> 申子曰：「上明見，人備之；其不明見，人惑之。其知見，人飾之；
> 不知見，人匿之。其無欲見，人司之；其有欲見，人餌之。故曰：「吾
> 無從知之，惟無爲可以規之。」〔註15〕

這段申子的話還有「一曰」，文字有異而意義相同。

> 申子曰：「愼而言也，人且知女；愼而行也，人且隨女。而有知見也，
> 人且匿女；而無知見也，人且意女。女有知也，人且臧女；女無知
> 也，人且行女。故曰：惟無爲可以規之。」〔註16〕

這兩段話說明君王只要顯露出任何情緒，就會被臣子發現、利用，因此，「惟
無爲可以規之」。韓非出身貴族，對於國君在言語中洩露機密或是展露喜怒之
情被臣子窺知，並加以利用的行爲體會得十分深刻，在〈外儲說右上〉中，
他引用了「犀首遭逐」的寓言：

> 甘茂相秦惠王，惠王愛公孫衍，與之閒有所言，曰：「寡人將相子。」
> 甘茂之吏道穴聞之，以告甘茂，甘茂入見王，曰：「王得賢相，臣敢
> 再拜賀。」王曰：「寡人託國於子，安更得賢相？」對曰：「將相犀
> 首。」王曰：「子安聞之？」對曰：「犀首告臣。」王怒犀首之泄，
> 乃逐之。〔註17〕

根據陳啓天先生引司馬彪的註釋，「犀首」是武官名，公孫衍在魏國時擔任這
個職務，所以稱他爲「犀首」。〔註18〕在這則寓言中，犀首是無辜的被害者。

〔註14〕 王邦雄，〈老子「以天下觀天下」的無爲治道〉，收錄於《中國哲學論集》，台
　　　　 北：台灣學生書局，2004 年 3 月，頁 373～375。
〔註15〕 〈外儲說右上〉，《校釋》，頁 569。
〔註16〕 同上注。
〔註17〕 同上注，頁 572～573。
〔註18〕 同上注，頁 573。

洩露機密的是秦惠王自己，從牆縫偷聽的是甘茂的部下，說謊的是甘茂，可是，倒楣的卻是什麼都沒做的犀首。而秦惠王居然還聽信甘茂的謊言，以為犀首真的洩露了機密，把他趕出了秦國。

　　這則寓言還有另一個版本，情節較為豐富，主角之一當然還是犀首，不過，國君卻沒有言明是惠王，只說是秦王，至於陷害犀首的秦國大臣，由秦相甘茂換成了秦國大將樗里疾。而且，前一個寓言中是先由甘茂的部下聽到了消息再報告甘茂，這則寓言中則是樗里疾因為害怕秦王用犀首代替自己，故意挖了洞去偷聽秦王的話，結果，果然讓他聽到了秦國和犀首計劃在秋天進攻韓國。樗里疾把這個消息散佈出去，一個月整個秦國都知道秋天要進攻韓國，秦王發現情形不對，召樗里疾來問這消息是怎麼傳出去的，樗里疾當然嫁罪給犀首，而犀首的結局，自然也只好逃往別國。

　　很明顯的，韓非引用「犀首遭逐」的目的，是勸誡君王必須謹言慎行，如果秦王和韓昭侯一樣有警覺性，被譽為「天下善將」的犀首也就不致於因為秦王的洩密而必須逃亡。秦王的錯誤自然在於多言，可是，不說話難道就不會洩露秘密嗎？同樣是在〈外儲說右上〉中，韓非舉出兩則寓言：

> 客有說韓宣王，宣王說而太息，左右引王之說之以先告客以為德。
> 〔註19〕

> 薛公相齊，齊威王夫人死，中有十孺子皆貴於王，薛公欲知王所欲立，而請置一人以為夫人。王聽之，則是說行於王，而重於置夫人也；王不聽，是說不行，而輕於置夫人也。欲先知王之所欲置，以勸王置之。於是為十玉珥，而美其一而獻之。王以賦十孺子。明日坐視美珥之所在，而勸王以為夫人。〔註20〕

在這兩則寓言中，韓宣王和齊威王都沒有說話，可是他們的情緒卻依舊為臣子窺知，並有所動作。

　　在上述第一則寓言中，賓客勸說韓宣王之後，宣王表現出高興的樣子和長嘆一聲，結果，他的左右近侍就急著告訴說客宣王高興的情形，向說客示恩。

　　第二則寓言中的薛公更是技高一籌，在這則寓言中，齊威王本人完全沒有向薛公透露他在十個姬妾中最喜歡哪一個，可是，薛公卻打造了十副玉珥

〔註19〕同上注，頁 571。
〔註20〕同上注，頁 572。

環獻給齊威王，其中一副做得特別好。等齊威王把十副耳環分賜給十個姬妾之後，他就默默觀察哪一個姬妾戴了最漂亮的耳環，建議威王立她為夫人。薛公這種看來不動聲色，卻極為有效的觀察君王意向手法，當然又比韓宣王的左右近侍來得高超了。

韓非舉出「昭侯獨寢」、「犀首遭逐」、「客說宣王」、「薛公獻珥」等寓言，說明君王必須處處提防，因為，不單是在言語上漏出風聲會讓臣子有機可乘，就算是只在神色上現出端倪，或者只在行事上稍留痕跡，都會導至被有心人利用的後果。因為，國君有國君的術，臣子也有臣子的術，像是甘茂、樗里疾陷害犀首，薛公獻玉珥給齊威王的姬妾，就都是臣子運用了窺伺國君的私術。所以，君王必須完全內歛涵藏，不表現出絲毫情緒，這樣才能充分發揮無為之術，不讓臣子有機可乘。所以，他說：

> 好惡見，則下有因，而人主惑矣；辭言通，則臣難言，而主不神矣。
> 〔註21〕
>
> 君無見其所欲；君見其所欲，臣將自雕琢。君無見其意，君見其意，臣將自表異。故曰：去好去惡，臣乃見素；去智去舊，臣乃自備。
> 〔註22〕
>
> 上用目，則下飾觀；上用耳，則下飾聲；上用慮，則下繁辭。〔註23〕
>
> 人主不掩其情，不匿其端，而使人臣有緣以侵其主，則群臣為子之田常不難矣。故曰去好去惡，群臣見素，則人君不蔽矣。〔註24〕

國君需要運用無為之術，有兩個主要原因，第一個原因是：國君為臣下環伺，任何動作都會被臣子察覺，並且會以種種手段去迎合君主的喜好，如此君王不但很難察知臣下的真實想法和意向，還會被臣子蒙蔽，所以必須深藏不露。第二個原因是：國事繁雜，如果君主事事親力親為，既不可能做完，也不可能做好，因此必須分層負責，君王無為而臣子無不為，這樣政治才能走上軌道。這也就是韓非所說的：

> 使雞司夜，令狸執鼠，皆用其能，上乃無事。上有所長，事乃不方。
> 矜而好能，下之所欺。辯惠好生，下因其材。上下易用，國故不治。

〔註21〕 〈外儲說右上〉，《校釋》，頁 556。
〔註22〕 〈主道〉，《校釋》，頁 686。
〔註23〕 〈有度〉，《校釋》，頁 259。
〔註24〕 〈二柄〉，《校釋》，頁 184。

〔註25〕

在〈外儲說左上〉中，韓非舉出兩則寓意相同的寓言：

> 魏昭王欲與官事，謂孟嘗君曰：「寡人欲與官事。」君曰：「王欲與
> 官事，則何不試習讀法？」昭王讀法十餘簡，而睡臥矣。王曰：「寡
> 人不能讀此法。」夫不躬親其勢柄，而欲爲人臣所宜爲者也，睡不
> 亦宜乎。〔註26〕

> 田嬰相齊，人有說王者曰：「終歲之計，王不一以數日之間自聽之，
> 則無以知吏之姦邪得失也。」王曰：「善。」田嬰聞之，即遽請於王
> 而聽其計，王將聽之矣。田嬰令官具押券斗石參升之計，王自聽計，
> 計不勝聽，罷食後復坐，不復暮食矣。田嬰復謂曰：「群臣所終歲日
> 夜不敢偷怠之事也，王以一夕聽之，則群臣有爲勸勉矣。」王曰：「諾。」
> 俄而王已睡矣，吏盡揄刀削其押券升石之計。王自聽之，亂乃始生。

〔註27〕

在第一則寓言中，魏昭王想自己處理政事，當宰相的孟嘗君勸他先讀法，結果，這位國君才讀了十餘簡就睡著了。第二則寓言較長也更具有戲劇性，孟嘗君的父親田嬰聽到齊王有意親自參與政府年終決算，很爽快的請齊王來聽，結果，不懂會計的秦王當然聽得頭昏腦脹，當場睡著，於是，會計人員紛紛拿起刀來修改帳目。很明顯的，這兩則寓言都是在說明君王不宜也不必去做臣子應做的事，換言之，國君應執的，應是自身無爲，讓臣下無不爲之術。這也就是韓非所說的：

> 明君之道，一法而不求智，固術而不慕信，故法不敗，而群官無姦
> 詐矣。〔註28〕

韓非認爲：由於上智之人難求，貞信之士少有，所以，君王治國，必須依賴穩固的法與術，只要行法固術，臣子自然會在法的既定規範中治理國家，姦邪僞詐也就不可能產生。至於這其中的關鍵，就在於君王不示好惡，讓臣子無法窺知心意的無爲之術。這也即是王邦雄先生所言：

> 「君之好惡不見，惟依常法行之，以斷臣下自飾迎合之念，是則臣

〔註25〕〈揚搉〉，《校釋》，頁697。
〔註26〕外儲說左上，《校釋》，頁513。
〔註27〕同上注。
〔註28〕〈五蠹〉，《校釋》，頁48。

下可知可用，而常法可行矣。」〔註29〕

陳啓天先生亦認爲：

「所謂無爲，便是要君王謹言愼行，以靜制動而已。」〔註30〕

的確，僅從君王不給臣下有逢迎窺伺之機的角度，來看不形於外的無爲之術，其中的正面與積極意義相當明顯。但是，正如本節起始所說，韓非的「無爲」不同於老子的「無掉人爲造作」，他是把無爲當做御臣的手段，在這樣刻意的人爲造作之下，爲了達到無不爲的目的，無爲的手段往往會過於激烈，〈主道〉云：

明君無爲於上，群臣竦懼乎下。明君之道，使智者盡其慮，而君因以斷事，故君不窮於智；賢者效其材，君因而任之，故君不窮於能；有功則君有其賢，有過則臣任其罪，故君不窮於名。是故不賢而爲賢者師，不智而爲智者正。臣有其勞，君有其成功，此之謂賢主之經也。〔註31〕

王邦雄先生雖認爲此段話流爲神秘專斷，實爲韓非後學之誤解，已失去韓非用術以止姦，以求賞罰得宜之本有精神。〔註32〕但如果君王的無爲造成了群臣的極大恐懼，這種無爲之術的背後，自然不免含有冷酷陰森的手段，熊十力先生即說：

「韓非以爲人主之能術者，其要在虛靜無爲而無見也……無爲也，則意欲不形於外，而天下莫得窺其藏，是謂無見。無見，則天下不得竊窺以制我，而我則守靜以待天下之動，而識其幾，乃以靜制動，不患無術矣。故韓非之術，終不免出於陰沈，流於險忍。」〔註33〕

筆者認同熊先生的說法，綜觀韓非所說之「術」，雖有積極的一面，但正如熊先生之言，其中亦包含陰沈險忍的一面，而這也是韓非思想中最被詬病的部份。

第二節　從「涸澤之蛇」顯現術的機變與權謀

在韓非思想中，「術」是最被詬病的一部份，在韓非的術論中，君王的「無爲之術」是人主處虛執要，涵藏不露的御臣方法，不過，由於「無爲」只是

〔註29〕王邦雄，《韓非子的哲學》，台北：東大圖書公司，1979年9月，頁190。

〔註30〕陳啓天，〈韓非及其政治學〉，《校釋》，頁962。

〔註31〕〈主道〉，《校釋》，頁686。

〔註32〕參見王邦雄，《韓非子的哲學》，台北：東大圖書公司，1979年9月，頁185。

〔註33〕熊十力，《韓非子評論》，台北：台灣學生書局，1978年10月，頁42。

手段，要達成的是「無不爲」的目的，在運作上就往往帶有了權謀的意味，這是韓非之學被批評爲黑暗、陰險、專制的主要原因。本節先以「涸澤之蛇」寓言剖析「術」中的機變與權謀成分，再以「吳起吮創」、「越王式怒蛙」、「薛公服欒子」、「商太宰論牛屎」、「昭侯握爪」、「與關吏金」、「馴烏」、「湯讓天下」等多則寓言說明韓非之術中含有的權謀意味。

在〈說林上〉中，韓非寫下「涸澤之蛇」的寓言：

> 鴟夷子皮事田成子，田成子去齊，走而之燕，鴟夷子皮負傳而從。至望邑，子皮曰：「子獨不聞涸澤之蛇乎？澤涸，蛇將徙，有小蛇謂大蛇曰：子行而我隨之，人以爲蛇之行者耳，必有殺子。不如相銜負我行，人以我爲『神君』也。乃相銜負以越公道而行，人皆避之曰神君也。今子美而我惡，以子爲我上客，千乘之君也；以子爲我使者，萬乘之卿也。子不如爲我舍人。」田成子因負傳而隨之，至逆旅，逆旅之君待之甚敬，因獻酒肉。〔註34〕

這則寓言中另有寓言的故事充分展現了「術」的權謀與機變，關於寓言主角鴟夷子皮的身份，前人曾詳加考證，〔註35〕不過，無論鴟夷子皮是誰都並不重要，重要的是這位田成子的門客顯然深諳人心，所以，他才會以涸澤之蛇遷徙的寓言，告訴田成子：一般人對習以爲常的事不會在意，只有違反常理的奇行異事才會讓人由驚訝而尊敬。對於鴟夷子皮和田成子來說，如何是違反常理呢？當然是看來氣宇軒昂的田成子做鴟夷子皮的門客，才能襯托主人尊貴的身份。田成子聽從了鴟夷子皮的建議，兩人調換了地位，這齣戲果然達到了預期效果，旅館老闆以爲這對流亡的主人跟門客是貴客臨門，相待十分恭謹。

韓非的「術」雖然主要是指君術，不過，「術」的本身是中性的，每個人在世間都有應時處事的「術」。至於「術」是正面或是負面，是光明或是陰暗，那都出於人運用「術」的手段。既然「術」不僅是理論，也是實際的作爲，那麼，在實際運用上，就免不了因時、地、事而產生種種應變方式，這讓「術」無可避免的會產生機變甚至權謀的成分。

談到術所具有的「權謀」、「機變」性質，經常會讓人聯想到狡詐、虛僞，具有負面意義，但熊十力先生對「機變」一辭，卻有較正面的看法，他這樣

〔註34〕〈說林上〉，《校釋》，頁 619。
〔註35〕參見陳啓天先生在本段原文後所引各家註釋，《校釋》，頁 619～620。

釋述韓非的「術」：

> 「彼所言術，似含有宗主與謀略、機變等義。如倡導某種主義及某
> 種政策，用以喚起群眾者，此術之宗也。其謀略、機變等，則術之
> 隨時隨事運用不窮者也。（機變一詞，通常用之，即含劣義。實則機
> 變，如用以達於正當之目的，亦無劣義。唯詭變失正，乃劣義耳。）」
> 〔註36〕

　　熊十力先生認為，機變如用以達成正當目的即無劣義，但目的是否正當
有時很難評斷，以上引「涸澤之蛇」為例，鴟夷子皮與田成子因身份互換而
贏得旅館主人尊敬，實質而言，並未造成他人損害，不過，能不能算是「達
成正當目的」，就頗有商榷餘地。在「吳起吮創」的寓言中，所謂「達成正當
目的」與否則更難判斷。

> 吳起為魏將而攻中山，軍人有病疽者，吳起跪而自吮其膿，傷者之
> 母立泣。人問曰：「將軍於若子如是，尚何為而泣！」對曰：「吳起
> 吮其父之創而父死，今是子又將死也，今吾是以泣。」〔註37〕

　　吳起身為大將，甘願為士兵吮創口之膿，這種愛護屬下的行為，當然
不是一般帶兵的將領做得到的。可是，傷者之母的反應卻是哭泣，別人覺
得奇怪，甚至覺得她有些不知好歹，而這位母親的回答卻是：「以前吳起也
為我孩子的父親吮過創，父親戰死了，現在我的兒子也即將戰死，所以我
會哭。」

　　這位母親的話很真實的揭穿了吳起吮創是讓士兵效死的「術」，當然，就
吮創這個行為本身而論，表現出來的是大將跨越階級，愛護戰士的難得風範，
也相當令人敬佩。可是，當那位傷心的母親揭穿吮創之術時，總會給人一種
吳起太過於權謀的負面印象。和「吳起吮創」有異曲同工之妙的，是《內儲
說上》中的「越王式怒蛙」：

> 越王慮伐吳，欲人之輕死也，出見怒蛙，乃為之式。從者曰：「奚敬
> 於此？」王曰：「為其有氣故也。」明年，人請以頭獻王者，歲十餘
> 人。由此觀之，譽之足以殺人矣。〔註38〕

為了要激起人民的勇氣，以便發動對吳國的戰爭，越王想出一個主意──對

〔註36〕　熊十力，《韓非子評論》，台北：台灣學生書局，1978年10月，頁31～32。
〔註37〕　〈外儲說左上〉，《校釋》，頁497。
〔註38〕　〈內儲說上〉，《校釋》，頁411～412。

怒蛙行禮，這種怪異的行為當然會引起部屬的疑問，於是，越王照他擬定的劇本回答：「因為這隻蛙有『氣』。」在此，越王所說的「氣」，不僅是怒氣，也包含了勇氣和氣概。這當然是鼓勵人民要向怒蛙看齊的意思，而這個表演果然有效，第二年，就有願意為越王而死的人。越王對怒蛙行禮，原本就是為了激發國人的勇氣，從人民的反應來看，他的方法是很成功的，可是，不管怎麼說，向青蛙行禮，總不免給人虛偽矯情的印象。

　　從以上兩則寓言來看，熊先生所說的以是否「達成正當目的」來評斷機變與謀略是否具劣義之說，確實具有相當難度與一定的模糊性。不過，由於韓非的術論，著眼於君主控馭臣下的方法，而操控臣子的手段，經常包含不能對外言說的秘密性，因此，韓非所言之術，也就難免會出現熊先生所說的「詭變失正」的劣義。

　　在《韓非子》的寓言中，和「術」有關的，要比「法」和「勢」來得多，而且，韓非對於這些善於用術的人抱持肯定態度。例如，在〈外儲說右上〉中有這麼一則寓言：

> 薛公之相魏昭侯也，左右有欒子者，曰陽胡、潘，其於王甚重，而不為薛公，薛公患之。於是乃召與之博，予之人百金，令之昆弟博，俄又益之人二百金。方博有閒，謁者言客張季在門，公怫然怒，撫兵而授謁者，曰：「殺之，吾聞季之不為文也。」立有閒，時季羽在側，曰：「不然。竊聞季為公甚，顧其人陰未聞耳。」乃輟不殺客而大禮之，曰：「曩者，聞季之不為文也，故欲殺之；今誠為文也，豈忘季哉！」告廩獻千石之粟，告府獻五百金，告騶獻良馬固車二乘，因令奄將宮人之美妾二十人並遺季也。欒子因相謂曰：「為公者必利，不為公者必害，吾曹何愛不為公！」因私競勸而遂為之。薛公以人臣之勢，假人主之術也，而害不得生，況錯之人主乎！〔註39〕

在這則寓言中，薛公在陽胡和潘這對雙胞胎兄弟面前演了一齣有聲有色的戲，他當然本來就沒有殺門客張季的意思，只不過表演給雙胞胎看：不幫他的人會受到多麼嚴厲的懲罰，而幫助他的人卻拿到多麼豐厚的獎賞而已。結果也正如薛公所料，這對雙胞胎從此之後就爭相為薛公效力了。寓言結尾，韓非解析說：薛公以人臣的地位，假借君王之術，就能讓禍害不致發生，何

〔註39〕　〈外儲說右上〉，《校釋》，頁567～568。

況君王自己實行呢？從韓非的評論，我們可以了解，對於薛公這場精采演出，他不但相當欣賞，更把這個故事作為範本，明顯表示：人主應該像薛公一樣擅於以術御下。

　　韓非認為人性皆好利自為，因此，君臣之間只有利害而並無道義。在「君臣異心，君以計畜臣，臣以計事君」〔註40〕；「君臣之利異，故人臣莫忠。故臣利立，而主利滅。」〔註41〕；「知臣主之異利者王，以為同者劫，與共事者殺。」〔註42〕在此等情況下，人主為了保有權位，必須多方考察臣子是不是會對自己說實話，以免被蒙蔽欺騙。韓非說：

> 不以參伍審罪過，而聽左右近習之言，則無能之士在廷，而愚污之吏處官矣。〔註43〕

> 主用術，則大臣不得擅斷，近習不敢賣重。〔註44〕

審察考核官吏是不是清明能幹，原本是很正面的想法，不過，由於韓非在實行考核時，往往會因人、因事而交錯運用種種比較謀略性的作法，這就有了秘術的意味。在〈八經〉中，韓非提出了二十六種具體的考核方法：

> 參言以知其誠，易視以改其澤。執見以得非常。一用以務近習，重言以懼遠使，舉往以悉其前，即邇以知其內，疏置以知其外，握明以問所闇，詭使以絕黷泄，倒言以嘗所疑，論反以得陰姦，設諫以綱獨為，舉錯以觀姦動，明說以誘避過，卑適以觀直諂，宣聞以通未見，作鬥以散朋黨，深一以警眾心，泄異以易其慮。似類則合其參，陳過則明其固，知罪辟罪以止威，陰使時徇以省衰，漸更以離通比，下約以侵其上。〔註45〕

　　綜觀這二十六種考察官吏之術，大都可以看到權謀的影子。而在〈內儲說上〉的寓言中，也不乏含有權謀的例證。〈內儲說上〉的主旨，就是在說明君王統馭百官的「七術」，這七種方法是：眾端參觀、必罰明威、信賞盡能、一聽責下、疑詔詭使、挾知而問、倒言反事。其中前四種術較具正面意義。後三種術則不免給人權謀印象。對於「疑詔詭使」，韓非的解釋是：「數見，

〔註40〕　〈飾邪〉，《校釋》，頁212。
〔註41〕　〈內儲說下〉，《校釋》，頁428。
〔註42〕　〈八經〉，《校釋》，頁155。
〔註43〕　〈孤憤〉，《校釋》，頁288。
〔註44〕　〈和氏〉，《校釋》，頁295。
〔註45〕　〈八經〉，《校釋》，頁162。

久待，而不任，姦則鹿散；使人問他，則不鬻私。」〔註46〕也就是說：屢次召見同一個人，讓他陪侍很久，卻不派他擔任職務，姦邪就會消散。派人去探詢有關他人的事，私心就不能得逞。對「挾知而問」，他的解釋是：「挾知而問，則不知者至；深知一物，眾隱皆變。」〔註47〕也就是說：明知故問，原先不知道的事就會獲知。對一件事了解深刻，隱藏的事就會產生變化。對「倒言反事」，他的解釋則是：「倒言，反事，以嘗所疑，則姦情得。」〔註48〕也就是說：說相反的話，做相反的事，來試探自己所懷疑的人，就可以得知不法的事情。

　　韓非對於他所說的這三種術，都以數則寓言來說明實際的使用例證，各舉一則如下：

> 商太宰使少庶子之市，顧反而問之曰：「何見於市？」對曰：「無見也。」太宰曰：「雖然，何見也？」對曰：「市南門之外甚眾牛車，僅可以行耳。」太宰因誡使者：「無敢告人吾所問於女。」因召市吏而誚之曰：「市門之外，何多牛屎？」市吏甚怪太宰知之疾也，乃悚懼其所也。〔註49〕

> 韓昭侯握爪，而佯亡一爪，求之甚急，左右因割其爪而效之。昭侯以此察左右之不誠。〔註50〕

> 衛嗣公使人爲客過關市，關市苛難之，因事關市以金，關吏乃舍之。嗣公爲關吏曰：「某時有客過而所，與汝金，而汝因遣之。」關市乃大恐，而以嗣公爲明察。〔註51〕

這三則寓言都實際說明了「術」的運用，在「商太宰論牛屎」中，商太宰從屬下在街市南門外看到了很多牛車，推論當地一定有很多牛屎，於是召見市場管理員，責罵他爲什麼南門外牛屎如此之多，此後管理員果然戒慎恐懼的執行任務。在「昭侯握爪」中，韓昭侯以假裝遺失了自己的長指甲來測試身邊的人是不是誠實，結果真有近侍上當。在「與關吏金」中，衛嗣公先派人拿錢賄賂多方刁難的關吏，再揭穿這件事，讓關吏以爲自己明察。三則寓言

〔註46〕〈內儲說上〉，《校釋》，頁386。

〔註47〕同上注。

〔註48〕同上注，頁387。

〔註49〕同上注，頁421。

〔註50〕同上注，頁421。

〔註51〕同上注，頁425。

的主角考核官吏的方式雖然有異，爲了達成目的而耍心機的做法卻十分明顯。不過，這些考核方式雖然不無權謀成分，如果「用術」的機變僅是如此，倒也不至到陰暗地步，可是，爲了充分控制臣子，君術的運用當然不止於此。〈外儲說右上〉有這麼一則寓言：

> 夫馴鳥者，斷其下翎，則必恃人而食，焉得不馴乎？夫明主畜臣亦然，令臣不得不利君之祿，不得無服上之名。夫利君之祿，服上之名，焉得不服？〔註52〕

這則寓言以馴鳥是要把鳥翅膀末端的羽毛剪掉，讓牠飛不高，這就必須依靠人來伺養，來說明國君畜臣，只要讓臣子不能不食君之祿，就可以控制臣子。故事很短，敘述也很平實，卻充分讓人感覺到國君操馭臣子之術的嚴厲手段。

對人來說，生死是最大的利害，因此，駕馭人臣最有力的手段，莫過於「操殺生之柄」〔註53〕。韓非說：「君所以治臣者三……勢不足以化，則除之。」〔註54〕在〈八經〉中，則對何時需「除」，如何去「除」，講得十分清楚：

> 其位至而任大者，以三節持之：曰質、曰鎮、曰固。親戚妻子，質也；爵祿厚而必，鎮也；參伍責怒，固也。賢者止於質，貪饕化於鎮，姦邪窮於固。忍不制則上失，小不除則大誅。誅而名實當，則徑之。生害事，死傷名，則行飲食；不然，而與其讎：此謂除陰姦也。〔註55〕

關於此段文字，姚蒸民先生解析的十分詳細：

> 「對於位極人臣之流，其賢者以親戚妻子爲質，以止其姦心；其嗜利者以爵祿安定之，貪得爵祿，則不敢爲姦；其姦邪者則以參伍責怒之術考察之，使之穩定，而有所不敢爲。此猶可解釋爲基於人類行爲之分析與觀察，而有之差別處理。顧其所謂制裁之術，誅而名正言順，則徑行誅之；不誅則害事，誅之則傷名，爲免傷君之名，則行飲食誅之，甚或唆使其仇人害之。顯誅在正國家典刑，此猶可說；陰誅則有失光明正大，非權術與陰密手段之運用而何？」〔註56〕

〔註52〕 〈外儲說右上〉，《校釋》，頁 569。
〔註53〕 〈定法〉，《校釋》，頁 76。
〔註54〕 〈外儲說右上〉，《校釋》，頁 554。
〔註55〕 〈八經〉，《校釋》，頁 156。
〔註56〕 姚蒸民，《韓非子通論》，台北：東大圖書公司，1999 年 3 月，頁 236～237。

正如姚先生所說，君王對付臣子，需要在飲食中下毒或是利用對方的仇人加害，這絕非光明正大的方式，也因此，韓非的「術」就難免染上黑暗色彩。

而〈說林上〉的第一則寓言，更充分展現了君術的陰冷：

> 湯以伐桀，而恐天下言己爲貪也，因乃讓天下於務光。而恐務光之受之也，乃使人說務光曰：「湯殺君，而欲傳惡聲于子，故讓天下於子。」務光因自投於河。〔註57〕

湯讓天下於務光的故事，《莊子・讓王》中亦有記載，結局雖一而過程不同。〔註58〕而在〈說林上〉所引的寓言中，一向被儒家稱頌的聖王湯商竟從「湯武革命，順乎天而應乎人」，〔註59〕淪爲假意讓天下給務光，又怕務光眞的接受，故而耍弄權謀，結果害務光投河的矯詐君主。姑且不論《莊子》和《韓非子》兩個故事何者可信，僅就〈說林〉中的寓言而論，就充分顯示了韓非「術論」的陰暗面。

韓非的「術」主要是指「君術」，國君之所以需要用術，是因爲君王不可能事事親力親爲，因此，儘管國法在君勢的強制執行下，可以建立起標準性和權威性，但仍需有臣子依法來治民，如果君王沒有一套御臣之術，責成百官依法而治，則臣下可能會因私利而破壞公法，所以國君必須有御臣之術，才不致爲臣下所蒙蔽。其中，不現好惡，不讓臣子有窺伺之機以投其所好的無爲之術更是君王重要的修養。

以用術止姦的觀點來看韓非的術，其中並無陰暗成分，問題在於，韓非的「無爲」雖來自於老子，可是，老子的「無爲」來自虛靜心，韓非的「無爲」卻來自計算心，因此，他的「無爲」不是虛靜心的觀照，而是計算心的映現，雖然看來是無，但表現於外在的無卻是經過計算的，最深的有。於是，無爲就成爲手段，要達成的是無不爲的目的。而韓非又認爲人間最大的公利就是國家富強，而「無術以知姦，則以其富強也資人臣而已矣。」〔註60〕

〔註57〕〈說林上〉，《校釋》，頁613。

〔註58〕《莊子・讓王》記載湯讓天下於瞀光的事跡爲：湯又讓瞀光曰：「知者謀之，武者遂之，仁者居之，古之道也。吾子胡不立乎？」瞀光辭曰：「廢上，非義也；殺民，非仁也；人犯其難，我享其利，非廉也。吾聞之曰：非其義者，不受其祿；無道之世，不踐其土。況尊我乎！吾不忍久見也。」乃負石而自沈於廬水。陳壽昌輯，《南華眞經正義》，雜篇，頁79。

〔註59〕《易經・革卦・象辭》，朱熹，《周易本義》，台北：文化圖書公司，1972年8月，頁71。

〔註60〕〈定法〉，《校釋》，頁78。

在韓非思想中，君王是國家的代表，君國一體，君的利就是國的利，於是，爲了要獲取君國最大的利，並防止臣子竊國，君王必須用術來駕御百官。此即王邦雄先生所言：

> 「韓非政治哲學法之標準規範與勢之統治權力，若不透過治術的執
> 持運用，都將失去其本有的功能。……韓非思想，仍以法爲重，術
> 之運用，乃法治不得不有的手段。」〔註61〕

王先生此說，確實賦與韓非術論更深刻的政治思想內涵，不過，由於君術運用爲君王獨具，在爲了達到富強目標之下，君王在用術時，或許會逾越法之規範，而運用了爲達目的不擇手段的權謀算計手段，「湯讓天下」就是一個最極端的例子。除此之外，在韓非所引的「涸澤之蛇」、「吳起吮創」、「越王式怒蛙」、「薛公服欒子」、「馴烏」、「昭侯握爪」等諸多寓言中，也都清晰顯現其中的權謀成分，也因此，筆者認爲：雖然韓非以君術來輔助法與勢的思想原理是正面的，但在術的實際施用上，卻不免會產生偏差，而導致了權謀甚至陰暗的一面。

第三節　從「桓公問置吏」顯現因任授官的人才啓用

自古至今，甚多學者認爲韓非的「術」含有權謀詐僞的成分，不過，儘管「術」不能完全擺脫權術意味，其中所蘊含的意義卻並不僅僅是消極的與負面的。以韓非所說的「因任授官」之術而言，就是任用和考核官吏的種種方法，此與現代管理學中的人才管理有相通之處。本節先以「桓公問置吏」說明君王治國，必須依照臣子不同的才能予以任用，再以「敬侯享國」、「燕噲國亡」、「燕王讓國」、「管仲用人」、「申子請罪」等寓言闡述知人善任的重要性。

在〈外儲說左下〉中，韓非寫下「桓公問置吏」的寓言：

> 桓公問置吏於管仲，管仲曰：「辯察於辭，清潔於貨，習人情，夷吾
> 不如弦商，請立以爲大理。登降肅讓，以明禮待賓，臣不如隰朋，
> 請立以爲大行。墾草靷邑，辟地生粟，臣不如甯武，請以爲大田。
> 三軍既成陳，使士視死如歸，臣不如公子成父，請立以爲大司馬。
> 犯顏極諫，臣不如東郭牙，請立以爲諫臣。治齊，此五子足矣；將

欲霸王，夷吾在此。」〔註62〕

這則寓言充分顯示出管仲的識人之明與對自己的信心，他先依照弦商、隰朋、甯戚、公子成父、東郭牙五個人的不同才幹，向齊桓公建議他們應該擔任的職務。最後說明：治理齊國，有這五個人就足夠了。如果想要稱霸諸侯，領導天下，則有我管仲在此。這段話說得豪氣干雲，似乎齊國大治，稱王稱霸就在指顧之間。而歷史也證明，管仲並沒有說大話，在春秋五霸中，齊桓公的霸業的確最久也最為後人推崇，而桓公的霸業和管仲當然息息相關，此正如韓非所說：「五霸所以能成功名於天下者，必君臣俱有力焉。」〔註63〕

　　在韓非思想裡，君王是不必把大大小小的政事都抓在手中的，他只要虛靜明照，擅用君勢，循法而行，就可以達到君無為而臣無不為的治國效果。他說：

　　人主者、守法責成以立功者也。聞有吏雖亂而有獨善之民，不聞有

　　民亂而有獨治之吏，故明主治吏不治民。〔註64〕

正是因為君王不直接治人民，所以，君王必須特別講求用人行政之道，對於臣子是否賢能、稱職需要完全掌握，因為，如果君王所用的臣子都是唯唯諾諾、欺上瞞下，甚至包藏禍心、別有圖謀，君王的地位就岌岌可危了。在〈說疑〉中，韓非舉出了兩個對比的例子：

　　趙之先君敬侯，不修德行，而好縱慾，適身體之所安、耳目之所樂，

　　冬日畢弋，夏日浮淫；為長夜，數日不廢，御觴不能飲者，以筒灌

　　其口；進退不肅、應對不恭者，斬於前。故居處飲食，如此其不節

　　也；制刑殺戮，如此其無度也。然敬侯享國數十年，兵不頓於敵國，

　　地不虧於四鄰，內無羣臣百官之亂，外無諸侯鄰國之患，明於所以

　　任臣也。

　　燕君子噲，邵公奭之後也，地方數千里，持戟數十萬，不安子女之

　　樂，不聽鍾石之聲，內不湮污池臺榭，外不畢弋田獵，又親操耒耨

　　以修畎畝，子噲之苦身以憂民，如此其甚也。雖古之所謂聖王明君

　　者，其勤身而憂世，不甚於此矣。然而子噲身死國亡，奪於子之，

　　而天下笑之，此其何故也？不明乎所以任臣也〔註65〕

〔註62〕　〈外儲說左下〉，《校釋》，頁541。
〔註63〕　〈難二〉，《校釋》，頁335～336。
〔註64〕　〈外儲說右下〉，《校釋》，頁590～591。
〔註65〕　〈說疑〉，《校釋》，頁245。

　　根據《史記》記載，趙敬侯在位期間，大敗齊國，討伐中山，並於敬侯十一年與魏、韓三家分晉，正如韓非所說：「內無君臣百官之亂，外無諸侯鄰國之患。」〔註66〕在戰國時代，這算是相當難得了。不過，依《史記》，敬侯僅在位十二年，並非韓非所說享國數十年，但韓非寓言借事論理，內容往往與史事有異，而且，敬侯在位多久與故事主旨並無關聯。重要的是：趙敬侯雖奢侈縱慾，但國家安定，韓非認為：這是因為他擅於任用臣子。

　　和敬侯成對比的是燕國的君主噲，燕噲是燕易王的兒子，他信任權臣子之，《史記》記載：「子之南面行王事，而噲老不聽政，顧為臣。」〔註67〕子之掌政三年，將軍市被與太子平攻子之，燕國大亂，齊國乘機伐燕，燕噲死，由於他把國家讓給了子之，死後連諡號都沒有。《史記‧燕召公世家》並沒有關於燕噲不好聲色、勤奮節儉，甚至親自下田耕種的記載，不過，依照〈說疑〉這則寓言，燕噲無疑是一位很想把國家治理好的君主，可是，他的下場竟是死後既無諡號，還被天下人恥笑。韓非認為：這完全是由於他不擅於任用臣子的後果。

　　在〈外儲說右下〉中，韓非還一連引用了三則燕噲讓國給子之的寓言，三個故事大同小異，下引其中的第一個：

> 潘壽謂燕王曰：「王不如以國讓子之。人所以謂堯賢者，以其讓天下於許由，許由必不受也，則是堯有讓許由之名，而實不失天下也。今王以國讓子之，子之必不受也，則是王有讓子之之名，而與堯同行也。」於是燕王因舉國而屬子之，子之大重。〔註68〕

《史記》也記載了這個故事，文字大致相同，只是潘壽的名字換為「鹿毛壽」。〔註69〕從這個故事裡，可以看出來燕噲是以堯作為摹仿對象的，所以他才會效法讓天下於許由，把王位讓給子之。當然，依照潘壽的說法，子之是不可能接受王位的，所以，這不過是做做樣子。想來，燕噲也是聽了潘壽這番話，才假意讓國給子之，以求得和堯一樣的賢名，他當然沒有想到，這個舉動會讓子之聲譽高漲。依照韓非國君必須處勢行術的思想脈絡，燕王噲既不懂用

〔註66〕參見《史記‧趙世家》，楊家駱主編，《新校本史記三家注》，台北：鼎文書局，頁 1798～1799。

〔註67〕《史記‧燕召公世家》，同上注，頁 1556。

〔註68〕〈外儲說右下〉，《校釋》，頁 602。

〔註69〕《史記‧燕召公世家》，楊家駱主編，《新校本史記三家注》，台北：鼎文書局，頁 1555～1556。

勢又不懂用術，有悲慘的結局也無足爲怪。

　　「敬侯享國」和「燕噲國亡」這兩則寓言，充分顯示了明於任臣和不明於任臣的截然不同後果。韓非深刻了解，用人行政，是一個國家治亂存亡之所繫，他說：

　　　　任人以事，存亡治亂之機也。無術以任人，無所任而不敗。〔註70〕

也就是因爲所用得人如此重要，而人性又好利惡害，君臣之間利益並不相同，所以，國君對於臣子，必須要有一套妥善的管理辦法。依韓非的「術」論，「君術」主要用於對臣下的防姦和責效，本章前兩節所論即是韓非的防姦之術，不過，防姦是消極的，是爲了保證君權不被臣子奪走。想要求得國家的富強，就必須在防姦之外還要責效。那麼，君王任用臣子，應該要遵循什麼原則，才能讓官員都能適任，讓政治清明上軌道呢？在〈外儲說左下〉中，有這麼一段話：

　　　　桓公謂管仲曰：「官少而索者眾，寡人憂之。」管仲曰：「君無聽左右
　　　　之請，因能而授祿，錄功而與官，則莫敢索官，君何患焉！」〔註71〕

管仲回答桓公的話，和〈定法〉中所說的「術者，因任而授官，循名而責實。」〔註72〕是一致的，也就是要依照才能、功勞而任官，不是聽從親近之人的請求而任官。在〈外儲說左下〉中，韓非寫下另外一則有關管仲處理人事問題的故事：

　　　　管仲束縛，自魯之齊，道而飢渴，過綺烏封人而乞食焉，封人跪而
　　　　食之，甚敬。封人因竊謂仲曰：「適幸及齊不死而用齊，將何報我？」
　　　　曰：「如子之言，我且賢之用，能之使，勞之論，我何以報子！」封
　　　　人怨之。〔註73〕

這位守邊彊的基層官吏確有識人之明，知道管仲到齊國後必然顯達，所以才對他如此恭敬，而且希望管仲能夠在發達後回報他，可是，管仲的回答卻是：「如果真像你所說的我能夠不死而在齊國作官，我會任用賢才、差使能人、舉拔有功，我又怎麼報答你呢？」管仲言下之意，自然是封人既不賢，又缺乏能力，更沒有立下功勞。這也就難怪封人會懷恨在心了。

〔註70〕　〈八說〉，《校釋》，頁 134。
〔註71〕　〈外儲說左下〉，《校釋》，頁 539～540。
〔註72〕　〈定法〉，《校釋》，頁 76。
〔註73〕　〈外儲說左下〉，《校釋》，頁 553。

事實上，在這則寓言中，管仲以「用賢、使能、論功」拒絕了封人的請托，也正是他告訴齊桓公的「無聽左右之請，因能而受祿，錄功而與官。」而這樣的用人原則看來雖十分簡單，眞要切實力行卻不是那麼容易。〈外儲說左上〉中，就有這麼一則寓言：

> 韓昭侯謂申子曰：「法度甚不易行也。」申子曰：「法者，見功而與賞，因能而授官。今君設法度，而聽左右之請，此所以難行也。」昭侯曰：「吾自今以來，知行法矣，寡人奚聽矣？」一日，申子請仕其從兄官，昭侯曰：「非所學於子也。聽子之謁，敗子之道乎？亡其用子之謁？」申子辟舍請罪。〔註74〕

在這則寓言中，申子告訴韓昭侯：見功與賞，因能授官的用人原則是立在法度之內的，可是，昭侯卻違反法的規範，去聽左右親信的請托，用了不該用的人，所以，法就不容易實行了。韓昭侯聽了這番話以後恍然而悟，決定再也不聽左右之請。可是，有一天，申子自己居然去請求韓昭侯讓他的堂兄做官，昭侯當然不客氣的請問申子：我是該接受你的請托呢？還是運用你的治術呢？聽到這樣的回答，申子當然只能自請處分。

這則寓言很形象化的顯示了君王和大臣都難免有私心，會因私情破壞公法，違背「因能授官」的人才選拔與任用。實際上，韓非所說的「因能授官」之術，就是政府任用、考核官吏的種種方法，和現代的人事管理或人才管理有相通之處，現代管理學對於人才管理這麼認為：

> 「人是一組織最珍貴的資源，但是也是最難發展、維持和利用的資源。就管理人才的管理問題而言，就是如何使人員的事業目標與專長，能和一組織的發展計畫相結合。」〔註75〕

姚蒸民先生則對韓非的「術」這樣解釋：

> 「韓非所言之術，雖亦含有權術之術在內，但其中心主張，則針對官吏之選拔、任用、考核、獎懲及待遇問題而發。若論其極致，仍在冀求適才適所，各盡其能，崇法務實，以完成國家設政施治之目的。在實質上自可以今之所謂人事管理或人事制度規之。在理論上亦可釋之為『領導統馭學與人事管理學之混合物。』所不同者，今之公務人員為國家之官吏，為人民之公僕，其運用管理有法定之制

〔註74〕 〈外儲說左上〉，《校釋》，頁515。
〔註75〕 許士軍，《管理學》，台北：東華書局，1995年5月，頁388。

度可循，非若韓非時代之一任君主獨持而已。」〔註76〕

姚先生分析實爲精闢，不過，以上述「申子請罪」寓言中申子與昭侯的對話，則「見功與賞，因能授官」亦在法度之中，並非君主所獨持，如此，依姚先生所言，韓非的官吏任用管理之術，就更接近現代的人事管理制度了。

在韓非的用人思想中，有一個十分重要的觀點，那就是官吏必須「適才適所」，此也就是他所說的：「因能授官」。韓非雖然也同樣說「見功與賞」，不過，「授官」和「與賞」之間是有很大差別的，他說：

> 商君之法，曰：斬一首者，爵一級；欲爲官者，爲五十石之官。斬二首者，爵二級；欲爲官者，爲百石之官。官爵之遷，與斬首之功相稱也。今有法曰：斬首者，令爲醫、匠，則屋不成，而病不已。夫匠者，手巧也，而醫者，劑藥也。而以斬首之功爲之，則不當其能。今治官者，智能也；今斬首者，勇力也。以勇力之所加，而治智能之官，是以斬首之功爲醫匠也。〔註77〕

在《商君書‧境內》中，對軍功給予爵位和官位記載十分詳細。如「能攻城圍邑斬首八千已上，則盈論……故爵爲大夫，爵吏而爲縣尉。」〔註78〕《史記‧秦本記》裴駰集解也說：「商君爲法於秦，戰斬一首賜爵一級，欲爲官者五十石。」〔註79〕而韓非對於以斬首之功授官顯然是不以爲然的，他認爲斬首是勇力的表現，當官卻需要智慧與才能，一個人以勇力得到官職，卻要用智能處理政事，這就像讓有軍功的人去當醫生和工匠，結果房子一定蓋不起來，病人也無法痊癒。所以，韓非的主張是：把戰功和官職分開來，武將以戰功受賞，文臣以能力升遷，功勞越大爵祿越厚，能力越佳官位越大。爵祿與官職並不相關，兩者卻同樣都能以本身的能力得到厚賞，這才是國家大治、成霸稱王之道。他說：

> 故明主之吏，宰相必起於州部，猛將必發於卒伍。夫有功者必賞，則爵祿厚而愈勸；遷官襲級，則官職大而愈治。夫爵祿大而官職治，王之道也。〔註80〕

〔註76〕 姚蒸民，《韓非子通論》，台北：東大圖書公司，1999 年 3 月，頁 200。
〔註77〕 〈定法〉，《校釋》，頁 81。
〔註78〕 《商君書‧境內》，貝遠辰注譯‧陳滿銘校閱，《新譯商君書》，台北：三民書局，1996 年 10 月，頁 163。
〔註79〕 《史記‧秦本紀》，楊家駱主編，《新校本史記三家注》，台北：鼎文書局，頁 204。
〔註80〕 〈顯學〉，《校釋》，頁 13。

韓非十分了解，無論是在朝爲官或是上陣打仗，都需要經驗的累積，因此，從基層做起，慢慢升遷到高位是很重要的。如果宰相、大將沒有經過一定的歷練，一下子就空降成爲高官，結果必然相當令人憂心。不過，基層人員眾多，要如何能夠從中選拔出幹員呢？這就有賴於君王識人之術。他說：

> 有道之主，聽言督其用，課其功；功課，而賞罰生焉。故無用之辯不留朝，任事者知不足以治職，則放官收璽。〔註81〕

> 治國之臣，效功於國以履位，見能於官以受職，盡力於權衡以任事。人臣皆宜其能，勝其官，輕其任，而莫懷餘力於心，莫負兼官之責於君。〔註82〕

> 不聽其言也，則無術者不知。不任其身也，則不肖者不知。聽其言而求其當，任其身而責其功，則無術、不肖者窮矣。夫欲得力士，而聽其自言，雖庸人與烏獲不可別也；授之以鼎，則罷、健效矣。故官職者，能士之鼎也，任之以事，而愚智分矣。〔註83〕

從這幾段話，我們可以充分了解，韓非用人之術，著眼於各級官員實際的工作表現，而不是聽官員的自抬身價。同時，有多大能力負責多少工作，讓每個官吏都能夠勝任自己的職務，能力不夠的就被淘汰。這套以工作績效來考核官吏的方法當然相當有效。而韓非也認爲：國君爲了要找到有能力的臣子來幫忙治理國家，是需要摒除一切外在因素，只以人的能力作爲唯一標準的。他說：

> 聖王明君則不然；內舉不避親，外舉不避讎。……觀其所舉，或在山林藪澤巖穴之間，或在囹圄緤紲纏索之中，或在割烹芻牧飯牛之事。然明主不羞其卑賤也，以其能爲可以明法便國利民，從而舉之，身安名尊。〔註84〕

這段話中提到了舜、傅說、伊尹、管仲、越石父、百里奚、甯戚等人，這幾位不是聖賢即是名臣，韓非以聖王明君不在乎他們的出身卑賤，只因爲他們的才能可以使法令施行，國政清明，於是任用他們，而使得自己地位穩固，名譽尊顯。這段話不但充分顯示了韓非「因任授官」的公正公開，也讓韓非「術」論中積極與光明的一面更加突顯。

〔註81〕 〈八經〉，《校釋》，頁170。
〔註82〕 〈用人〉，《校釋》，頁791。
〔註83〕 〈六反〉，《校釋》，頁102。
〔註84〕 〈說疑〉，《校釋》，頁240。

第四節　從「昭侯罪典冠」顯現循名責實的實效責求

　　韓非思想以政治實效為依歸，不尚空談，因此，他對於「名」和「實」之間的關係特別看重，他對官員的考核，著眼於言論和實際效果是否相應，反對名實不符的誇大虛言。本節先以「昭侯罪典冠」的寓言說明韓非認為每個官員都各有職司，不能任意超越自己的職務權限。再以「白馬過關」、「虞慶為屋」、「范且張弓」、「濫竽充數」、「以容辭取人」等寓言解說循名責實的意義與重要性。

　　在〈二柄〉中，有這麼一則寓言：

> 昔者韓昭侯醉而寢，典冠者見君之寒也，故加衣於君之上。覺寢而說，問左右曰：「誰加衣者？」左右對曰：「典冠。」君因兼罪典衣與典冠。其罪典衣，以為失其事也；其罪典冠、以為越其職也；非不惡寒也，以為侵官之害甚於寒。故明主之畜臣，臣不得越官而有功，不得陳言而不當。越官則死，不當則罪。守業其官，所言者貞也，則群臣不得朋黨相為矣。〔註85〕

這個故事乍看起來，韓昭侯真是不通人情，近侍看他喝醉酒睡著了，好心拿件衣服給他蓋上，居然還要被處罰。可是，韓非的解釋卻合情合理。因為，替昭侯加衣的是典冠，典冠的職責是負責帽子而非衣服，所以，典冠加衣是越權，為了維護國家的制度，必須處罰。這個故事顯示了韓非對政府人事制度的規範：官員各有職司，沒有盡到責任自然有罪，超越了自己的職務權限，也一樣有罪。

　　事實上，這則寓言只是韓非一貫的，用故事來說明理論的方式，在寓言之前，他寫下這段論述：

> 人主將欲禁姦，則審合形名；形名者，言與事也。為人臣者陳而言，君以其言授之事，專以其事責其功。功當其事，事當其言，則賞；功不當其事，事不當其言，則罰。故群臣其言大而功小者則罰，非罰小功也，罰功不當名也。群臣其言小而功大者亦罰，非不說於大功也，以為不當名也，害甚於有大功，故罰。〔註86〕

在這段話中，韓非很清楚的解釋了君王要有效的控制臣子，就必須「審合形名」。「形名」，就是指「言」與「事」。言論、功勞和實際執行時相同則

〔註85〕　〈二柄〉，《校釋》，頁181～182。
〔註86〕　同上注。

賞，反之則罰。而且，事前的預估說明和實際的執行成效必須相同，不但預估大功效小的要罰，預估成效小而實際績效大的也要罰，這其中的賞罰標準不在於功勞的大小，而在於事實是不是和言語相稱。這也就是「審合形名」。

在《韓非子》書中，「形名」出現的地方不少，除了上述〈二柄〉中的「審合形名」，例如〈主道〉中的「形名參同」〔註87〕、「同合形名」〔註88〕；〈揚摧〉中的「周合形名」〔註89〕；〈詭使〉中的「名形相當」〔註90〕；〈難二〉中的「以形名參之」〔註91〕、「以形名收臣」〔註92〕等。綜合上述有關「形名」的說法，「形」，是指事物的實際情況，「名」，則是指事物的名稱。在韓非的觀念中，「形」也就是「實」。此意義從〈姦劫弒臣〉中的「循名實而定是非，因參驗而審言辭。」〔註93〕；〈功名〉中的「名實相持而成，形影相應而立。」〔註94〕；〈定法〉中的「因任而授官，循名而責實」〔註95〕；〈八經〉中的「誅而名實當，則徑之。」〔註96〕就可以看得出來。

陳啓天先生把韓非對於形名的看法定爲「形名術」，並解釋如下：

> 「形名，又作刑名，或名實。一切事物，有形有名。名以形稱，形依名定，形名二者，必求其合，是謂『循名責實』，『綜覈名實』、『形名參同』、『審合形名』。以言爲名，則事爲形，後事必求其與前言相合，形名也。以法爲名，則事爲形，事件必求其與法文相合，形名也。以官爲名，則職爲形，職務必求與官位相合，形名也。」〔註97〕

陳奇猷、張覺兩位先生也把韓非的形名思想說成「形名術」，並認爲韓非的形名術是他法治思想的一種延伸：

> 「他的所謂『名』，雖然主要的是指臣下的言論，但實際上是被作爲

〔註87〕 〈主道〉，《校釋》，頁686。此外，「形名參同」一詞亦見於〈揚摧〉，《校釋》，頁702。

〔註88〕 同上注，頁690。

〔註89〕 〈揚摧〉，《校釋》，頁707。

〔註90〕 〈詭使〉，《校釋》，頁109。

〔註91〕 〈難二〉，《校釋》，頁338。

〔註92〕 同上注。

〔註93〕 〈姦劫弒臣〉，《校釋》，頁216。

〔註94〕 〈功名〉，《校釋》，頁806。

〔註95〕 〈定法〉，《校釋》，頁76。

〔註96〕 〈八經〉，《校釋》，頁156。

〔註97〕 陳啓天，〈韓非及其政治哲學〉，《校釋》，頁963。

一種變通的、不固定的『法』來看待的。君主『循名責實』，就是用
這些『名』來督責臣下以求功效，這實際上是法治精神在具體的行
政中的一種體現。因此，韓非的形名術作爲一種政治手段，它並不
像孔子那樣要求『正名』，而是要求『正實』。即以『名』爲標準來
責求『實』是否與『名』相符。在他的形名術中，『名』是第一位的
東西，『實』必須適合『名』。……韓非的形名術具體落實起來，主
要的是用臣下的言論去衡量他所做的事及所取得的功效，用臣下的
職位去追究他的職權與實績。」〔註98〕

誠如三位先生所論，韓非的「形名之學」落實於經驗，也就是要求「名」與
「實」的相符。這和名家利用語言的歧義與含混，使「名」脫離「實」的對
應關係，造成詭辯是不同的。而且，韓非堅決反對概念脫離實在的虛辭之說，
在〈外儲說左上〉中，他引用了兒說的故事：

兒說，宋人，善辯者也，持「白馬非馬」也，服齊稷下之辯者。乘
白馬而過關，則顧白馬之賦。故籍之虛辭，則能勝一國；考實按形，
不能謾於一人。〔註99〕

梁啓雄先生《韓子淺解》在此段注釋中說：兒說活躍在齊威王、宣王之間，
「白馬非馬」之辯始于兒說，不始於公孫龍。〔註100〕兒說所講的「白馬非
馬」內容究竟如何，以現有史料已無法得知。不過，根據這則寓言，我們卻
看到一個很有趣的現象：說「白馬非馬」的兒說在騎著白馬過關時，依舊要
納馬的稅。〔註101〕所以，韓非對持「白馬非馬」之論這類詭辯者的評論是：
憑虛辭可以勝過全國，察實際不能騙過一人。從這兩句批評，我們可以了解：
韓非對名家的邏輯抽象論述是不贊同的，不贊成的理由是：那些是經不起考
實按形的「虛辭」。同樣在〈外儲說左上〉中，他引用了「不死之道」的寓
言：

客有教燕王爲不死之道者，王使人學之，所使學者未及學，而客死。
王大怒，誅之；王不知客之欺己，而誅學者之晚也。夫信不然之物，

〔註98〕陳奇猷、張覺，《韓非子導讀》，成都：巴蜀書社，1990年1月，頁98。
〔註99〕〈外儲說左上〉，《校釋》，頁484。
〔註100〕見梁啓雄，《韓子淺解》，台北市：台灣學生書局，1971年1月，頁276。
〔註101〕關於「顧白馬之賦」，王先慎《韓非子集解》解釋爲：古人馬稅，當別毛色，
故過關視馬而賦，不能辯也。太田方《韓非子翼毳》則解釋爲：白馬過關，
仍須納稅，不得謂「白馬非馬」也。參見《校釋》，頁485。

而誅無罪之臣，不察之患也。且人所急，無如其身，不能自使其無死，安能使王長生哉！〔註102〕

在這則寓言中，本來要教燕王不死之道的說客，還來不及傳授就死了，結果，燕王居然遷怒於派去的人學得太慢，把他無辜處死。對這個既愚蠢又悲哀的故事，韓非的結論是：說客不能使自己不死，又怎麼能夠讓燕王長生呢？其實，教不死之道的人自己卻死了，這很明白的顯示出不死之道完全是謊言欺騙，可是，被虛辭矇蔽的國君卻看不出這麼淺顯的道理，這就更增加了故事的荒謬性。韓非寫下這則寓言，主要目的當然不是在譏笑燕王的愚蠢，事實上，這位「燕王」沒名字沒諡號，雖然韓非寫得活靈活現，但故事究竟有沒有真正發生過實在大有疑問，而韓非以「不死之道」為喻，只不過是再一次強調虛辭的不可信罷了。也是在〈外儲說左上〉，他還寫下了「虞慶為屋」與「范且張弓」兩則寓言：

> 虞慶為屋，謂匠人曰：「屋大尊」。匠人對曰：「此新屋也，塗濡而椽生。夫濡塗重而生椽橈，以橈椽任重塗，此宜卑。」虞慶曰：「不然。更日久，則塗乾而椽燥。塗乾則輕，椽燥則直，以直椽任燥塗，此益尊。」匠人詘，為之而屋壞。〔註103〕

> 工人謂范且曰：「弓之折，必於其盡也，不於其始也。夫張弓也，伏檠三旬而蹈弦，一日犯機，是節之其始，而暴之其終也，焉得無折？」范且曰，「不然。伏檠一日而蹈弦，三旬而犯機，是暴之其始，而節之其盡也。』工人窮也，為之，弓折。〔註104〕

這兩則寓言的主角虞慶和范且都是戰國時代以辯才遊說諸侯，獲得君王重用而得到高位的名人，虞慶就是虞卿，趙人，遊說趙考成王成功，被拜為上卿。〔註105〕范且即范雎，魏人，最初追隨魏中大夫須賈，跟隨須賈出使齊國時，由於接受齊王所賜牛酒等物，被魏相魏齊笞打，幾乎喪命，後入秦，以遠交近功之策游說秦昭王，拜為相，封應侯。〔註106〕這兩個人都以辯才獲重用，任高官，不過，在這兩則寓言中，韓非所取笑的卻正是他們的辯才無礙。無

〔註102〕〈外儲說左上〉，《校釋》，頁 486～487。

〔註103〕同上注，頁 490。

〔註104〕同上注，頁 491。

〔註105〕《史記・平原君虞卿列傳》，楊家駱主編，《新校本史記三家注》，台北：鼎文書局，頁 2370。

〔註106〕《史記・范雎蔡澤列傳》，同上注，頁 2401。

論是蓋房子的工匠對虞慶說的話,或是製弓的工匠對范且說的話,都是建築和製弓的原理,是工匠們理論和經驗結合得到的結果,是經得起考驗的。可是,虞慶和范且卻不聽工匠建議,高談闊論的說自己的道理,他們講得頭頭是道,工匠哪裡說得過他們,只能照他們的意思去做。結果是:照虞慶所說的蓋房子,沒多久房子就壞了。照范且所說的製弓,結果弓立刻折斷了。虞慶和范且說的話都看似理由充分,可是,卻完全經不起實際考驗。這兩個寓言雖然人、事都不同,寓意卻是一樣的,而韓非舉出這兩則寓言做例子,當然是為了帶出以下的論述:

> 范且、虞慶之言,皆文辯辭勝,而反事之情,人主說而不禁,此所以敗也。夫不謀治強之功,而豔乎辯說文麗之聲,是卻有術之士,而任壞屋、折弓也。故人主之於國事也,皆不達乎工匠之搆屋張弓也。然而士窮乎范且虞慶者,為虛辭其無用而勝,實事其無易而窮也。人主多無用之辯,而少無易之言,此所以亂也。今世之為范且、虞慶者不報,而人主說之不止,是貴敗折之類,而以知術之人為工匠也。工匠不得施其技巧,故屋壞弓折;知術之人不得行其方術,故國亂而主危。〔註107〕

這段話很明顯的指出,虞慶和范且的話都文辭優美,論辯精闢,卻違反事實。如果君王不去謀求治強的績效,只喜歡華美巧妙的辯辭,就等於拒絕了有術之士,任用毀屋折弓之人。為什麼范且、虞慶之流會被君王信任?這是因為空洞的言辭雖然無用卻聽來美妙,實際的事理雖然真切卻聽來乏味,所以虞慶、范且這類的人才會不斷出現,也一直獲君王喜愛。這就像看重讓屋壞弓折的人,而把知術之人當成工匠。如此顛倒黑白會造成什麼結果呢?韓非下了這樣的結論:工匠沒有機會施展技巧,所以屋壞弓折;知術之人沒有機會施行他們的方術,所以國亂主危。

　　韓非這段話顯然有感而發,戰國時代才智之士周遊列國,尋找出頭機會,而一般君王都喜歡會說話的人。可是,韓非觀察到:很多話說得天花亂墜的說客,一旦把他們的話落實,往往漏洞百出,甚至讓國家陷入危機。反之,真有技巧和實力的有術之士,卻往往因為不擅言辭,而被君王忽略。所以,他才先舉出虞慶、范且的虛辭造成屋壞弓折,再論述這些人因為辯才無礙而會被君王重用,真正的知術之人卻沒有機會展現才華!韓非素來以「法術之

〔註107〕〈外儲說左上〉,《校釋》,頁492。

士」自許，這段議論，自然蘊含他自己有志難伸的孤憤。不過，卻也透露出他認爲言語和實際必須相符的「循名責實」觀點。他認爲：君王絕不能惑於抽象的語言或名位，要根據這些「名」去要求「實」。由此可知：在韓非思想中，「循名責實」不僅要求「形名參同」，還要加上實際的考核。在〈內儲說上〉中，他寫下著名的「濫竽充數」寓言：

> 齊宣王使人吹竽，必三百人。南郭處士請爲王吹竽，宣王説之。廩
> 食以數百人。宣王死，湣王立，好一一聽之，處士逃。〔註108〕

這則流傳極廣的寓言篇幅很短，內容卻有趣而傳神，透過韓非的描述，我們幾乎可以看到那位根本不會吹竽的南郭先生混在一堆樂師中間裝模作樣的德性。也幾乎可以看到在他在即將單獨表演之前，連夜逃走的倉皇舉止。而韓非的寓意：「只要一一考察，每個人的真實才能就會表現出來。」就在故事中充分突顯出來。而這樣對真僞的考察也正是韓非所說的：

> 循名實而定是非，因參驗而審言辭。是以左右近習之臣，知僞詐之
> 不可以得安也。〔註109〕

爲什麼必須要對每個人實際考核呢？這是因爲一個人軒昂的外貌、文雅的言談往往會給他人好印象，因而影響判斷失實。韓非以一則和孔子有關的寓言來說明「名」與「實」的關係：

> 澹臺子羽，君子之容也，仲尼幾而取之，與處久，而行不稱其貌。
> 宰予之辭，雅而文也，仲尼幾而取之，與處，而智不充其辯。故孔
> 子曰：「以容取人乎？失之子羽；以言取人乎？失之宰予。」〔註110〕

澹臺子羽就是澹台滅明，《史記》中記載他長得很難看，與此處所記相反。〔註111〕不過，澹臺子羽究竟是俊或醜並不重要，此處韓非只是以當時人所熟悉的孔子和其弟子作爲寓言主角，以增加寓言的吸引力和說服力而已。他的主旨當然還是寓言之後的論述：

> 故以仲尼之智，而有失實之聲。今之新辯，濫乎宰予；而世主之聽，
> 眩乎仲尼。爲悅其言，因任其身，則焉得無失乎！是以魏任孟卯之
> 辯，而有華下之患；趙任馬服之辯，而有長平之禍。此二者，任辯

〔註108〕〈內儲說上〉，《校釋》，頁415。
〔註109〕〈姦劫弒臣〉，《校釋》，頁216。
〔註110〕〈顯學〉，《校釋》，頁12。
〔註111〕《史記‧仲尼弟子列傳》，楊家駱主編，《新校本史記三家注》，台北：鼎文書局，頁2206。

之失也。夫視鍛錫而察青黃，區冶不能以必劍。水擊鵠雁，陸斷駒馬，則臧獲不疑鈍利……觀容服，聽辭言，則仲尼不能以必士。試之官職，課其功伐，則庸人不疑於愚智。〔註112〕

在這段論述中，韓非以上述寓言來說明：賢如孔子都不能夠判斷人才的真偽，而國君誤信辯士虛言的後果是嚴重的喪師辱國。所以，對一個人，不能只聽他說的話，必須用官職來加以試驗，用實際績效來作為考核，這樣，就算平常人也能夠分辨他是智是愚。

　　韓非以寓言配合論述，清晰說明他反對浮華虛辭的原因，以及為什麼要以「循名責實」來考核官吏。韓非思想以政治實效為依歸，不尚空談。因此，對於官員的考核，也著眼於臣下的言論是否和實際功效相應，同時，他主張分層負責，政府官員各有職司，不得越權，這樣的人事管理和考核制度，即使放在現代社會，也依舊有參考價值。

第五節　小結

　　韓非的「術」是他的學說中最被詬病之處，牟宗三先生就說：

「術是大皇帝一個人的運用，是秘密。這是個很壞的觀念，絕對的尊君，以致大皇帝成了無限的存在，不受任何法律的限制……皇帝運用術，主要在喜怒不形於色，與賞罰不測。」〔註113〕

牟先生在此所言之「術」，主要是指國君不形於外的無為之術以及國君御臣時具有權謀意味的術。

　　王曉波先生也認為：韓非之術的第一重意義就是國君所持的，具有私密性的，對付群臣的術：

「國君運用其權力的方法，因為國君的權力是獨有的，所以這種『術』也是其獨有的，不可與人分享，甚至不可公諸於人。不過『術』意義的『法』是要公佈的。不可公佈者乃是對付群臣的『術』，因為若一公佈為群臣知曉，則群臣可以規避。所以，韓非說：『術者、藏之於胸中，以偶眾端，而潛御群臣者也。故法莫如顯，而術不欲見。是以明主言法，則境內卑賤莫不聞知也，不獨滿於室。用術，則親

〔註112〕〈顯學〉，《校釋》，頁12～13。
〔註113〕牟宗三，《中國哲學十九講》，台北：台灣學生書局，1983年10月，頁169。

愛近習，莫之得聞也。』」〔註114〕〔註115〕

在此，王先生論析的著眼點在於國君御臣之術，不過，他也發現到：「術」除了由國君專有之外，也有不含國君權力的「術」，也就是韓非所說的「法術之士」的「術」。他說：

> 「『術』與『數』在法家是相通的。《商君書》云：『探淵者知千仞之深，縣繩之數也。』〔註116〕；『守其數者，雖深必得。』〔註117〕……韓非也說：『將眾者不出乎莫不然之數。』〔註118〕另外，『知術之士，並遠見而明察。』〔註119〕而所謂『私術』之意乃是懂得『術』的人不爲國君（公）效勞，而以『術』爲自己的『私便』服務者。」〔註120〕

王先生對君術和臣術的剖析，適切的說明了韓非的「術」不僅爲國君獨有，臣子也能擁有臣術。不過，儘管韓非亦言及臣術，但其術論主要還是針對君王立言。

綜觀韓非所說之「術」，主要是爲了「防姦」和「責效」，由於韓非主張人性自爲，君臣利異，所以，國君必須具備防姦之術，如果不能充分防止臣下之姦，權力就會落入臣子手中，屆時，上焉者國君徒有虛名，由權臣掌握國政，更糟些的，就身死國亡，甚至成爲後世笑柄。他說：

> 夫姦臣得乘信幸之勢，以毀譽進退群臣者，人主非有術數以御之也，非參驗以審之也，必將以襄之合己，信今之言。此幸臣之所以得欺主成私者也。〔註121〕

國君爲了擁有政權，就必須能夠看透臣子的陰謀詭計，所以，國君必須握有控制臣下的防姦之術，這也就是韓非所說的：

> 明主者，不恃其不我叛也，恃吾不可叛也；不恃其不我欺也，恃吾

〔註114〕〈難三〉，《校釋》，頁364。
〔註115〕王曉波，《先秦法家思想史論》，台北：聯經出版公司，1991年7月，頁198～199。
〔註116〕《商君書・禁使》，貝遠辰注譯・陳滿銘校閱，《新譯商君書》，台北：三民書局，1996年10月，頁192。
〔註117〕同上注。
〔註118〕〈難二〉，《校釋》，頁344。
〔註119〕〈孤憤〉，《校釋》，頁281。
〔註120〕王曉波，《先秦法家思想史論》，台北：聯經出版公司，1991年7月，頁199。
〔註121〕〈姦劫弒臣〉，《校釋》，頁214。

不可欺也。〔註122〕

　　而這些御臣之術，難免含有機變、權謀等秘術的意味，也因此最被批評詬病。不過，韓非的「術」，除了消極的「防姦」之外，也具有積極的「責效」意義，〈定法〉篇中說：「術者，因任而授官，循名而責實。」〔註123〕最能表現出韓非對「術」的積極看法。關於這方面的術，包括了人才的啓用、考核、升遷、職責劃分等等，和現代的人事管理實有相通之處。例如：韓非認爲：要避免重臣專擅的困擾，維護君主的統治，就應該：

　　　明主之道，一人不兼官，一官不兼事。卑賤不待尊貴而進，大臣不
　　　因左右而見。百官修通，群臣輻湊。有賞者君見其功，有罰者君知
　　　其罪。見知不悖於前，賞罰不蔽於後。〔註124〕

從這段話，我們可以看到：韓非強調在機構中應該劃分職權，分工專任，每個臣子都各有職司，不兼官，不兼事，這樣就可以防止重臣專攬重權的弊病，臣子之間也不致有互相推諉責任，敷衍塞責的情況。而他所主張的「因任授官，循名責實」之術，雖不容許臣子以誇大的言論，虛飾的辯才求取富貴，卻主張廣開言路，只要臣子有切實可行的建言，可以不受朝中權貴人士的壟斷和君王左右親信的矇蔽，能夠直接告訴君王。賞罰都要依照具體可見的功勞或過錯而行，不偏聽尊重大臣的一面之詞。

　　韓非強調國君要：「因任授官、循名責實」，這樣的要求，當然來自於韓非追求功利實效的價值觀，但其中卻也包含了用人唯才、實事求是的實證主義的精神，而他的目的，是在建立一套爲事擇人、培養專才、責任分工、分層負責、循序升遷的人事任用和考核制度。以現代眼光來看，這也是一套相當客觀的人事管理方法。雖然，由於時代所限，韓非把這樣的制度依托於君王之術，不過，其中精義，仍然值得後人參考。而從這方面去理解韓非的術，並體認到他期待君王通過「術」去建立健全的官僚體制，來讓國家順利運行，以走向富強的理想，應該比強調韓非「術論」的陰暗一面更具意義。

〔註122〕〈外儲說左下〉，《校釋》，頁 530。
〔註123〕〈定法〉，《校釋》，頁 76。
〔註124〕〈難一〉，《校釋》，頁 320。

第七章 《韓非子》寓言的政治理想

第一節 法勢術統合運用的思想體系

韓非政治思想的內容爲法、勢、術，他也針對此三者，以多則寓言加以解說，讓思想更爲鮮明顯豁。不過，法、勢、術雖然在理論上各有界域，各具性能，在實際運用上則相互統合、互相作用，成爲完整的法治思想。在〈定法〉中，韓非藉著與虛設問者的對答，很明確的指出：治國必須法、術兼具，缺一不可。

> 問者曰：「申不害、公孫鞅，此二家之言，孰急於國？」應之曰：
> 「是不可程也。人不食十日則死；大寒之隆，不衣亦死。謂之衣、
> 食、孰急於人？則是不可一無也，皆養生之具也。今申不害言術，
> 而公孫鞅爲法。術者，因任而授官，循名而責實，操殺生之柄，
> 課群臣之能者也；此人主之所執也。法者，憲令著於官府，刑罰
> 必於民心，賞存乎慎法，而罰加乎姦令者也；此人臣之所師也。
> 君無術則弊於上，臣無法則亂於下。此不可一無，皆帝王之具也。」
> 〔註1〕

法與術既然皆是帝王之具，而韓非思想中的「勢」，是指「人設之勢」而非「自然之勢」，人設之勢是可以透過人爲，以法建構而成，而依照韓非所說的：「人主之大物，非法則術也。」〔註2〕；「抱法處勢則治，背法去勢則亂。」

〔註1〕 〈定法〉，《校釋》，頁76～77。
〔註2〕 〈難三〉，《校釋》，頁363～364。

〔註3〕；「寄治亂於法術，託是非於賞罰，屬輕重於權衡。」〔註4〕，可以看出來：君主的「人設之勢」是要藉著法與術才能樹立起來的。所以，帝王之具就不僅是法和術，更是藉著抱法執術所建立的「人設之勢」。韓非在〈定法〉中，很詳細的說明了「法」與「術」只重其一的弊病：

> 問者曰：「徒術而無法，徒法而無術，其不可何哉？」曰：「申不害，韓昭侯之佐也。韓者，晉之別國也。晉之故法未息，而韓之新法又生；先君之令未收，而後君之令又下。申不害不擅其法，不一其憲令，則姦多。利在故法前令，則道之，利在新法後令，則道之。新故相反，前後相悖，則申不害雖十使昭侯用術，而姦臣猶有所謂其辭矣。……公孫鞅之治秦也，設告坐而責其實，連什伍而同其罪，賞厚而信，刑重而必。是以其民用力勞而不休，逐敵危而不卻，故其國富而兵強。然而無術以知姦，則以其富強也資人臣而已矣。及孝公、商君死，惠王即位，秦法未敗也，而張儀以秦殉韓、魏。惠王死，武王即位，甘茂以秦殉周。武王死，昭襄王即位，穰侯越韓、魏而東攻齊，五年而秦不益一尺之地，乃成其陶邑之封。應侯攻韓八年，成其汝南之封。自是以來，諸用秦者，皆應、穰之類也。故戰勝則大臣尊，益地則私封立，主無術以知姦也。」〔註5〕

在這段論述中，韓非很詳細的解說了法與術只執一端的流弊，申不害的問題是徒術而無法，韓國的法令不一，新法舊法，前令後令都不加以統合，因此為圖謀私利的臣子所乘，專門選擇對自己有利的法令。申不害忽略的固然是法，可是，法令前後新舊不一，而失去其標準性、規範性和強制性的結果，導至的卻是君勢不張，也因此無法防止臣下之姦。商鞅的問題則是徒法而無術，商君行法，讓秦國兵強國富，可是，由於君王沒有同時執術，以至於秦國的富強變成了人臣封地立侯、奪取榮華富貴的工具，「戰勝則大臣尊，益地則私封立。」對君國並無絲毫益處。為什麼會造成國家富強卻只讓人臣得利的現象？這是因為君王無術御臣，而讓君勢轉為臣勢，君臣之勢易位，國家自然無法得利。因此，不管是「徒術而無法」或是「徒法而無術」，所造成的結果，都是君勢無力施展，國家也無法獲得大利。由此可見，完整的治國之

〔註3〕 〈難勢〉，《校釋》，頁70。
〔註4〕 〈大體〉，《校釋》，頁715。
〔註5〕 〈定法〉，《校釋》，頁78。

道，有賴於法、術、勢三者統合運用，任何一方都不可或缺。

在〈難三〉中，韓非寫下這則寓言：

> 秦昭王問於左右曰：「今時韓、魏孰與始強？」左右對曰：「弱於始
> 也。」「今之如耳、魏齊孰與曩之孟嘗、芒卯？」對曰：「不及也。」
> 王曰：「孟嘗、芒卯率強韓魏，猶無奈寡人何也！」左右對曰：「甚
> 然！」中期推琴而對曰：「王之料天下過矣！夫六晉之時，知氏最強，
> 滅范、中行，而從韓魏之兵以伐趙，灌以晉水，城之未沈者三板。
> 知伯出，魏宣子御，韓康子爲驂乘，知伯曰：『始吾不知水可以滅人
> 之國，吾乃今知之。汾水可以灌安邑，絳水可以灌平陽。』魏宣子
> 肘韓康子，康子踐宣子之足，肘足接乎車上，而知氏分於晉陽之下。
> 今足下雖強，未若知氏；韓、魏雖弱，未至如其在晉陽之下也。此
> 天下方用肘足之時，願王勿易之也。」〔註6〕

根據《史記‧魏世家》記載，這個故事發生於魏安釐王十一年，秦國攻下魏
國城市郪丘之後。〔註7〕過一年是秦昭王四十一年。在此之前，秦昭王多次戰
勝韓、魏，此時又拔郪丘，不免顧盼自雄，因此才得意洋洋的問近侍：「現在
的韓魏兩國強還是我剛當王的時侯強？」；「現在的魏國的如耳、魏齊和過去
的孟嘗、芒卯誰比較能幹？」左右的回答都是：「現在韓魏比較弱，大臣的能
力也比較差。」這當然是秦昭王原本就料想到的答案。不過，樂官中期卻澆
了秦昭王一盆冷水，他以知伯被韓、趙、魏聯手覆滅的史事來勸諫秦昭王。
中期的話，重點在提醒秦昭王不能自以為韓魏不是對手就大意輕忽，這是相
當切實，也是十分傳統的忠言。可是，韓非卻有不同見解，他說：

> 凡明主之治國也，任其勢。勢不可害，則雖強天下，無奈何也，而
> 況孟嘗、芒卯、韓、魏能奈我何！其勢可害也，則不肖如如耳、魏
> 齊及韓魏，猶能害之。然則害與不侵，在自恃而已矣，奚問乎？自
> 恃其不可侵，則強與弱奚其擇焉？夫不能自恃，而問其奈何也，其
> 不侵也幸矣！申子曰：「失之數而求之信，則疑矣。」其昭王之謂也。
> 〔註8〕

〔註6〕〈難三〉，《校釋》，頁360。

〔註7〕《史記‧魏世家》，楊家駱主編，《新校本史記三家注》，台北：鼎文書局，頁
1854～1855。

〔註8〕〈難三〉，《校釋》，頁360。

韓非認為：明主治國應該任勢，一個國家內政安定，國力富強，具有他國無法侵犯的實力。那麼，就算天下各國聯合起來，也對這個國家無可奈何，又何況孟嘗君、芒卯、韓、魏呢？如果國力單薄，內政不修，造成容易被人侵害的情況，那麼，即使不怎麼樣的如耳、魏齊和國勢不強的韓、魏都能前來侵犯。會被侵犯或是沒有人敢侵犯，關鍵就在於「自恃」。在此，韓非所說的「自恃」，當然是指富裕的經濟力量和強大的軍事力量，換言之，也就是強盛的國力。至於如何才能「自恃」呢？當然必須「恃勢而不恃信……恃術而不恃信」。〔註9〕

此處的「信」，偏重於「忠誠」、「誠信」，是指期待他人對己的忠實而言，並非韓非主張的「信賞必罰」的「信」。因為，沒有制度之法與御臣之術，只要求他人的忠實，那是不可能的。而這樣的「自恃」也就是韓非所說的：

> 聖人之治國也，固有使人不得不為我之道，而不恃人之以愛為我也。

〔註10〕

> 聖人之治國，不恃人之為吾善也，而用其不得為非也。〔註11〕

韓非由人性自利出發，建構起他的法治思想，他主張以法建立穩固、完善的國家制度，以術控制臣子，不存私心的去推行這套制度，法的實行與術的施用造就了君王的勢，君王既有勢又懂得任勢，則法與術必能順利施展，讓國家走向富強，進而稱王成霸。韓非的這一整套治術，有賴於法、勢、術的綜合運用，而三者互相關聯，彼此具有相輔相成的效果，共同形成不可分的整體。韓非認為：有了以法、勢、術所建構的充足實力做後盾，在「當今爭於氣力」的這個時代裡，〔註12〕必然「勢不可害」。

韓非的這套法治思想，和儒家的仁政、德治自然不同，也因此，在《韓非子》書中，一再說明仁政不能治國，〈內儲說上〉有這則寓言：

> 成驩謂齊王曰：「王太仁，太不忍人。」王曰：「太仁，太不忍人，非善名邪？」對曰：「此人臣之善也，非人主之所行也。夫人臣必仁而後可與謀，不忍人而後可近也。不仁則不可與謀，忍人則不可近也。」王曰：「然則寡人安所太仁，安所不忍人？」對曰：「王太仁

〔註 9〕 〈外儲說左下〉，《校釋》，頁 521。
〔註10〕 〈姦劫弒臣〉，《校釋》，頁 216。
〔註11〕 〈顯學〉，《校釋》，頁 16。
〔註12〕 〈五蠹〉，《校釋》，頁 33。

於薛公，而太不忍於諸田。太仁薛公，則大臣無重；太不忍諸田，
則父兄犯法。大臣無重，則兵弱於外；父兄犯法，則政亂於內。兵
弱於外，政亂於內，此亡國之本也。」〔註13〕

關於前文中的「大臣無重」有數種解法，《乾道本韓非子》注為：「太仁，則
縱之驕奢，不修德義，眾必輕之，故威不得重也。」〔註14〕王先愼《韓非子
集解》則把「無」解釋為「得無」，與「無敵」之「無」字同義。〔註15〕此兩
種說法都可以解釋為什麼「大臣無重」會造成「兵弱於外」的結果。而在這
則寓言中，韓非很清楚的指出：「仁」是人臣之善，非人主之行，因為，君王
以仁治國，對重臣宗室太過優渥，法就不能無礙實行，術也不能充分施展，
法與術無從落實，勢就無法展現，也就必然政亂於內，兵弱於外。這則寓言
說明法、勢、術不施造成的負面結果，和「韓魏孰與始強」的著眼方向不同，
卻同樣以實例說明了法、勢、術統合運用的情況。韓非還說：

操法術之數，行重罰嚴誅，則可以致霸王之功。治國之有法術賞罰，
猶若陸行之有犀車良馬也，水行之有輕舟便檝也，乘之者遂得其成。
〔註16〕

聖人之所以為治道者三：一曰利，二曰威，三曰名。夫利者所以得
民也；威者所以行令也；名者上下之所同道也。非此三者，雖有，
不急矣。……夫立名號，所以為尊也；……設爵位，所以為賤貴基
也，……威、利，所以行令也，……法令，所以為治也；……官爵，
所以勸民也，……刑罰，所以擅威也。〔註17〕

君執柄以處勢，故令行禁止。柄者，殺生之制也；勢者，勝眾之資
也。廢置無度則權瀆，賞罰下共則威分。是以明主不懷愛而聽，不
留說而計。……賞賢罰暴，舉善之至者也；賞暴罰賢，舉惡之至者
也；是謂賞同罰異。賞莫如厚，使民利之；譽莫如美，使民榮之；
誅莫如重，使民畏之；毀莫如惡，使民恥之。然後一行其法，禁誅
於私家，不害。功罪賞罰必知之；知之，道盡矣。〔註18〕

〔註13〕〈內儲說上〉，《校釋》，頁405。
〔註14〕見〈內儲說上〉此節所引注釋，《校釋》，頁405。
〔註15〕王先愼，《韓非子集解》，北京：中華書局，1998年7月，頁227。
〔註16〕〈姦劫弒臣〉，《校釋》，頁224。
〔註17〕〈詭使〉，《校釋》，頁104～105。
〔註18〕〈八經〉，《校釋》，頁150～151。

從上所述，可以很清晰的看出來：韓非的政治思想是「法」、「勢」、「術」的統合運用，關於此點，學者皆無爭論，蕭公權先生即說：

> 「慎到明勢，申不害言術，而公孫鞅爲法，韓非綜合三家，以君勢
> 爲體，以法術爲用，復參以黃老之無爲，逐創成法家思想最完備的
> 系統。」〔註19〕

不過，儘管學者皆同意韓非思想爲法、勢、術的融合兼用，但三者以何爲先，各家說法卻頗有不同，主張以法、以勢、以術爲優先者皆有。亦有學者認爲須視國情與當時的客觀環境，來決定何者爲先。

例如：熊十力先生即認爲韓非思想以術爲先，他說：

> 「韓非之書，千言萬語，壹歸於任術而嚴法。雖法術兼持，而究以
> 術爲先。」〔註20〕

王邦雄先生則認爲韓非政治哲學的中心是「法」，王先生所著《韓非子的哲學》第五章第三節即是「『法』之中心思想及其體系之建立」。他指出：

> 「在韓非政治哲學之體系中，實以法爲其思想之中心，亦以法爲政
> 治之理想。勢之操權與術之執運，其本身實非目的，僅爲實現法之
> 目的性與其理想之手段；而立法以求其嚴明必行，其終極目標，則
> 指向國之治強，與霸王之業。故法在韓非政治哲學之整體架構中，
> 實爲貫通上下之樞紐。」〔註21〕

高柏園先生的論點，是以「勢」爲中心，來建構韓非的法治思想體系：

> 「筆者卻不同於王先生以法爲優先與中心，而是以勢爲優先與中心
> 所在。易言之，筆者乃是主張法、術、勢三者之間並非一平列的關
> 係，而是一優先性關係，此中乃是以勢爲優先，而法與術皆只是助
> 成君勢之充分伸張之方法與條件而已。」〔註22〕

姚蒸民先生則認爲：法勢術在韓非眼中並沒有先後的分別，至於何者爲先，要看當時情況而定。他說：

> 「勢法術三者，孰急於國？韓非眼中，並無軒輊，須視國情及其處
> 境而定……惟有針對當時客觀環境及主觀因素之需要，決定行之，

〔註19〕蕭公權，《中國政治思想史》，北京：新星出版社，2005年11月，頁151。
〔註20〕熊十力，《韓非子評論》，台北：台灣學生書局，1978年10月，頁22。
〔註21〕王邦雄，《韓非子的哲學》，台北：東大圖書公司，1979年9月，頁227。
〔註22〕高柏園，《韓非哲學研究》，台北：文津出版社，1994年9月，頁97。

　　而後乃能宏其功效也。」〔註23〕

此四種說法皆具精義，但筆者認同王邦雄教授意見，亦認為韓非政治思想係以法做為中心。韓非說：

　　　　故先王以道為常，以法為本。本治者名尊，本亂者名絕。〔註24〕

韓非既然認為道是治事的常規，法是立國的根本，法制嚴明，君王的名位就會尊貴；法制混亂，君王的名位就會喪失。可見韓非認為「法」直接關係到君王名位的榮辱得失。而在韓非思想中，君國是一體的，君的榮耀就是國的榮耀。在此意義上，可以說「法」就是國家的制度常軌，是由「道」直接而來的，也可以說「法」象徵著君王的統治地位和國家的盛衰興亡。由此可見，一個國家的政治運行應該以「法」作為中心。法既是處理政事的依據，又是治國的唯一準繩。至於君王對法的實施和運作，是通過「勢」和「術」來的。「勢」是統治的權力，「術」是統治的方法，因為，法雖然是立國的根本，在推行如果沒有術的施用，那麼，臣子或是陽奉陰違，不務實際；或是假公利之名行私欲之實。如此，國君被臣下矇蔽，就算有良法善政，也只是成為臣子以權謀私的憑藉而已。而法既然是治國的的唯一標準，那麼，就必須具有信賞必罰的強制性來作為推行法的後盾，這就是國家統治權，也就是韓非所說的「勢」。沒有信賞必罰的勢，就無以立威，威不能立，則法的制度、術的運用都成為空談。因此，法、勢、術在實際的政治運用上，必然具有完整性。而君王只要任勢施術，以推行國法，就可以讓國家政治依照制度常軌順利運行，邁向富強。

第二節　國家利益高於一切的君國思想

　　韓非思想以解決實際政治問題為依歸，他所論的法、勢、術，都是實際的治國之道，韓非認為：切實去實行這套法、勢、術統合併用的治國方案，就可以讓國家走向治強。不過，他所說的治強，並非先讓個人富裕、家族興旺，再及於國家。而是先建立繁榮強大的國家，再讓每個國民在國家保障下，享有平安富裕的生活，在這樣的思維之下，國家利益必然高於個人利益。〈外儲說右下〉有這麼一段話：

─────────────

〔註23〕姚蒸民，《韓非子通論》，台北：東大圖書公司，1999年3月，頁245。
〔註24〕〈飾邪〉，《校釋》，頁209。

　　田鮪教其子田章曰：「欲利而身，先利而君；欲富而家，先富而國。」
〔註25〕

這段記述極形象化的描繪出一位父親教導兒子的畫面，田鮪並非不在乎兒子的利益和家族的富裕，不過，他教導兒子的卻是：要把君王的利益和國家的富有放在自己的利益和家族的富有之上。這充分表明了韓非對於「公利」和「私利」的觀點。

　　韓非所說的「公利」，是指人主之大利，也就是從「富國強兵」到「王天下」。他說：「匹夫有私便，人主有公利。不作而養足，不仕而名顯，此私便也。息文學而明法度，塞私便而一功勞，此公利也。」〔註26〕為什麼「公利」要和「人主」相連呢？這是因為在當時的政治情勢下，國家為國君所有，「君」也就代表了「國」，由於君和國相連，所以，韓非把國君認同是「公」，也因此，君的利就是國的利，也就是天下的「公利」。和「公」相對的就是「私」，為了維護公必須廢私，所以，在一國之內只能有國君的公法，而不能有個人的私術。

　　不過，儘管韓非把「公」、「私」區別得相當清楚，陳拱先生卻認為韓非根本沒有「公利」的概念，他說：

　　　「在韓非『純利的人際觀』之下，要說道絕無公道可信，要說利全
　　　是私利，有大私利（如人主的『君、國之利』），及小私利（如人臣
　　　的『身、家之利』），絕無公利可言。」〔註27〕

　　陳拱先生對韓非的人和學術思想都少有肯定之說，此處認為韓非絕無公利亦然。但事實上，韓非固然強調人性自利，卻也強調在「利」的趨使下，自利的人性反而可以促進人們的合作，同時，正因為人性自利，才能夠做為治國的基礎，以「公法」來「去私」，創造君國的「公利」。

　　韓非認為人性是「自為」的，「自為」在面對種種具誘惑性的外物時，必然會引起爭奪。而在人與人之間的私利發生衝突時，作為仲裁的就是國家的法律，法律代表公利，是私利之間衝突的規範者。

　　不過，韓非又認為：公利和私利會有矛盾，他說：「古者蒼頡之作書也，自環者謂之私，背私謂之公，公私之相背也，乃蒼頡固以知之矣。」〔註28〕

〔註25〕〈外儲說右下〉，《校釋》，頁 600。
〔註26〕〈八說〉，《校釋》，頁 136。
〔註27〕陳拱，《韓非思想衡論》，台北：台灣商務印書館，2008 年 5 月，頁 140。
〔註28〕〈五蠹〉，《校釋》，頁 44。

在〈五蠹〉中，韓非用兩則寓言來具體說明「公私相背」的情況。

> 楚之有直躬，其父竊羊而謁之吏，令尹曰：「殺之。」以為直於君而曲於父，報而罪之。以是觀之，夫君之直臣，父之暴子也。〔註29〕

> 魯人從君戰，三戰三北，仲尼問其故，對曰：「吾有老父，身死莫之養也」。仲尼以為孝，舉而上之。以是觀之，夫父之孝子，君之背臣也。〔註30〕

這兩則寓言具有相連意義，第一則說明「君之直臣，父之暴子」，第二則說明「父之孝子，君之背臣」。而其主旨皆在顯示：公利與私利不但會有衝突，還會有很大的衝突。

韓非認為：既然公利與私利的衝突不可避免，那麼，在發生衝突時，就必須以國家的力量壓制私利，維護公利，亦即：「夫立法令者，所以廢私也，法令行而私道廢矣。私者，所以亂法也。」〔註31〕他這樣批評只見私利而不知公利的人：

> 今上急耕田墾草以厚民產也，而以上為酷；修刑重罰以為禁邪也，而以上為嚴；徵賦錢粟以實倉庫，且以救饑饉備軍旅也，而以上為貪；境內必知介，而無私解，并力疾鬥所以禽虜也，而以上為暴。

> 此四者所以治安也，而民不知悅也。〔註32〕

不過，雖然韓非主張「去私行，行公法」〔註33〕，卻並非否定私利，他一再強調：「凡治天下，必因人情。」〔註34〕他所說的「人情」，就是人性自利的自為心。他又說：「利所禁，禁所利，雖神不行；譽所罪，毀所賞，雖堯不治。夫為門而不使入，委利而不使進，亂之所以產也。」〔註35〕可見他並不否定私利和不要私利，只不過當私利和公利發生衝突的時候，就必須廢私而奉公。他說：「聖人之治民，度於本，不從其欲，期於利民而已。」〔註36〕韓非認為：「利民」和「從其欲」不同，「利民」是要滿足全體人民的私利；「從其欲」

〔註29〕同上注。
〔註30〕同上注。
〔註31〕〈詭使〉，《校釋》，頁113。
〔註32〕〈顯學〉，《校釋》，頁22。
〔註33〕〈有度〉，《校釋》，頁253。
〔註34〕〈八經〉，《校釋》，頁150。
〔註35〕〈外儲說左下〉，《校釋》，頁522。
〔註36〕〈心度〉，《校釋》，頁813。

只是滿足個別人民的私利，這兩者之間是有很大分野的。

事實上，韓非所指的「私」，尚不僅爲個人，亦包括國內的達官巨室。韓非處於中國由諸侯分封向中央集權的轉型時期，〔註 37〕當時各國王公貴族中爲數甚多都擁有廣大田財和驕人權勢，養士之風極爲普遍，戰國四公子即爲最顯著例證。韓非認爲：除個人之私外，這些亦皆是與國家大利悖反之「私」，是混亂國家秩序、影響國家利益的根源，必須加以管制、廢除。韓非如此說明個人因私利而依托權貴之門：

> 民之故計，皆就安利如辟危窮。今爲之攻戰，進則死於敵，退則死於誅，則危矣。棄私家之養，而必汗馬之勞，家困而上弗論，則窮矣。窮危之所在也，民安得勿避？故事私門而完解舍，解舍完則遠戰，遠戰則安。行賄賂而襲當塗者則求得，求得則利。安利之所在，安得勿就？是公民少而私人眾矣。〔註38〕

「公民」是指忠於君國的人，「私人」是指忠於私門的人。如果一國之中，忠於君王的少，忠於王公大臣的多，那麼，田賦收入就多歸私門，戰爭發生時無人從軍，不要說達到國富兵強的目標自如緣木求魚。就因此，韓非立主廢私行而奉公法。如：

> 夫立法令者，所以廢私也，法令行而私道廢矣。私者，所以亂法也。〔註39〕

> 國無常強，無常弱。奉法者強，則國強；奉法者弱，則國弱。〔註40〕

> 能去私曲，就公法者，民安而國治；能去私行，行公法者，則兵強而敵弱。〔註41〕

> 明主之道，必明於公私之分，明法制，去私恩。夫令必行，禁必止，人主之公義也。必行其私，信於朋友，不可爲賞勸，不可爲罰沮，人臣之私義也。私義行則亂，公義行則治，故公私有分。〔註42〕

> 知下明則公私分，公私分則朋黨散，朋黨散則無外障距、內比周之

〔註37〕 張純、王曉波，《韓非思想的歷史研究》，台北：聯經，1994 年 12 月，頁 1～2。
〔註38〕 〈五蠹〉，《校釋》，頁 58。
〔註39〕 〈詭使〉，《校釋》，頁 113。
〔註40〕 〈有度〉，《校釋》，頁 249。
〔註41〕 同上注，頁 253。
〔註42〕 〈飾邪〉，《校釋》，頁 211～212。

患。〔註43〕

由於韓非認為人人皆有趨利避害之心，而此自為的利害心使一般人皆見私行、私義、私恩、私行的小利，而無法完成國家大利。為了統合眾人私利，歸於國家公利，必須立法以為準則，去公私相背和君臣異利，讓君王臣民都有所遵循，把社會每一個成員都納入國法軌道中，如此，才能去私行就公法，國家依法而治，就能達成治強的目標。

　　韓非這套理論，和西方的國家主義有相通之處，雙方都主張要有一個強有力的政府來作為人民的保障，而強有力的政府又需要強有力的領袖來支撐，在君國合一的時代，這就歸結於國君的集權，薩孟武先生就針對德國的國家主義表示：

　　「德國學者不論 L.kant（1724～1804），不論 J.G.Fichte（1762～1814），多少都帶有國家主義的色彩。但是強有力的保護政策需要強有力的政府來實行，而強有力的政府又需要強有力的君主來撐持。當時德國尚未完成統一之業，剛好普魯士自裴特烈大王以來，不乏明君賢主，勵精圖治。……於是德國學者遂創造了國家主權之說。……例如黑格兒（G.W.F.Hegel, 1770～1831）以國家為最高道德團體，付以一種人格，以為主權應屬於國家。但他又謂君主代表國家，而宜掌握主權。又如布倫士利（J.K.Bluntschli, 1808～1881）以國家為一種有機體而有主權，同時又說，主權在國家之內應有所歸屬，即應歸屬於君主。」〔註44〕

　　德國法學家拉德布魯赫（Gustav Radbruch 1878～1949）則以他所主張的「相對價值主義」，把法的價值分為三種。他說：

　　「法的最高目的或價值有三種：個人主義（個人價值）、超個人主義（集體價值）和超人格主義（作品價值）。」〔註45〕

　　從薩孟武先生對國家主義的分析和拉德布魯赫法理學對法最高目的或價值的分類，我們可以看到：韓非所主張的公利高於私利；君王代表國家的君國主義思想，顯然和西方的國家主義與集體價值有相通之處。陳啟天先生就

〔註43〕〈難三〉，《校釋》，頁354。
〔註44〕薩孟武，《政治學》，作者自行發行，三民書局民總經，1975年11月，頁65。
〔註45〕古斯塔夫・拉德布魯赫著，黎冷、潘嵩譯，《法學導論》，台北：台灣實業，2004年6月，頁20～22。

認爲：法家的總方略，就是國家主義。他說：

> 「這種總方略，應用於政治上，便成了中央集權的政治制度，也可
> 以叫『政治的國家主義』；應用於軍事上，便成了軍國主義，也可叫
> 做『軍事的國家主義』；應用於經濟上，便成了重農主義與統制經濟，
> 也可叫做『經濟的國家主義』；應用於文化上，便成了統一思想與統
> 一教育的政策，也可叫做『文化的國家主義』。」〔註46〕

誠如陳啓天先生所言，韓非以君國爲整體，以國富兵強爲目標的思想，的確
與國家主義有相似之處。韓非認爲：爲了達成國家治強的目標，必須建立一
套制度，成爲國民行爲的共同標準，維持社會秩序、維護國家安全、保障人
民生活財產，這套制度就是「法」。而爲了維護和實行這套制度，必須輔以「勢」
和「術」，三者交互並用，才能使經濟富庶、軍力強大。也因此，必須要「去
私行，行公法」；「明法制，去私恩」。在此，「法」代表了國家的「公」，這和
個人的「私」、朋黨的「私」、諸侯貴族的「私」是對立的。

在〈八說〉中，韓非以八種獲得世人尊敬的行爲其實是違反了國家公眾
的利益來說明公私之分：

> 爲故人行私，謂之不棄；以公財分施，謂之仁人；輕祿重身，謂之
> 君子；枉法曲親，謂之有行；棄官寵交，謂之有俠，離世遁上，謂
> 之高傲，交爭逆令，謂之剛材，行惠取寵，謂之得民。不棄者，吏
> 有姦也；仁人者，公財損也；君子者，民難使也；有行者，法制毀
> 也；有俠者，官職曠也；高傲者，民不事也；剛材者，令不行也；
> 得民者，君上孤也。此八者，匹夫之私譽，人主之大敗也；反此八
> 者，匹夫之私毀，人主之公利也。人主不察社稷之利害，而用匹夫
> 之私譽，索國之無危亂，不可得矣。〔註47〕

韓非所說的八種行爲，其實包含了數種不同性質，並不能混爲一談，其中，
像是爲故人行私、枉法曲親、以公財分施之類，確乎以私害公；但輕祿重身、
棄官寵交、離世遁上純屬個人行爲，與他人無涉；至於交爭逆令，實爲直臣
之行；行惠取寵，乃博施濟眾。但韓非卻將其皆視爲「匹夫私譽」。原因即在
於此八種行爲有一共同特色——皆以個人價值爲基礎。若由集體價值「君國
利害」作爲出發點，則此八者雖性質各異，有損君國公利的結果卻相同，因

〔註46〕陳啓天，《中國法家概論》，台北：中華書局，1985年9月，頁186～187。
〔註47〕〈八說〉，《校釋》，頁133。

此必須反對。在〈外儲說右上〉中，韓非舉出這則寓言：

> 太公望東封於齊，海上有賢者狂矞，太公望聞之，往請焉，三卻馬
> 於門，而狂矞不報見也，太公望誅之。當是時也，周公旦在魯馳往
> 止之，比至，已誅之矣。周公旦曰：「狂矞，天下賢者也，夫子何爲
> 誅之？」太公望曰：「狂矞也，議不臣天子，不友諸侯，吾恐其亂法
> 易教也，故以爲首誅。今有馬於此，形容似驥也，然馳之不往，引
> 之不前，雖臧獲不託足以旋其軫也。」〔註48〕

這則寓言有兩個版本，此處所引爲較簡略的一則，太公望所殺的賢者也僅有
狂矞一人。在另一個版本裡，被殺的則是狂矞、華士昆弟二人。對於他們被
殺的理由，也有更詳細的說明：「是昆弟二人立議曰：吾不臣天子，不友諸侯，
耕作而食之，掘井而飲之，吾無求於人也。無上之名，無君之祿，不事仕而
事力。彼不臣天子者，是望不得而臣也；不友諸侯者，是望不得而使也；耕
作而食之，掘井而飲之，無求於人者，是望不得以賞罰勸禁也。且無上名，
雖知不爲望用；不仰君祿，雖賢不爲望功。不仕則不治，不任則不忠。且先
王之所以使其臣民者，非爵祿則刑罰也。今四者不足以使之，則望當誰爲君
乎？不服兵革而顯，不親耕耨而名，又所以教於國也。……已自謂以爲世之
賢士，而不爲主用，行極賢而不用於君，此非明主之所臣也，亦驥之不可左
右矣，是以誅之」。〔註49〕

韓非借太公望對周公的說明，很詳細的解釋了當爵祿、刑罰都沒有辦法
讓爲世俗所稱譽的人爲君國效命的時候，唯一的方法就是把他除掉。用韓非
所說的：「賞之、譽之，不勸；罰之、毀之，不畏；四者加焉不變，則除之。」
〔註50〕對照這則寓言，就更能夠感受到其中所蘊含的：國家至上、君國一體，
國家公利絕對高於個人私行的集體價值觀。

第三節　國富兵強的終極目標

韓非認爲：在「當今爭於氣力」的時代，一個國家要在國際競爭中圖生
存與發展，第一要務就是必須求富強，至於國家如何走向富強？根本方法就

〔註48〕　〈外儲說右上〉，《校釋》，頁 565。
〔註49〕　同上注。
〔註50〕　同上注，頁 558。

在於綜合運用法、勢、術，建立起穩固堅實的國法制度，內政清明，國家才能富強。至於外交，要建立在國富兵強的基礎上，如果不在內政上求改革、圖富強，只企圖借外交鞏固國家，結果不是誤國，就是亡國。

戰國時代是縱橫家游走各國的時代，當時各國為了拉攏其他國家，所進行的外交政策主要是「合縱」與「連橫」。合縱就是南北縱列的國家聯合起來，共同對付強國，阻止齊、秦兩國兼併弱國；連橫就是秦或齊拉攏一些國家，共同進攻另外一些國家。合縱的目的在於聯合許多弱國抵抗一個強國，以防止強國的兼併。連橫的目的在於事奉一個強國以為靠山，從而進攻另外一些弱國，以達到兼併和擴展土地的目的。當時的最著名的縱橫家除了主張合縱的蘇秦，主張連橫的張儀之外，還有公孫衍、范雎等人。

不過，儘管縱橫家遊走各國，他們的外交理論也為不少國君接受，韓非卻認為：要國富兵強，內政比外交重要，熊十力先生就指出：

> 「韓子生危弱之國，而於外交力則斥盡當時合縱連橫二派之術，乃一以自恃而不恃人為國策。……韓子思振危亡之韓國，首以治吏為政本。……詳韓子所言，蓋謂聖人守法，而選用大臣，大臣則奉法而督責群吏，使各率其民，而舉其職，則治本立。」〔註51〕

熊先生認為韓非主張自恃而不恃人的國策，和其個人背景有關。而韓非在〈五蠹〉篇中，也詳細說明了他反對縱橫家的理由：

> 群臣之言外事者，非有分於從橫之黨，則有仇讎之忠，而借力於國也。「從」者、合眾弱以攻一強也；而「衡」者、事一強以攻眾弱也；皆非所以持國也。今人臣之言衡者，皆曰：「不事大，則遇敵受禍矣。」事大必有實，則舉圖而委，效璽而請矣。獻圖則地削；效璽則名卑，地削則國弱；名卑則政亂矣。事大為衡，未見其利也，而亡地亂政矣。人臣之言從者，皆曰：「不救小而伐大，則失天下。失天下則國危，國危而主卑。」救小必有實，則起兵而敵大矣。救小未必能存，敵大未必不有疏，有疏則為強國制矣。出兵則軍敗，退守則城拔，救小為從，未見其利，而亡地敗軍矣。是故事強，則以外權士官於內，救小，則以內重求利於外。國利未立，封土厚祿至矣；主上雖卑，人臣尊矣；國地雖削，私家富矣。事成，則以權長重；事敗，則以富退處。人主之聽說於其臣，事未成，則爵祿已尊矣。事敗而

〔註51〕 熊十力，《韓非子評論》，台北：台灣學生書局，1978 年 10 月，頁 47～49。

弗誅，則游說之士，孰不爲用繒繳之說，而徼倖其後。〔註52〕

在這段論述中，韓非認爲：不管合縱或連橫，非但不是保全自己國家的辦法，甚至可能會造成反效果。不過，主張這些外交政策的人，卻並不在乎國家的利益，他要的是自己的利益。所以，儘管「主上卑，國地削」，所謂縱橫家之流完全無動於衷，因爲，君卑地削對他完全無損，他個人從中獲得的，是「人臣尊，私家富」的豐厚財富；是「事成則以權長重，事敗則以富退處」的左右逢源。韓非看到這種情形，才針對事實提出了他的看法。除了論述之外，他還舉出臣子借勾結外國自重的寓言：

翟璜，魏王之臣也，而善於韓，乃召韓兵令之攻魏，因請爲魏王攜之，以自重也。〔註53〕

大成午從趙謂申不害於韓曰：「子以韓重我於趙，請以趙重子於韓，是子有兩韓，我有兩趙。」〔註54〕

這兩則寓言中的翟璜是魏臣，大成午是趙臣，可是，他們卻都企圖以與其他國家交好來增加自己的份量。在〈內儲說下〉中，除了「翟璜召韓兵」和「兩韓兩趙」這兩則寓言之外，「公叔內齊軍」〔註55〕、「司馬喜善趙」〔註56〕、「呂倉善外國」〔註57〕、「宋石遺衛君書」、〔註58〕「白圭教暴譴」〔註59〕也都是性質相同的寓言，這些寓言清晰暴露了臣子只求自己富貴，不惜讓國家處於危難的醜惡形象，也更具體的表現出韓非對縱橫家的看法。而除了重視外交，就會讓臣子有勾結外敵的機會之外，韓非也認爲：國與國之間，爲的是各自

〔註52〕　〈五蠹〉，《校釋》，頁 53～54。

〔註53〕　〈內儲說下〉，《校釋》，頁 441。

〔註54〕　同上注，頁 442。

〔註55〕　原文爲：「公叔相韓而有攻齊，公仲甚重於王，公叔恐王之相公仲也，使齊、韓約而攻魏，公叔因內齊軍於鄭，以劫其君，以固其位，而信兩國之約。」，內儲說下，《校釋》，頁 441。

〔註56〕　原文爲：「司馬喜，中山君之臣也，而善於趙，嘗以中山之謀微告趙王。」，內儲說下，《校釋》，頁 443。

〔註57〕　原文爲：「呂倉，魏王之臣也，而善於秦、荊，微諷秦、荊令之攻魏，因請行和以自重也。」，內儲說下，《校釋》，頁 443。

〔註58〕　原文爲：「宋石，魏將也。衛君，荊將也。兩國搆難，二子皆將，宋石遺衛君書曰：『二軍相當，兩旗相望，唯毋一戰，戰必不兩存，此乃兩主之事也，與子無有私怨，善者相避也。』」，內儲說下，《校釋》，頁 443。

〔註59〕　原文爲：「白圭相魏，暴譴相韓。白圭謂暴譴曰：『子以韓輔我於魏，我請以魏待子於韓，臣長用魏，子長用韓。』」，內儲說下，《校釋》，頁 444。

的利益。本身沒有實力，去依賴其他國家是根本靠不住的。在〈說林上〉中，他舉出下列兩則寓言：

> 齊攻宋，宋使臧孫子南求救於荊，荊王大悅，許救之甚勸，臧孫子憂而反，其御曰：「索救而得，今子有憂色，何也？」臧孫子曰：「宋小而齊大，夫救小宋而惡於大齊，此人之所以憂也，而荊王說，必以堅我也。我堅而齊敝，荊之所利也。」臧孫子乃歸。齊人拔五城於宋，而荊救不至。〔註60〕

> 晉人伐邢，齊桓公將救之，鮑叔曰：「太蚤。邢不亡，晉不敝；晉不敝，齊不重。且夫持危之功，不如存亡之德大。君不如晚救之以敝晉，其實利；待邢亡而復存之，其名美。」桓公乃弗救。〔註61〕

在第一個故事裡，楚王假意答應臧孫子去救宋國，目的是讓宋人以為堅強抵抗齊國，就可以等到楚國的援軍，事實上，楚王的計劃就是要借宋國來消耗齊國的戰力，如此，楚國才可以從中得利。而最終結果，楚國救宋，果真是口惠而實不至。

在第二個故事裡，齊桓公原本要救被晉國攻擊的邢國，卻被鮑叔牙以兩個理由勸阻，第一是要到邢國抵抗到滅亡的地位，晉國才會兵倦國疲。第二是扶持危國的功勞不如復興亡國的恩德來得大。齊桓公聽了鮑叔牙的話，就不去救邢國了。

這兩則寓言都很清楚的表明：每個國家最看重的都是自己的利益，甚至，有時候，看來最親密的友邦正是最可怕的敵人。〈說難〉上有這則寓言：

> 昔者、鄭武公欲伐胡，故先以其女妻胡公，以娛其意。因問於群臣曰：「吾欲用兵，誰可伐者？」大夫關其思對曰：「胡可伐。」武公怒而戮之，曰：「胡，兄弟之國也，子言伐之，何也！」胡君聞之，以鄭為親己，遂不備鄭，鄭人襲胡取之。〔註62〕

韓非雖然以此則寓言來說明遊說之難，不過，換個角度看，這個故事也充分顯示出鄭武公的權謀虛偽，他為了伐胡，先把女兒嫁給胡國國君以示友好，又借著殺那個搞不清楚狀況的老實人關其思，來表示自己對胡國是真正的兄弟之邦，結果，卻在胡君對他完全信任的情況下一舉消滅胡國。鄭武公伐胡，

〔註60〕 〈說林上〉，《校釋》，頁618。
〔註61〕 同上注，頁616。
〔註62〕 〈說難〉，《校釋》，頁277。

證明了所謂「兄弟之國」不但靠不住，往往還最包藏禍心。韓非認爲：國與國的關係，本質上是「力多則人朝，力寡則朝於人。」〔註63〕因此，「國小則事大國，兵弱則畏強兵。大國之所索，小國必聽；強兵之所加，弱國必服。」〔註64〕

　　韓非從歷史實例，體會到「力」才是國家謀生存、圖發展的唯一條件，而力的多寡並不完全決定於國家面積的大小，而是決定於軍事力量的強弱。他說：

　　　　「國雖大而兵弱者，地非其地，民非其民也。無地無民，堯舜不能以王，三代不能以強。」〔註65〕

不過，維持強大的軍事力量，是需要經濟和財政做後盾的，在以農業經濟爲主的戰國時代，經濟發達仰賴於生產力的增加，所以，韓非除了重視「戰」，也同樣重視「農」。他提出：「能趨力於地者富，能趨力於敵者強。」〔註66〕的「自恃而不恃人」國策，就是以明法、任勢、用術爲基礎，鼓勵生產，堅實國防，建立一個國富兵強的國家，讓他國不敢輕侮。韓非說：

　　　治強不可責於外，內政之有也。今不行法術於內，而事智於外，則不至於治強矣。〔註67〕

　　　簡法禁而務謀慮，荒封內而恃交援者，可亡也。……恃交援而簡近鄰，怙強大之救，而侮所迫之國者，可亡也。〔註68〕

　　　三王不待離合，而五霸不待從橫，察治內以裁外而已。〔註69〕

上述文字明白顯示：韓非認爲內政遠比外交重要，而修明的內政，正是富強的基礎，對於韓非以兵強國富做爲最終目標的思想，錢穆先生這樣說：

　　　「韓非之所注重則僅在富強。而彼心中之富強，則是專屬於統治階層的。」〔註70〕

　　誠然，韓非的政治思想是爲君主統治立說，他所論的法、術、勢，最後

〔註63〕〈顯學〉，《校釋》，頁16。
〔註64〕〈八姦〉，《校釋》，頁187。
〔註65〕〈飾邪〉，《校釋》，頁206。
〔註66〕〈心度〉，《校釋》，頁816。
〔註67〕〈五蠹〉，《校釋》，頁54。
〔註68〕〈亡徵〉，《校釋》，頁116。
〔註69〕〈忠孝〉，《校釋》，頁824。
〔註70〕錢穆，《中國思想史》，台北：台灣學生書局，1985年11月，頁81。

也都歸結於國君的集權。不過，韓非心中的富強，卻並不專屬於統治階層，而是屬於每一個國民的。他說：

> 聖人者，審於是非之實，察於治亂之情也。故其治國也，正明法，陳嚴刑，將以救群生之亂，去天下之禍，使強不陵弱，眾不暴寡，耆老得遂，幼孤得長，邊境不侵，君臣相親，父子相保，而無死亡繫虜之患，此亦功之至厚者也。〔註71〕

此段話相較於《禮記‧禮運》：「人不獨親其親，不獨子其子，老有所終，壯有所用，幼有所長，矜寡孤獨廢疾者，皆有所養。男有分，女有歸。貨，惡其棄於地也，不必藏於己；力，惡其不出於身也，不必為己。是故，謀閉而不興，盜竊亂賊而不作。」〔註72〕似乎也未遑多讓。而在那個烽火連天，「斷頭裂腹，播骨乎原野者，無宅容身，身死田奪。」〔註73〕；「死士之孤，飢餓乞於道」〔註74〕的時代裡，韓非以國家富強，能夠保衛國民為基礎，冀望國土避免強敵的侵凌，人民免於離亂的悲苦，每個人、每個家庭，不受戰爭離亂的危害，不被死亡陰影所籠罩，讓孩子不會失去父親，妻子不要永別夫婿，大家都能夠享有和平安定的生活。這段話描繪出的《韓非子》中最令人動容的部份，也是韓非美好社會的藍圖。他富國強兵，期望君國稱王成霸的最後目的即在於此。

清代學者王先謙先生極為認同韓非這段話，他在王先慎《韓非子集解》的序中這樣說：

> 「非論說固有偏激，然其云明法嚴刑，救羣生之亂，去天下之禍，使強不陵弱，眾不暴寡，耆老得遂，幼孤得長，此則重典之用而張弛之宜，與孟子所稱及閒暇明政刑，用意豈異也！」〔註75〕

但近人陳拱先生卻對王先謙的意見並不認同，他認為：「此段文辭決非韓非自己所能說出，依他自陷於無底的黑洞之情衡之，並無可能，乃全是襲用墨子之言而成的。」〔註76〕

〔註71〕〈姦劫弒臣〉，《校釋》，頁219。
〔註72〕《禮記‧禮運》，鄭玄注，孔穎達疏，《禮記正義》，海口：海南國際新聞出版中心，1996年11月，頁401。
〔註73〕〈詭使〉，《校釋》，頁109。
〔註74〕同上注，頁108。
〔註75〕王先謙，《韓非子集解》序，北京：中華書局，1998年7月，頁2。
〔註76〕陳拱，《韓非思想衡論》，台北：台灣商務印書館，2008年5月，頁218。陳拱先生認為韓非此段話乃襲用《墨子‧兼愛下》篇前數段之意，〈兼愛下〉原

陳拱先生所指韓非襲用墨子的〈兼愛下〉篇前數段，確有「仁人之事者，必務求興天下之利，除天下之害。」、「強之劫弱，眾之暴寡，詐之謀愚，貴之敖賤，此天下之害也。」、「爲人君者之不惠也，臣者之不忠也，父者之不慈也，子者之不孝也，此又天下之害也。」〔註77〕等語，陳先生認爲韓非「救群生之亂，去天下之禍，使強不陵弱，眾不暴寡，耆老得遂，幼孤得長，邊境不侵，君臣相親，父子相保，而無死亡繫虜之患」之言，即是因襲墨子此些思想，不過，在戰國時代，強陵弱、眾暴寡是普遍情形，所以，韓非才會說：「當今爭於氣力」。因此很難說是因襲，至於墨子所說的：「父之不慈子，兄之不慈弟，君之不慈臣，此亦天下之所謂亂也。」〔註78〕則又與韓非認爲的人性自利，無關善惡，在根本上有異。因此，把韓非這段話完全視爲襲用，似乎對韓非並不公平。

不過，韓非以現實功利爲取向，把國富兵強做爲政治最終目的與價值的思想，卻無可避免的會出現流弊，韓非原本以爲：「立法術、設度數，所以利民萌，便眾庶之道也。」〔註79〕結果卻造成了君權過度擴張的專制統治，國

文第一、二段爲：子墨子言曰：「仁人之事者，必務求興天下之利，除天下之害。」然當今之時，天下之害孰爲大？曰：「若大國之攻小國也，大家之亂小家也，強之劫弱，眾之暴寡，詐之謀愚，貴之敖賤，此天下之害也。又與爲人君者之不惠也，臣者之不忠也，父者之不慈也，子者之不孝也，此又天下之害也。又與今人之賤人，執其兵刃、毒藥、水、火，以交相虧賊，此又天下之害也。「姑嘗本原若眾害之所自生，此胡自生？此自愛人利人生與？即必曰非然也，必曰從惡人賊人生。分名乎天下惡人而賊人者，兼與？別與？即必曰別也。然即之交別者，果生天下之大害者與？是故別非也。」
子墨子曰：「非人者必有以易之，若非人而無以易之，譬之猶以水救火也，其說將必無可焉。」是故子墨子曰：「兼以易別。然即兼之可以易別之故何也？曰：藉爲人之國，若爲其國，夫誰獨舉其國以攻人之國者哉？爲彼者由爲己也。爲人之都，若爲其都，夫誰獨舉其都以伐人之都者哉？爲彼猶爲己也。爲人之家，若爲其家，夫誰獨舉其家以亂人之家者哉？爲彼猶爲己也，然即國、都不相攻伐，人家不相亂賊，此天下之害與？天下之利與？即必曰天下之利也。姑嘗本原若眾利之所自生，此胡自生？此自惡人賊人生與？即必曰非然也，必曰從愛人利人生。分名乎天下愛人而利人者，別與？兼與？即必曰兼也。然即之交兼者，果生天下之大利者與？」是故子墨子曰：「兼是也。且鄉吾本言曰：‘仁人之事者，必務求興天下之利，除天下之害。’今吾本原兼之所生，天下之大利者也；吾本原別之所生，天下之大害者也。」是故子墨子曰：「別非而兼是者，出乎若方也。」
〔註77〕孫詒讓，《墨子閒詁·卷四，兼愛下第十六》，北京：中華書局，頁74。
〔註78〕同前注，〈兼愛上第十四〉，頁65。
〔註79〕〈問田〉，《校釋》，頁310。

富兵強只造福了統治者，一般平民百姓少蒙其利，這大概也是韓非始料未及的吧。

第四節　小結

　　韓非的政治思想爲法、勢、術，此三者雖然在理論上各有界域，各具性能，但在實際運用上，則相互統合、互相作用，成爲完整的法治思想。韓非即以此法、勢、術綜合運用的思想建構起他的法治理論。他認爲：一個國家的治國方略應該以法做爲唯一準繩。至於君王對法的實施和運作，則是通過「勢」和「術」而來。「勢」是統治的權力，「術」是統治的方法。韓非認爲：在推行「法」時，如果沒有「術」的施用，國君就會被臣子矇蔽，讓法或是達不到效果，或是成爲臣子謀取私利的工具。同樣，在推行「法」時，的如果沒有「勢」予以信賞必罰的強制，法也就只是空談而已。因此，法、勢、術在實際的政治運用上，必然具有完整性。

　　韓非思想以實際政治爲依歸，他認爲：只要切實施行這一套法、勢、術綜合運用的理論，就可以讓國家邁向富強。韓非的時代，是一個強凌弱，眾暴寡的亂世，韓非的祖國韓國是一個夾在眾大國之間的小國，韓非看到韓國的積弱，也看到人民在戰火中的流離與淒涼，他認爲：這是一個國力不強的國家，處於「爭於氣力」的時代下的悲哀，而要從這樣的悲哀中超脫出來，就必須「力多則人朝」，秉持「自恃而不恃人」的國策，修明內政，力行法治，把國家建設得既富且強，然後，在國家力量的保衛下，讓每個國民安居樂業。基於這樣的理念，韓非主張國家公利絕對高於個人私行的集體價值觀。

　　韓非所謂的「公利」，也就是「富國強兵」。他說：「匹夫有私便，人主有公利。不作而養足，不仕而名顯，此私便也。息文學而明法度，塞私便而一功勞，此公利也。」〔註 80〕「公利」何以要與「人主」相連呢？這是因爲在當時的政治情勢下，國家爲國君所有，「君」也就代表了「國」，由於君國一體，所以，韓非把國君認同是「公」，也因此，君的利就是國的利，也就是天下的「公利」。和「公」相對的就是「私」，爲了行公必須廢私，所以，在一國之內只能有國君的公法，而不能有個人的私術。出於這樣的理念，韓非摒棄一切個人價值，只保留了唯一的價值——國富兵強的君國功利，而讓兵強

〔註 80〕　〈八說〉，《校釋》，頁 136。

國富的關鍵是軍事力量與經濟力量，也就是耕與戰。以此，韓非認爲凡無利耕戰者皆爲無用，他說：

> 博習辯智如孔、墨，孔、墨不耕耨，則國何得焉？修孝寡欲如曾、史，曾、史不戰攻，則國何利焉？〔註81〕

韓非之堅決反對儒墨，就是因爲儒士與墨俠皆無益於耕戰，他說：

> 藏書策，習談論，聚徒役，服文學而議說，世主必從而禮之，曰：「敬賢士，先王之道也。」夫吏之所稅，耕者也；上之所養，學士也。耕者則重稅，學士則多賞，而索民之疾作而少言談，不可得也。立節參名，執操不侵，怨言過於耳，必隨之以劍，世主必從而禮之，以爲自好之士。夫斬首之勞不賞，而家鬭之勇尊顯，而索民之疾戰距敵，而無私鬭，不可得也。國平則用儒俠，難至則用介士，所養者非所用，所用者非所養，此所以亂也。〔註82〕

同樣是基於富強的理由，他主張法治而反對儒家的仁治，並把「仁」與「暴」相提並論，闡述兩者都足以亡國。他說：

> 明主者，通於富強，則可以得欲矣。故謹於聽治，富強之法也。明其法禁，察其計謀。法明，則内無變亂之患；計得，則外無死虜之禍。故存國者，非仁義也。仁者，慈惠而輕財者也；暴者，心毅而易誅也。慈惠則不忍，輕財則好與，心毅則憎心見於下，易誅則妄殺加於人。不忍則罰多宥赦，好與則賞多無功，憎心見則下怨其上，妄誅則民將背叛。故仁人在位，下肆而輕犯禁法，偷幸而望於上；暴人在位，則法令妄而臣主乖，民怨而亂心生。故曰：仁、暴者，皆亡國者也。〔註83〕

韓非爲了求國家富強，非但反對儒墨，反對仁治，就連輕祿重身、棄官寵交、離世遁上的隱士之流也一律反對，甚至在無法用賞罰毀譽控制他們時就予以殺害。他表示：「賞之、譽之，不勸；罰之、毀之，不畏；四者加焉不變，則除之。」〔註84〕

韓非還認爲一個徹底實行法治的社會是這樣的：

〔註81〕同上注。

〔註82〕〈顯學〉，《校釋》，頁 10。

〔註83〕〈八說〉，《校釋》，頁 144～145。

〔註84〕〈外儲說右上〉，《校釋》，頁 558。

無書簡之文，以法為教；無先生之語，以吏為師；無私劍之捍，以
斬首為勇。是以境內之民，其言談者必軌於法，動作者歸之於功，
為勇者盡之於軍。是故無事則國富，有事則兵強。〔註85〕

可是，這在韓非心目中「超五帝，侔三王」〔註86〕的法治之功，卻是韓非思
想最受非議之處，錢穆先生即言：

「韓非的意見，只注重在統治層，而其論統治對象，又是只注重在
經濟物質方面，至謂世事糾紛，僅恃嚴誅厚罰可以解決，更屬偏淺。
韓非立論之最偏激者，尤在論臣主之異利。戰國士風未醇，晚世尤
甚。然貴生、文學、有能、辯智、廉勇、任譽。皆當時社會推尚。
如非之意，則此等皆在排擠殺戮之列。如是則世道之光輝，人生之
蘄嚮，豈不太觳太狹。」〔註87〕

不過，儘管韓非思想存在著過於偏狹的弊病，人生價值也侷限在君國功
利，無法開出更高的生命境界，但他以國家富強為本，讓人民安居樂業的集
體價值觀，在他所處的那個戰火頻仍，民眾流離失所的亂世，自有其一定意
義。

〔註85〕〈五蠹〉，《校釋》，頁 50～51。
〔註86〕同上注。
〔註87〕錢穆，《中國思想史》，台北：台灣學生書局，1985 年 11 月，頁 81。

第八章　結　論

第一節　《韓非子》寓言透顯其政治思想

　　韓非思想著眼於現實政治，他認爲：只要任法、處勢、用術，將此三者
統合運用，就可以達到國富兵強的目標。至於這套政治思想的根基，則是好
利的人性論、功利的價值觀和變古的治道觀。在《韓非子》書中，他以不同
的文字篇章、表現方式、寓言故事，反覆陳述他的學說。韓非不尙空言，學
理的論證如此，寓言的列舉亦如此，因此，《韓非子》中的寓言皆爲說明理論
而設，和他的政治思想密不可分。

　　韓非主張國家至上，國家公利絕對高於個人私行的集體價值觀。同時，
他也認爲：君王代表國家，國的利就是君的利，君國一體。也因此，韓非思
想無可避免的爲君王立說，法、勢、術最後都歸結於國君集權。不過，韓非
認爲：君王之所以能王天下，是人民喜歡他，推舉他的結果。他說：

> 上古之世，人民少而禽獸眾，人民不勝禽獸蟲蛇。有聖人作，搆木
> 爲巢，以避群害，而民悅之，使王天下，號之曰「有巢氏」。民食果、
> 蓏、蚌、蛤、腥、臊、惡、臭，而傷害腹胃，民多疾病。有聖人作，
> 鑽燧取火，以化腥臊，而民悅之，使王天下，號之曰「燧人氏」。

　　〔註1〕

　　韓非出於「人性自利自爲」的論點，把有巢氏、燧人氏的「王天下」歸
之於是他們的貢獻讓「民悅之」的結果。這也就是他所說的：「人主者，天下

_____

〔註 1〕〈五蠹〉，《校釋》，頁 25～26。

一力以共載之，故安；眾同心以共立之，故尊。」〔註2〕由於君王的威勢來自天下人民共同的擁載，所以，治國行政都必須要考量人民的想法，也就是：「群臣百姓之所善，則君善之；非群臣百姓之所善，則君不善之。」〔註3〕張純和王曉波兩位先生把韓非這種觀念稱之爲「君主民本的專制思想」〔註4〕。至於韓非的君主民本思想源頭，則來自中國古代民本思想的傳統。

　　早在《尚書》中，就有了「民惟邦本，本固邦寧」的說法。〔註5〕同時，也明確指出爲政之道爲：「在知人，在安民」；「知人則哲，能官人；安民則惠。黎民懷之。」〔註6〕《左傳》中，對於爲何「設君」，更有更一步說明。

　　《左傳・文公十三年》，記述了邾文公的言論：「天生民而樹之君，以利之也」。雖然此處還是認爲君是由天立的，但天樹君的目的，並不是爲了一人一姓的利益，而是爲了民，所以，民的利，應該也就是君的利。類似的思想，見於晏子一段言論，晏子在齊莊公因爲淫亂被崔杼殺了之後，說明他爲什麼不跟著死難，他說：「君民者，豈以陵民，社稷是主。臣君者，豈爲其口實，社稷是養。故君爲社稷死，則死之，爲社稷亡，則亡之。若爲己死而爲己亡，非其私昵，誰敢任之。」〔註7〕在此，晏子也提到設君的目的應該是爲國家，而且他把國家與君主區別開來，認爲君王的設立既然是爲了國家，所以，君王必須爲國家盡力，也只有君王履行了他的職責，爲國家大事而死，作爲臣子的，才應該追隨君王死難。如果君王是爲了自己私人的理由而死，大臣就沒有理由這樣做。

　　設君是爲了利民，這是民本主義的正面闡釋，《左傳》中類似的說法還有不少。「民之所欲，天必從之」，〔註8〕就是這種思想的進一步發揮。至於「天生民而立之君，使司牧之，勿使失性。」〔註9〕；「天之愛民甚矣，豈其使一

〔註2〕〈功名〉，《校釋》，頁806。

〔註3〕〈八姦〉，《校釋》，頁187。

〔註4〕張純・王曉波，《韓非思想的歷史研究》，台北：聯經出版公司，1994年12月，頁140。

〔註5〕《尚書・夏書・五子之歌》，孔安國注，孔穎達疏，《尚書正義》，海口：海南國際新聞出版中心，1996年11月，頁118。

〔註6〕《尚書・虞書・皋陶謨》，同上注，頁68。

〔註7〕《左傳・襄公二十五年》，杜預集解，竹添光鴻會箋，《左氏會箋》，台北：廣文書局，1961年9月，第十七，襄二十五，頁34。

〔註8〕《左傳・襄公三十一年》，同上注。第十九，襄三十一，頁45。

〔註9〕《左傳・襄公十四年》，同上注。第十五，襄十四，頁57。

人肆于民上。以從其淫，而棄天地之性。」〔註10〕則更進一步從反面提出了問題。本來設君是爲了利民，但是如果君主不這樣做，反而「一人而肆于民上」，應當怎麼辦呢？《左傳》認爲，在這種情況下，人民就會忘掉原來的國君，擁戴他人爲君。魯昭公三十二年，被季氏趕出境外的魯昭公死於乾侯。晉國的趙簡子問太史史墨，爲什麼季氏把他的君主趕走了，而人民卻願意服從季氏的統治，即使國君在國外死亡，也沒有人民憐憫他？史墨的回答是：「魯君世從其失，季氏世脩其勤，民忘君矣，雖死于外，其誰矜之？社稷無常奉，君臣無常位，自古以然。」〔註11〕史墨的話，很清楚的說明了國君失去人民擁戴後的悲慘下場，到了荀子，更明白指出：「天之生民，非爲君也。天之立君，以爲民也。故古者，列地建國，非以貴諸侯而已；列官職，差爵祿，非以尊大夫而已。」〔註12〕

　　韓非承繼了中國古代的民本思想，肯定爲政之道必須以利民爲本，可是，他所說的「利民」，並非單純的去滿足人民的欲望。他認爲：由於一般人目光短淺，只看到眼前，看不到長遠。因此，他們對於要忍耐一時的不便或痛苦，來換取更多更大的利益往往並不願意，也就更談不上支持。他說：

　　　　民智之不可用，猶嬰兒之心也。夫嬰兒不剔首則復痛，不副痤則寖
　　　　益。剔首副痤，必一人抱之，慈母治之，然猶啼呼不止，嬰兒不知
　　　　犯其所小苦，致其所大利也。〔註13〕

　　　　愚戇寙惰之民，苦小費而忘大利。〔註14〕

　　在這種一般人只看到眼前的小小艱苦，卻看不到未來美麗的遠景時，如果要聽從人民的意見，滿足人民的心願，國家就不可能有更高的願景，所以，爲了人民眞正的大利，當政者不能因爲討好人民，就去順應人民的心意，一切要從國家利益的角度著眼，這才是眞正爲民興利。韓非說：

　　　　聖人之治民，度於本，不從其欲，期於利民而已。故其與之刑，非
　　　　所以惡民，愛之本也。〔註15〕

〔註10〕同上注，頁59。
〔註11〕《左傳·昭公三十二年》，同上注。第二十六，襄三十二，頁52。
〔註12〕《荀子·大略篇》，王忠林譯，《新譯荀子讀本》，台北：三民書局，2003年4月，頁450～451。
〔註13〕〈顯學〉，《校釋》，頁22。
〔註14〕〈南面〉，《校釋》，頁129。
〔註15〕〈心度〉，《校釋》，頁813。

> 人主者明能知治，嚴必行之，故雖拂於民心，必立其治。〔註16〕

> 立法術、設度數，所以利民萌、便庶眾之道也。〔註17〕

在韓非的政治思想裡，設立一個全國上下都共同遵守，不輕易變動的良好國家制度是治國的根本，也是利民的基礎，這也就是韓非所說的「立法術、設度數」，簡化的說，也就是「法治」。為了建立這套具標準性、規範性的制度，必須以強制手段讓全國上下一律依法而行。即使人民因為不了解執政者的深意而產生不諒解，也不能因此更改治國準則。因為，韓非深切相信：只要他構想中的法治能夠施行，國家必然會走上富強之道，至於「明法」、「嚴刑」，都是國家邁向富強的法門，因為，在一個「爭於氣力」的時代裡，唯有通過「法」與「刑」。才能免於國家的衰危滅亡，並進一步富國強兵。這也就是熊十力先生所說的：

> 六國危亂，皆無法守，韓子憤韓國之將亡，故其持論，一以嚴法為
> 主。〔註18〕

韓非認為，必須實行法治，才能達成「救群生之亂，去天下之禍，使強不陵弱，眾不暴寡，耆老得遂，幼孤得長，邊境不侵，君臣相親，父子相保，而無死亡繫虜之患。」的政治理想，〔註19〕他不但在《韓非子》書中，以理論反覆陳說他以「法」、「勢」、「術」所建構出來的整套法治思想，更以眾多寓言說明這些理論，具體說明施行法治的方式、手段和效益，以及從反面解析不行法治的嚴重後果。

韓非還為勵行法治的國家，畫出這樣的藍圖：

> 人之不事衡石者，非貞廉而遠利也。石不能為人多少，衡不能為人
> 輕重，求索不能得，故人不事也。明主之國，官不敢枉法，吏不敢
> 為私，貨賂不行者，境內之事，盡如衡石也。此其臣有姦者必知，
> 知者必誅。是以有道之主，不求清潔之吏，而務必知之術也。〔註20〕

對於這段話，陳拱先生不以為然，他說：

> 「韓非這段是在排斥貞、廉等善行，尤其結語中所謂『不求清潔之
> 吏』，乃惡劣之甚者。言重法治，有清潔之吏，不是更好嗎？何如此

〔註16〕　〈南面〉，《校釋》，頁129。
〔註17〕　〈問田〉，《校釋》，頁310。
〔註18〕　熊十力，《韓非子評論》，台北：台灣學生書局，1978年10月，頁52。
〔註19〕　〈姦劫弑臣〉，《校釋》，頁219。
〔註20〕　〈八說〉，《校釋》，頁139。

　　墮落呢！」〔註21〕

陳先生以儒家思維來看韓非所說的「不求清潔之吏」，所以發出這樣的感嘆。不過，依照韓非的理論，國君治國之道，在於要讓臣子不能不盡力爲國，而不是靠臣子對國君的忠愛，他說：「聖人之治國也，固有使人不得不爲我之道，而不恃人之以愛爲我也。」〔註22〕至於什麼是「不得不爲我之道」呢？顯然是國法和君術，在國家任法、君王用術之下，官吏只要興起奸邪的念頭，就立刻會被察覺並受到嚴厲處分，在這種情形下，官吏當然不敢生出「枉法、爲私」的念頭，所以，只要國君有「必知之術」，每個臣子就都是「清潔之吏」，根本不需去特意尋求。

　　正因爲「君術」如此重要，所以，在《韓非子》中，有關闡述「術」的寓言相當多。〈內儲說上〉中，韓非先提出君王統馭百官的「七術」——眾端參觀、必罰明威、信賞盡能、一聽責下、疑詔詭使、挾知而問、倒言反事。再以五十四個寓言舉例說明、印證這些綱領。扣除重複和一事兩說，其中包含了四十八個寓言事例，很清楚的剖析了君王御臣之術。

　　在〈內儲說下〉中，韓非又用了總共五十七則，扣除一事兩說之後，也有五十一則寓言來闡述「六微」，也就是君王伺察臣子的六種方法。這六種方法是：權借在下、利異外借、託於似類、利害有反、參疑內爭和敵國廢置。

　　除了用寓言來說明「術」的理論和實際施用之外，韓非當然也用寓言來解析他政治思想的其他部份。在四篇〈外儲說〉中，韓非總共用了總數一百七十則，扣除重複和一事兩說後的一百三十一則寓言，從不同角度、各種層次來做爲他政治學說的具體例證。

　　在六篇〈儲說〉之外，兩篇《說林》也是《韓非子》中寓言最集中的篇章，《說林》上、下共有七十二則寓言，扣除兩則與他篇重複的故事後，還有七十則。此外，四篇《難篇》、喻老、十過等篇，寓言也比較多。而在顯學、五蠹、難勢、二柄、備內、飾邪、姦劫弒臣、說疑、說難、和氏、問田、解老諸篇中，也可以讀到寓言。總計在《韓非子》全書五十五篇當中，二十六篇含有寓言。而這些寓言都是以輔助和解說韓非政治思想的面貌出現。透過寓言，可以很清楚的看到韓非的法論、勢論和術論，也可以看到法、勢、術綜合施用的情形，以及建構韓非政治理論的基礎——好利自爲的人性論、功

〔註21〕陳拱，《韓非思想論衡》，台北：台灣商務印書館，民2008年5月，頁231。
〔註22〕〈姦劫弒臣〉，《校釋》，頁216。

利實效的價值觀和變古治今的治道觀。

　　韓非的政治思想關注現實人生，不尚空談，他的寓言也表現出這種風格，在〈外儲說左上〉中，他寫下「畫鬼最易」的寓言：

> 客有爲齊王畫者，齊王問曰：「畫孰最難者？」曰：「犬馬最難。」
> 「孰最易者？」曰：「鬼魅最易。」夫犬馬，人所知也，旦暮罄於前，
> 不可不類之，故難。鬼魅，無形者，不罄於前，故易之也。〔註23〕

這則寓言是韓非對於「迂深閎大」言詞的批評，韓非認爲有些理論看來深遠宏大，卻不切實用，這樣的言論就像畫鬼，因爲誰也無法驗證鬼的形象，所以可以任意塑造。

　　至於韓非的理論和寓言，卻都是「畫犬馬」之類，都是人們所熟知的，而且在世上眞正存在的事物。正因如此，韓非寓言中的人物或事件，絕大多數都取材於歷史，雖然，由於便於立說，有些寓言的年代、人物，甚至情節，可能不是如實的反映歷史事實，而是根據他的思想經過取捨、剪裁、誇張和渲染，但故事的主旨卻都和人間政治息息相關。例如：〈喻老〉中的「目不見睫」：

> 楚莊王欲伐越，莊子諫曰：「王之伐越，何也？」曰：「政亂兵弱。」
> 莊子曰：「臣患智之如目也，能見百步之外，而不能自見其睫。王
> 之兵，自敗於秦、晉，喪地數百里，此兵之弱也。莊蹻爲盜於境
> 內，而吏不能禁，此政之亂也。王之亂弱，非越之下也，而欲伐
> 越，此智之如目也。」王乃止。故知之難，不在見人，在自見。
> 〔註24〕

這則寓言並不是歷史的眞實記錄，楚莊王是春秋時代楚國的國君。〔註25〕莊蹻事件則發生在楚懷王時期，〔註26〕這兩個歷史人物處於不同的時代，楚莊王不可能知道莊蹻這個人。但韓非爲了印證「王之亂弱，非越之下」的說法，闡述「知之難，不在見人，在自見」的道理，把不同時代的人物和事件巧妙的湊在一起，創造出這則寓言來以事說理，勸諫國君。

　　又例如，〈外儲說左上〉的「宋襄公之仁」中所說：「宋襄公與楚人戰於

〔註23〕〈外儲說左上〉，《校釋》，頁488。

〔註24〕〈喻老〉，《校釋》，頁784。

〔註25〕《史記・楚世家》，楊家駱主編，《新校本史記三家注》，台北：鼎文書局，頁1699。

〔註26〕〈楊寬〉，《戰國史》，台北：台灣商務印書館，1998年10月，頁436～437。

涿谷上」，〔註27〕與春秋三傳所記不合。左傳記的戰地爲泓，公羊傳爲泓之陽，穀梁傳爲泓水之上，地點都並非涿谷。〔註28〕

　　此外，〈外儲說左上〉的「墨子木鳶」中說：「墨子爲木鳶，三年而成，蜚一日而敗。弟子曰：『先生之巧，至能使木鳶飛。』墨子曰：『吾不如爲車輗者巧也。』」〔註29〕與《墨子·魯問》所記：「公輸子削竹木以爲鵲，成而飛之，三日不下，公輸子自以爲至巧。子墨子謂公輸子曰：『子之爲鵲也，不如匠之爲車轄。』」〔註30〕亦不同。而在《韓非子》中的寓言，類似前述事例，歷史年代、故事主角、故事發生地點與史書不合的例子爲數不少。這是因爲：韓非運用寓言，原本就是爲了說理的需要，並非做精確的歷史考證，因此，他所要求的是所舉的事例能夠表明學說，說服君王，對於史料的眞實，則並沒有太細密的考量。

　　李富軒和李燕兩位先生在《中國古代寓言史》一書中說：

　　　「《韓非子》寓言故事一個最明顯的特徵，就是較全面、較系統地反
　　　映韓非的歷史觀、社會觀、文藝觀以及方法論和認識論。所以，只
　　　要讀了《韓非子》寓言故事，幾乎等於讀了《韓非子》全書。這種
　　　現象不但在先秦諸子書中少見，就是在中外寓言中也是絕無僅有
　　　的。《韓非子》寓言大多數是典型的政治哲理寓言，司馬遷說韓非是
　　　『引繩墨、切事情、明是非』，這也正是《韓非子》寓言故事思想內
　　　容的基本特色。」〔註31〕

正如兩位先生所說，韓非寓言大部份是政治哲理寓言，和他的政治思想不能分割，換言之，他以寓言說明史事，諷喻人情，警世誠俗，論事析理，是希望能夠藉著這些明白易懂的故事，讓國君領悟興衰存亡背後的道理。韓非認爲：「好辯說而不求其用，濫於文麗而不顧其功者，可亡也。」〔註32〕和他的學說一樣，韓非的文章也以實用爲依歸，而作爲文章重要組成部分的寓言，更透顯了他完整的政治思想。

〔註27〕〈外儲說左上〉，校釋，頁511。
〔註28〕見陳奇猷，《韓非子集釋》此段注中引顧廣圻及君桐陽考據。高雄：復文圖書
　　　　出版社，民80年7月，頁659。
〔註29〕〈外儲說左上〉，校釋，頁480。
〔註30〕《墨子·魯問》，孫貽讓，《墨子閒詁》，北京：中華書局，頁302。
〔註31〕李富軒、李燕，《中國古代寓言史》，台北：漢威出版社，1998年8月，頁138。
〔註32〕〈亡徵〉，《校釋》，頁116。

第二節　《韓非子》寓言隱含強烈的用世企圖

韓非是韓國王室成員，可是，在他成長的戰國末期，韓國已淪爲秦國附庸，國勢既弱，政治又完全不上軌道。做爲一個有理想、抱負的知識份子，韓非對於祖國的衰弱自然深有所感。他也深信以自己的才能，如果能夠實際從事政治，可以讓韓國振衰起弊。張純，王曉波兩位先生即認爲：

「當時各國舊勢力反撲，韓非無法像吳起、商鞅一樣到其他國家去實踐自己所學。若要敷衍舊勢力，則他以王室的身份，在韓的條件比其他人都要優厚，也用不著到別國去，不能離國，又不必離國，另外又身爲韓國的王室，韓非對韓國安危的關切也是自然的。」〔註33〕

張、王兩位先生是以戰國時期各國舊勢力對主張改革的法家反撲，以至於吳起被殺、商鞅族滅，法家發展受到挫折而立論，認爲韓非沒有辦法到其他國家去實踐自己所學。不過，以現有史料，我們並沒有看到韓非有到他國去宣揚學說的行動，僅從史記得知：韓非看到韓國削弱的情況，曾經數次上書給韓王，可是，韓王卻沒有用他。不過，無論韓非是因爲心繫祖國而不願到其他國家去尋找機會，還是由於時局所限，各國對法家展開反撲，而無法到別國一展所學。從《韓非子》書中，我們都可以看到韓非對自己思想能夠治世的信心和希望能夠投身於實際政治的渴望。而當他以寓言展現懷才不遇的寂寞時，最能夠凸顯蒼涼心境的，就是著名的「和氏璧」。〔註34〕

在這則寓言中，楚人和氏得到一塊璞玉，他兩次獻玉給厲王、武王，卻都被玉工鑑定爲石頭，因而被砍掉了兩隻腳。等到文王繼位，沒有腳的和氏不能再去獻玉，他抱著璞玉在楚山下痛哭了三天三夜，文王聽到這件事，派人去問和氏：「天底下被砍掉腳的這麼多，你爲什麼如此悲傷？」和氏回答：「我不是因爲腳被砍斷而悲傷，是因爲寶玉被當成石頭而悲傷，貞信之士被說成騙子而悲傷。」文王命令玉工剖開璞玉，果然得到了稀世的寶玉。

這則寓言是韓非的自況，他覺得自己就像和氏一樣，空懷才華而不爲君王所用。不過，韓非並不只是自憐，他對於所有的法術之士不但不被任用，甚而因此遭禍的悲劇，都有感同身受的悲憫。在寫完「和氏璧」的寓言之後，他發出這樣的感嘆。

〔註33〕張純・王曉波，《韓非思想的歷史研究》，台北：聯經出版公司，1994 年 12 月，頁25。

〔註34〕〈和氏〉，《校釋》，頁 293～294。寓言全文見第二章第四節。

夫珠玉，人主之所急也。和雖獻璞而未美，未爲主之害也。然猶兩
足斬，而寶乃論，論寶若此其難也。今人主之於法術也，未必和璧
之急也，而禁羣臣士民之私邪；然則有道者之不僇也，特帝王之璞
未獻耳。主用術，則大臣不得擅斷，近習不敢賣重；官行法，則浮
萌趨於耕農，而游士危於戰陳。則法術者，乃群臣士民之所禍也。
人主非能倍大臣之議，越民萌之誹，獨周乎道言也，則法術之士，
雖至死亡，道必不論矣。〔註35〕

韓非認爲：只要君王行法施術，大臣就不能專權，近侍就不敢謀利，無業之
徒會下田耕種，遊說之士會走上戰場。對於這些習慣於藉權勢謀取自己利益，
不事生產，不盡義務，只靠一張嘴混飯吃的人來說，不能再輕易的獲取私利
當然是禍害，所以，他們必然會反對甚至陷害法術之士。所以，如果君王不
能摒除這些意見，法術之士就算爲自己所服膺的道理效死，也不能實現理想。

　爲了一己的私利，有權勢的大臣只要得到機會，必然會想辦法除掉法術
之士，吳起和商鞅就是最典型的例子。在〈和氏〉中，韓非寫出他們的悲劇
故事：

昔者，吳起教楚悼王以楚國之俗，曰：「大臣太重，封君太眾，若此，
則上偪主，而下虐民，此貧國弱兵之道也。不如使封君之子孫，三
世而收爵祿，裁減百吏之祿秩，損不急之枝官，以奉選練之士。」
悼王行之期年而薨矣，吳起枝解於楚。〔註36〕

商君教秦孝公以連什伍，設告坐之過，燔詩書而明法令；塞私門之
請，而遂公家之勞；禁游宦之民，而顯耕戰之士。孝公行之，主以
尊安，國以富強，八年而薨，商君車裂於秦。〔註37〕

　吳起變法，讓楚國有機會擺脫以往的貴族掌權；商鞅改革，更是秦國邁
向富強的關鍵，兩個人施行的政策都是對國家有利的。然而，支持他們的楚
悼王、秦孝公一死，他們就立刻被「枝解」和「車裂」。在舉出吳起和商鞅的
例子之後，韓非反省這兩位有才華的法術之士爲何會遭到這種悲劇下場時，
用很簡潔的話做結論：「大臣苦法，而細民惡治也。」〔註38〕「法」讓全國上

〔註35〕同前注，頁 295〜296。
〔註36〕同上注，頁 297。
〔註37〕同上注。
〔註38〕同上注。

下有制度可以遵循；「治」讓全國人民安和樂利。這都是君國大利，那麼，為何大臣要苦法，細民會惡治呢？這當然又要歸結於：因為法律的規範會讓官吏不能以權謀私，不務正業的人不能再遊手好閒。所以，這些把私欲看得比公利重要的人，自然不希望國家勵行法治。其實，韓非在文章中雖然把「大臣」和「細民」相提並論，但在實際上，「細民」的影響卻很小，真正影響政治的，是掌握權力的重臣，這也就是他所說的：「人主愈蔽，而大臣愈重。」〔註39〕；「萬乘之患，大臣太重。千乘之患，左右太信，此人主之公患也。」〔註40〕。

在〈外儲說右上〉中，韓非以一則寓言來說明重人對國君的影響：

> 衛嗣君謂薄疑曰：「子小寡人之國，以為不足仕邪？寡人力能仕子，請進爵以子為上卿。」乃進田萬頃。薄子曰：「疑之母親疑，以疑為能相萬乘所不竊也。然疑家巫有蔡嫗者，疑母甚愛信之，屬之家事焉。疑智足以言家事，疑母盡以聽疑也。然已與疑言者，亦必復決之於蔡嫗也。故論疑之智能，以疑為能相萬乘而不竊也，論其親，則子母之間也，然猶不免議之於蔡嫗也。今疑之於人主也，非子母之親也，而人主皆有蔡嫗。人主之蔡嫗，必其重人也。重人者，能行私者也。夫行私者，繩之外也；而疑之所言，法之內也。繩之外與法之內，讎也，不相受也。」〔註41〕

這則寓言借薄疑之母信任蔡嫗，點明人主身邊皆有像蔡嫗一樣的人物，這也就是國君所信任的重臣。就國君所信賴的重臣而言，法術之士正是其天敵，由於國家實行法治，政治就會上軌道，重臣就不再可能玩弄權勢，因此，為了維護私利，重臣絕不能容許法術之士的存在，這就是吳起、商鞅下場如此悲慘的原因。而在韓非的時代，這種情況不僅沒有改善，反而更加嚴重。他說：

> 當今之世，大臣貪重，細民安亂，甚於秦、楚之俗。而人主無悼王、孝公之聽，則法術之士，安能蒙二子之危，而明己之法術哉！此世所以亂無霸王也。〔註42〕

〔註39〕〈孤憤〉，《校釋》，頁 283。
〔註40〕同上注，頁 290。
〔註41〕〈外儲說右上〉，《校釋》，頁 581。
〔註42〕〈和氏〉，《校釋》，頁 297。

韓非在這段話中表示：由於法術之士害怕自己會和吳起、商鞅一樣，所以不願意貢獻自己所學，這也就是天下紛亂，沒有霸主出現的緣故。不過，韓非發出這樣的感慨，也只是針對吳起枝解，商鞅車裂的悲慘遭遇，發洩心中不平的義憤而已。在他內心深處，是從未放棄過從政念頭的。在〈問田〉中，他就這樣表白：

> 堂谿公謂韓子曰：「臣聞服禮辭讓，全之術也；修行退智，遂之道也。今先生立法術、設度數，臣竊以爲危於身而殆於軀。何以效之？所聞先生術曰：楚不用吳起而削亂，秦行商君而富彊，二子之言已當矣，然而吳起支解，而商君車裂者，不逢世遇主之患也。逢遇不可必也，患禍不可斥也。夫舍乎全遂之道，而肆乎危殆之行，竊爲先生無取焉。」韓子曰：「臣明先生之言矣。夫治天下之柄，齊民萌之度，甚未易處也。然所以廢先王之教，而行賤臣之所取者；竊以爲立法術、設度數，所以利民萌，便眾庶之道也。故不憚亂主闇上之患禍，而必思以齊民萌之資利者，仁智之行也。憚亂主闇上之患禍，而避乎死亡之害；知明夫身，而不見民萌之資利者，貪鄙之爲也。臣不忍嚮貪鄙之爲，不敢傷仁智之行。」〔註43〕

在此，韓非借堂谿公的話，再一次表達了對吳起和商鞅遭遇的感同身受。同時，也說出了自己爲什麼明知立法術、設度數，會對自身帶來莫大的危機，可是卻依然要堅持去做，只因爲這是「利民萌，便眾庶」的仁智之行。至於不顧人民的利益，只顧念自己的安危，是貪鄙的表現。所以，儘管面對誅殺刑戮的禍害，也依舊要主張實行法治。

這段話是韓非最眞誠的剖白，也是韓非期望能夠實際從政的緣由。他之所以想尋求一個「立法術、設度數」的政治舞台，並不是爲了求富求貴，而是他堅持認爲：自己的學說能夠爲人民謀取最大利益，而這樣爲民興利的願望，不能只是紙上談兵的文章，必須要有實際驗證，所以，韓非急切的想要用世，只可惜，他終其一生都沒有得到這樣的機會。韓非在「和氏璧」寓言中，藉和氏之口所發出的感嘆：「吾非悲刖也，悲夫寶玉而題之以石，貞士而名之以誑。」〔註44〕這份對以眞爲僞、以實爲誑的不平，最眞切的寫出了韓非對自己空懷滿腹才華，卻被視爲無用頑石的悲憤蒼涼。

〔註43〕〈問田〉，《校釋》，頁309～310。
〔註44〕〈和氏〉，《校釋》，頁293～294。

　　韓非目睹韓國國事日非，而把持政權，被君王所親信的「重人」們，卻完全無視於國家的衰弱，只顧自己的權勢富貴與奢華享受。韓非有一套很完整的政治思想，也相信如果能夠按照這套理論治國，必然會達到富強的目標，可是，君王卻不肯用他。懷抱著像和氏一樣的孤憤，韓非在著書時，反覆用論述與寓言陳說國君被蒙蔽，導至君權下移，重臣當道的嚴重後果。熊十力先生即據此認為韓非有代韓王之意，他說：

> 「讀韓子之書，其言人主昏闇，權移臣下，與大臣結黨與，上欺君，
> 下私惠於民以竊國，凡此類事，言之痛，又重複言之，幾佔全書大
> 半。當時六國情形皆如此，而韓國或更甚。姦臣樹私黨於朝，又以
> 私惠要結心，韓子欲取政權自不易。故著書，發人臣之姦，欲百姓
> 共喻，而後可行改革。民智未開，固無可如何也，韓子非不欲得王
> 權，以行所志，只時機未至耳。不圖呂政以陰鷙雄才，急併六國，
> 而韓子無所措手矣。若是時秦無呂政，僅出一中主，六國當不至于
> 亡。韓子之書，漸為國人所共了。其必起而操韓之王權無疑也。觀
> 韓子負霸王大略，而不入秦，此其志必有在，李斯忠於秦而殺韓子，
> 亦有以也。」〔註45〕

熊先生認為他的此種說法，「可謂創論，實確論也。」〔註46〕不過，儘管《韓非子》書中有不少韓非對時政、君王、權臣的議論，可是，卻並看不出來他有取代韓王之心。反之，韓非一再提醒君王要提防君權、君勢下移，例如：在〈二柄〉和〈外儲說右下〉中，他就屢次以齊國田常與宋國子罕的寓言為例，說明國君必須緊握賞罰二柄，絕不能讓臣子掌握慶賞賜與或殺戮誅罰，因為，兩者失其一，就會導至君王失勢失位，君國為權臣所奪。

　　在〈說疑〉中，韓非還舉了相當多的史實，來說明國君選擇臣子不夠英明的禍患：

> 「舜偪堯，禹偪舜，湯放桀，武王伐紂。此四王者，人臣弒其君者
> 也，而天下譽之。察四王之情，貪得之意也；度其行，暴亂之兵也。
> 然四王自廣措也，而天下稱大焉；自顯名也，而天下稱明焉。則威
> 足以臨天下，利足以蓋世，天下從之。」又曰：「以今時之所聞，田
> 成子取齊，司城子罕，太宰欣取鄭，單氏取周，易牙之取衛，韓魏

〔註45〕熊十力，《韓非子評論》，台北：台灣學生書局，1978 年 10 月，頁 51。
〔註46〕同前注。

趙三子分晉，此六人，臣之弒其君者也。」姦臣聞此，蹶然舉耳以
為是也。故內搆黨與，外攄巷族，觀時發事，一舉而取國家。且夫
內以黨與劫弒其君，外以諸侯之權矯易其國，隱正道，持私曲，上
禁君，下撓治者，不可勝數也。是何也？則不明於擇臣也。〔註47〕

在這段話中，韓非不但批評了春秋戰國弒君的權臣，就連舜、禹、湯、武四
位被世人傳誦的聖君，也被歸入臣弒其君的行列。同時，他把那些聽聞這些
弒君之事而躍躍欲試的臣子歸為「姦臣」，如果韓非真如熊先生所言，有代韓
王為君之意，大概就不會有這樣的議論。因此，熊先生的說法雖為「創論」，
至於是否「確論」，或許還需要有更多的証據。

　　誠然，從《韓非子》寓言總數三百七十九則，其中三百一十一則內容皆
為歷史寓言，亦即各國興亡盛衰之道，我們可以看到他強烈的用世企圖心，
也可以看到他以君主集權為中心的政治運作。不過，他的政治企圖是能夠得
到君王的信任，以盡情發揮他的治國之道，去輔佐君王，勵行法治，建立一
個既富且強的國家，而不是把國君趕走，自己坐上那個位子。綜觀韓非寓言
中的歷史人物，不難發現：他筆下的法家、任用法家的君王和具有法家傾向
的人物特別多。像是伊尹、管仲、齊桓公、晉文公、狐偃、百里奚、韓昭侯、
申不害、子產、李克、秦昭王、商君、吳起、趙武靈王等等。其中，又以管
仲和齊桓公的寓言數量最多，管仲和桓公同為主角的寓言有十七則，齊桓公
個人為主角的寓言有五則，以管仲為主角的寓言則有四則。雖然其中有些寓
言夾有批評，但大體而論，韓非對於齊桓公的霸業和管仲的輔佐之功是肯定
的。也由此可見，齊桓公和管仲的君臣相得，共創霸業，對於韓非有一定的
啟發作用。

　　同樣，晉文公和狐偃的組合，也是韓非認同的。在〈難二〉中，他就這
樣表示：「桓公以管仲合，文公以舅犯霸……凡五霸所以能成功名於天下者，
必君臣俱有力焉。」〔註48〕舅犯也就是狐偃，在韓非的觀念裡，一個政治清
明，進而稱王成霸的國家，必然是君臣協力的，而透過他的論述和寓言，我
們可以看到他企盼被君王重用的渴望，能夠像管仲、狐偃一樣碰到齊桓公和
晉文公固然最好，就算遭遇不到明主，和吳起、商君一樣為行法術而犧牲生
命，只要能夠為人民興利，他也不惜獻身。韓非懷抱這樣強烈的用世之心，

〔註47〕〈說疑〉，《校釋》，頁 241。
〔註48〕〈難二〉，《校釋》，頁 335～336。

卻始終沒有得到君王青睞，對照吳起、商君，可說是另一種悲劇。

第三節　韓非思想難以解消的困難

　　韓非政治思想的最終目的在於富國強兵，其侷限卻也正源於此，由於韓非把富國強兵做為唯一價值，認為應先實現治強的君國大利，再以此為基礎，讓每個人都擁有安定幸福的生活。他認為：唯有行法、處勢、用術，獎勵農戰，才能讓國家走上富強之路，而嚴刑峻法正是這一套治國理論的中心。他說：

> 治強生於法，弱亂生於阿；君明於此，則正賞罰而非仁下也。〔註49〕
>
> 十仞之城，樓季弗能踰者，峭也；千仞之山，跛牂易牧者，夷也。故明王峭其法，而嚴其刑也。〔註50〕
>
> 夫嚴刑者，民之所畏也；重罰者，民之所惡也。故聖人陳其所畏，以禁其邪，設其所惡，以防其姦。是以國安，而暴亂不起。吾以是明仁義愛惠之不足用，而嚴刑重罰之可以治國也。〔註51〕

韓非反對仁義愛惠的「人治」，企圖以客觀、普遍的「法制」來治國，他認為：法制推行到極至的國家社會是這樣的：

> 明主之國，無書簡之文，以法為教；無先生之語，以吏為師；無私劍之捍，以斬首為勇。是以境內之民，其言談者必軌於法，動作者歸之於功，為勇者盡之於軍。是故無事則國富，有事則兵強，此之謂王資。既畜王資，而承敵國之釁，超五帝，侔三王者，必此法也。
>
> 〔註52〕

在韓非所處的那個「暴師經歲，流血滿野，父子不相親，兄弟不相安，夫婦離散，莫保其命」的時代，〔註53〕他會有先考慮國家再考慮個人的想法亦無可厚非，只是，為了達成國富兵強的目標，他過度強調國家利益，並且把一切價值，限於當前的生存與發展，因而，其政治思想均著眼於現實，不重理

〔註49〕　〈外儲說右下〉，《校釋》，頁 589。
〔註50〕　〈五蠹〉，《校釋》，頁 39～40。
〔註51〕　〈姦劫弒臣〉，《校釋》，頁 224。
〔註52〕　〈五蠹〉，《校釋》，頁 50～51。
〔註53〕　劉向，〈戰國策書錄〉，溫洪隆注譯，陳滿銘校閱，《新譯戰國策》，台北：三民書局，1996 年 2 月，頁 26。

想。以至於凡與實現富強無關的，或是不能獲得富強實效的，都被視爲無用。結果導致政府不但以嚴刑峻法來管束個人行爲，並在要求國家法律與民間毀譽一致的情況下，對於不爲國家所用的隱士、學者一律予以貶抑甚至殺害，這就不免陷於抹滅學術文化及個人存在意義的偏執。「無書簡之文，以法爲教；無先生之語，以吏爲師。」正顯示了這種偏執，而這樣的觀念，是韓非極受非難的部份，王讚源先生就認爲這是韓非了達到君王的功利，所主張的「反智思想」。〔註54〕

錢穆先生說：

「韓非殆僅知有政治，而不知有文化。僅知有國家，而不知有人生。僅知有君主，而不知有民眾。」〔註55〕

蕭公權先生亦言：

「商、韓之重耕戰，幾乎欲舉一國之學術文化而摧毀掃蕩之，使政治社會成爲一斯巴達式之戰鬥團體。」〔註56〕

章太炎先生則批評：

「不悟政之所行與俗之所貴，道固相乏，所賞者常在彼，所貴者當在此。今無慈惠廉愛，則民爲虎狼也。無文學，則士爲牛馬也。有虎狼之民牛馬之士，國雖治，政雖理，其民不人。世之有人也，固先於國，且建國以爲人乎。將人者爲國之虛名役。韓非有見於國，無見於人；有見於群，無見於孑。政之弊，以眾暴寡，誅嚴穴之士；法之弊，以愚割智。」〔註57〕

牟宗三先生更嚴加斥責：

「韓非之教是極端愚民，獨裁，專制之教。秦李斯實行這種思想的政策，就是焚書坑儒，反歷史文化，以法爲教，以吏爲師，而大敗天下之民。」〔註58〕

上述幾位先生之論，皆點出韓非僅注意兵強國富，而漠視學術文化之失。而韓非思想無以解消的困難，除了太著眼於治強的現實功利，而忽略除此之外的所

〔註54〕王讚源先生即執此說，《中國法家哲學》，台北：東大圖書公司，1991年8月，頁183。

〔註55〕錢穆，《中國思想史》，台北：台灣學生書局，1985年11月，頁82。

〔註56〕蕭公權，《中國政治思想史》，北京：新星出版社，2005年11月，頁156。

〔註57〕章太炎，《國故論衡·原道下》，台北：廣文書局，1977年7月，頁170。

〔註58〕牟宗三，《政道與治道》，台北：台灣學生書局，1980年4月，頁41～42。

有價值之外，做爲韓非思想重心的「法」，究竟由誰制定，更是最大問題所在。

梁啓超先生即言：

> 「法家最大缺點，在立法權不能正本清源。彼宗固力言吾主當『置
> 法以自治，立儀以自正；』力言人君『棄法而好行私謂之亂。』然
> 問法何自出，誰實制之？則仍曰君主而已。夫法之立與廢，不過一
> 事實中之兩面，立法權在何人，則廢法權即在其人，此理論上當然
> 之結果也。……夫人主而可以自由廢法立法，則彼宗所謂『抱法以
> 待，則千世治而一世亂者』，其說固根本不能成立矣。……夫無監督
> 機關，君主可以自由廢法而不肯廢法，則其人必堯舜也。夫待堯舜
> 而法乃存，則仍是人治非法治也。」〔註59〕

梁先生雖是綜論法家的缺點，但亦明確點出韓非的缺點。

依照韓非的法論，行法是國治的根本：「法之所加，智者弗能辭，勇者弗
敢爭。刑過不避大臣，賞善不遺匹夫。故矯上之失，詰下之邪，治亂決繆，
絀羨齊非，一民之軌，莫如法。」〔註60〕

「法」是治國的唯一標準，因此，它必須是成文的、公佈的，具公正性、
客觀性、普遍性和強制性的。可是，究竟是由誰來立這部全國上下都必須遵
守的「法」？韓非雖並無系統論述，但透露出立法者即是君王。如：

> 度量之立，主之寶也。〔註61〕

> 明主立可爲之賞，設可避之罰。〔註62〕

> 上設其法，而下無姦詐之心。〔註63〕

> 明主之道不然。設民所欲，以求其功，故爲爵祿以勸之；設民所惡，
> 以禁其姦，故爲刑賞以威之。〔註64〕

韓非認爲堯舜桀紂千世一出，一般國君都是上不及堯、舜，下亦不爲桀紂的
中主。而爲治之道，貴在用眾而舍寡，要讓天下長期治平，就必須要靠中主
能夠依法治國，因此，他反對儒家的「賢治」，而主張「法治」。可是，這就

〔註59〕 梁啓超，《先秦政治思想史》，台北：東大圖書公司，1980 年 6 月，頁 173～
174。

〔註60〕 有度篇，《校釋》，頁 262。

〔註61〕 〈揚搉〉，《校釋》，頁 709。

〔註62〕 〈用人〉，《校釋》，頁 792。

〔註63〕 〈難一〉，《校釋》，頁 322。

〔註64〕 同上注，頁 319。

必然要面臨兩個問題：第一是韓非的法究竟是自然法還是實證法的問題，第二是誰來立法的問題。

自然法論與法實證主義的衝突是西方法理學上始終存在、相互辯詰，迄今仍未解決或調合的大問題，而關於「法實證主義」這個名稱的定義，本身即包含數個不同層次。〔註65〕二戰後對西方法理學界有重大影響的英國法學家哈特（Herbert Hart），曾經歸納出以下五個最常被看作是法實證主義的代表性命題：

一、法是命令。

二、法與道德間並無必然之連結，亦即法是什麼，與法應該是什麼，應分開處理。

三、對法概念的分析性研究是值得進行的，但它應與對法概念其它面向的研究，例如歷史的研究、社會學的研究，對法的評價等等，分開進行。

四、法律體系是一邏輯封閉之體系。法律裁判可以僅運用邏輯工具，不須參考社會目標、政策、道德準則等，直接由已預設之法律規則中演繹得出。

五、對於價值（道德）的問題是無法透過理性論證加以討論決定的，也就是價值的不可知論。

哈特指出，這幾個命題是可以相互分離、分別成立的。因此批評了其中一點，並不同時批評了其他幾點。而以當前法學界共識來看，前述五個命題中的第二個命題，也就是法與道德的分離（一般稱之為分離命題），才是法實證主義的核心特徵。〔註66〕自然法與實證法的衝突亦在此命題上表現得最鮮明。哈特這個主張為現代法學家普遍認同，而韓非所主張的：「不務德而務法」、「不隨適然之善，而行必然之道」〔註67〕，都顯示出：法是治國的唯一標準，且與道德分開。同時，韓非認為：「法」在形式上是成文法、公布法；在推行上具強制性、必然性；這些皆與法實證主義的命題相合。因此，韓非所說的法無疑是實證法。

韓非的法既然非自然法，立法者又是君王，而絕大多數的君王是「中主」，他們的任務是：「抱法處勢則治」，如果由這樣的君王來立法，又如何能夠有

〔註65〕有關法實證主義定義的相關問題，參考顏厥安，《法與實踐理性》，台北：允晨文化，1998 年 7 月，頁 55～57。

〔註66〕同上注，頁 59～60。

〔註67〕〈顯學〉，《校釋》，頁 16。

公正、客觀、普遍的法？那麼，追根究柢，能夠立下「法一而固」，足以擔當「一民之軌」之法的，必然要是聖王，換言之，能不能立下標準大法的源頭仍然有賴合適的「人」，這和韓非所主張的人治難以為準，故不務德而務法的理論顯然有衝突之處。

　　況且，法既是君王所立，在理論上，立法者亦擁有廢法之權，這也就是梁啟超先生所言：「夫法之立與廢，不過一事實中之兩面，立法權在何人，則廢法權即在其人」，因此，在理論上，韓非雖強調法是一國上下所共守，王子犯法與庶民同罪，並舉出楚王「茅門之法」的寓言來加強說服力，可是，實際上，君王的地位卻是超出法之上的。蕭公權先生即說：「商韓言法，則人君之地位超出法上，其本身之守法與否不復成為問題，而惟務責親貴之守法。君主專制之理論至此遂臻成熟，而先秦『法治』思想去近代法治思想亦愈遼遠矣。」〔註68〕

　　除立法問題外，集法、術、勢於一身的君王本身也成為問題，韓非反對賢治的原因，是因為賢者難求，世間君王絕大多數為中主，為了讓中主能夠依循一套制度來把國家治理好，他才以法、術、勢綜合運用的理論，讓君王能夠駕御百官，走向治強。可是，一個資質中等的君主，會有能力運用韓非那套法、術，來營造人設之勢嗎？關於此點，蕭公權先生分析最為精闢：

　　　「商韓之思想既為絕對之君主專制，則其全部思想之有用與否，當以能得適合專制條件之君主與否為決斷。韓非論勢，謂治國無待堯舜之異材，中主可以勝任。夫法治之無待堯舜，固矣。然而韓子所謂中主，就其論法術諸端察之，殆亦為具有非常才智之人。身居至高之位，手握無上之權，而能明燭群奸，操縱百吏，不耽嗜好，不阿親幸，不動聲色，不撓議論，不出好惡，不昧利害。如此之君主，二千餘年之中，求其近似者寥寥無多，屈指可數。其難能可貴殆不亞於堯舜。儒家設聖君為理想，聖君不出則仁義禮樂之政治無由實現。韓非抵仁義為空談，而不知其法術難得實行之機會，正復相同。」

　　　〔註69〕

正如蕭先生所說，能夠力行韓非思想，抱法、處勢、用術的君王，從韓非到今天，兩千餘年間寥寥無幾，如果要等待這樣的「中主」，大概也正如韓非所

〔註68〕蕭公權，《中國政治思想史》，北京：新星出版社，2005年11月，頁160。
〔註69〕同上註，頁167。

說，只能千世亂而一世治。而且，能治的原因也並非國法制度，而是有賴於能夠掌握法、勢、術綜合運用之道的那位「法術之君」，因此，也依舊是人治而非法治。

韓非認爲國家的富強，有賴於君臣協力，臣以法治國，君以術御臣，讓整個官僚體系依據國法治理國家，如此，政治才能上軌道，國家也才能富強。這樣依法而不依人的治國之道也就是他所說的「君不仁，臣不忠，則可以霸王矣」。〔註70〕

可是，儘管韓非主張「君不仁，臣不忠」，他所說的「不忠之臣」卻是：

> 夙興夜寐，卑身賤體，竦心白意，明刑辟，治官職，以事其君。進善言，通道法，而不敢矜其善；有成功立事，而不敢伐其勞。不難破家以便國，殺身以安主。以其主爲高天泰山之尊，而以其身爲壑谷鬴洧之卑。主有明名廣譽於國，而身不難受壑谷鬴洧之卑。〔註71〕

韓非根據歷史事實發現，有些臣子會爲國家盡智竭力，臨難必死，而這樣的行爲和他所說的：「害身而利國，臣弗爲也；富國而利臣，君不行也。臣之情，害身無利；君之情，害國無親。君臣也者，以計合者也。」〔註72〕並不一致，於是，他只好把這些臣子公忠體國的表現歸爲「至夫臨難必死，盡智竭力，爲法爲之。」〔註73〕

韓非認爲：立法必依於人情，他所說的人情就是人性，依韓非對人性的看法，人是好利惡害的，君臣之間的利更是大不相同，他說：

> 主利在有能而任官，臣利在無能而得事；主利在有勞而爵祿，臣利在無功而富貴；主利在豪傑使能，臣利在朋黨用私。〔註74〕

既然君臣之間都是以利害互相計算，那麼，對於一個人來說，有什麼利害又會比生死更大呢？再退一步想，就算有人因爲自己的犧牲能夠換取家人的平安或富貴，而願意赴死，那麼，當自己的死亡，帶來的是整個家庭的破散而不是榮耀時，他又爲什麼要犧牲？所以，依好利惡害的人情所立的法又如何可能強制臣子破家便國、殺身安主、臨難必死呢？因此，讓臣子心甘情願去爲君主、國家犧牲的必然不僅僅是法，而是存在著超越法之上的，更高一層的理念。

〔註70〕〈六反〉，《校釋》，頁92。
〔註71〕〈說疑〉，《校釋》，頁235。
〔註72〕〈飾邪〉，《校釋》，頁212。
〔註73〕同上注。
〔註74〕〈孤憤〉，《校釋》，頁290。

在〈外儲說左上〉中，韓非寫下兩則有關趙武的寓言：

> 中牟無令，晉平公問趙武曰：「中牟，晉國之股肱，邯鄲之肩髀，寡人欲得其良令也，誰使而可？」武曰：「邢伯子可。」公曰：「非子之讎也？」曰：「私讎不入公門。」公又問曰：「中府之令，誰使而可？」曰：「臣子可。」故曰：外舉不避讎，內舉不避子。趙武所薦四十六人，及武死，各就賓位，其無私德若此也。〔註75〕

> 平公問叔向曰：「群臣孰賢？」曰：「趙武。」公曰：「子黨於師人。」曰：「武立如不勝衣，言如不出口，然其所舉士也數十人，皆令得其意，而公家甚賴之。及武子之生也不利於家，死不託於孤，臣敢以為賢也。」〔註76〕

韓非認為，像趙武這樣無私無黨，就可以造成「群臣公舉，下不相和，則人主明」〔註77〕的良好政治氛圍。趙武「外舉不避讎，內舉不避子」的坦蕩；「生不利於家，死不託於孤」的廉潔，在韓非看來，當然是為了富國強兵的君國公利。可是，以韓非所主張的「人性自利」而言，趙武「生不利於家，死不託於孤」的賢與德，已脫離自利的範圍，而包涵了超越「利」之上的內在道德與人間正義。

至於韓非推崇的「法術之士」，在他筆下是這樣的：

> 智術之士，必遠見而明察；不明察，不能燭私。能法之士，必強毅而勁直；不勁直，不能矯姦。〔註78〕

可是，這樣有遠見、能夠把事情看得深入，又堅強果決、剛勁正直的法術之士，儘管有能力、有才幹，又為君國大利竭誠付出，他們的遭遇卻往往是這樣的：

> 法術之士，操五不勝之勢，以歲數而又不得見。當塗之人，乘五勝之資，而旦暮獨說於前。故法術之士奚道得進，而人主奚時得悟乎？故資必不勝，而勢不兩存，法術之士焉得不危？其可以罪過誣者，以公法而誅之；其不可被以罪過者，以私劍而窮之。是明法術而逆主上者，不僇於吏誅，必死於私劍矣。〔註79〕

〔註75〕〈外儲說左下〉，《校釋》，頁548。
〔註76〕同上註，頁548～549。
〔註77〕〈外儲說左下〉，《校釋》，頁524。
〔註78〕〈孤憤〉，《校釋》，頁281～282。
〔註79〕同上註，頁283。

正直剛毅的法術之士依法行事，自然會得罪以權謀私的當塗之人，而當塗之人卻是國君親信的重人，因此，法術之士在和當塗之人的政治較量中，必然是失敗的一方，而且結局常常十分慘烈：「不僇於吏誅，必死於私劍」。人間最大的利害就是生死，以韓非人性自利的觀點，法術之士既然明知自己主張行法施術的悲劇性下場，在「自利」之下，又何必犧牲生命，去堅持自己的意見？

或許，韓非是寄望於明主或是有術之君當政，能夠體會法術之士的苦心孤詣，並給予最大的禮遇，用其理論治國。如此，法術之士都可以像管仲得遇齊桓公一樣，不但不必犧牲性命，還能擁有權勢名利。不過，韓非筆下的法術之士最令人動容之處，就在於即使無法像管仲一樣獲得重用，依舊願意為法治的理想獻身，這樣充滿悲劇英雄色彩的行為，讓法術之士不僅為利奮鬥的形象更加鮮明。

除了法術之士以外，韓非還在文章中提到「聖人」、「賢者」、「仁義者」、「貞信之士」、「自善之民」，只不過這些人數量很少而已。他說：

> 仁義者，憂天下之害，趨一國之患，不避卑辱，謂之仁義。故伊尹以中國為亂，道為宰于湯；百里奚以秦為亂，道為虜于穆公——皆憂天下之害，趨一國之患，不辭卑辱，故謂之仁義。〔註80〕

> 恃人之為吾善也，境內不什數；用人不得為非，一國可使齊。〔註81〕

> 貞信之士不盈於十，而境內之官以百數。〔註82〕

> 人之情性，賢者寡，而不肖者眾。〔註83〕

> 眾人多而聖人寡，寡之不勝眾，數也。〔註84〕

至於韓非本身，所堅持的是這樣的「仁智之行」：

> 所以廢先王之教，而行賤臣之所取者；竊以為立法術、設度數，所以利民萌，便眾庶之道也。故不憚亂主闇上之患禍，而必思以齊民萌之資利者，仁智之行也。憚亂主闇上之患禍，而避乎死亡之害；知明夫身，而不見民萌之資利者，貪鄙之為也。臣不忍嚮貪鄙之為，

〔註80〕〈難一〉，《校釋》，頁 325。
〔註81〕〈顯學〉，《校釋》，頁 16。
〔註82〕〈五蠹〉，《校釋》，頁 48。
〔註83〕〈難勢〉，《校釋》，頁 65。
〔註84〕〈解老〉，校釋，頁 734。

不敢傷仁智之行。〔註85〕

從韓非對法術之士人格的詮釋，以及他認爲世間聖人、賢人、仁義者、貞信之士、法術之士、自善之民少，一般眾人、不肖之人多的觀念。我們可以看到：韓非隱然把世人分爲兩類，一類是所謂的「眾人」，佔了絕大多數，他們「好利自爲」，因此，必須用法度、賞罰來強制，把他們的私利導向君國大利。另一類則是聖賢、仁義者、貞信和法術之士、自善之民，這些人超越在「好利自爲」之上，不需要用賞罰來規範，行爲就自然趨向君國公利。在「不好利」的這類人當中，還包括一些特殊人物，也就是韓非所謂的「無益之臣」與「不令之民」，這些人不會因爲厚賞而依附君王，不會因爲重罰而改變志向，就韓非的功利主義而言，他們是對君國毫無益處的人，甚至是需要除掉的人，可是，就德行而言，他們不爲利誘，不懼刑誅的修養，正和韓非所說的聖賢、仁者、義士、貞信之人相同。

人性必須是普遍的，因此，當有些人具體表現出他們並不好利自爲時，韓非以人性好利惡害作爲治道基礎的原則就顯然有了破綻，也因此，韓非雖點出了某些人超越自爲自利的表現，卻並沒有針對此點深入探討，不過，從以上所述，我們可以看出韓非並不反對道德和理想，只是，他認爲：道德只是人間難遇的特例，正如千世而一出的聖王，是不可求不可待的。而他所冀望的，是一個不必求也不必待，足以讓每個人都能夠安樂生活的社會，而要建立這樣的社會，就必須期之以一個穩固的制度，也就是「法」。這也即是他所說的：「雖不恃賞罰，而有恃自善之民，明主弗貴也。何則？國法不可失，而所治非一人也。」〔註86〕正因爲韓非所關注的僅是現實功利，因而把世間價值純然定位於國家富強，也爲了求得這樣的價值，而把「法」的根源建立在人性自利之上，這讓他的思想受限於功利實效，而開不出更寬廣的精神層面。也因此，韓非最重視的富強，反而成爲他超脫不了的魔障。

誠然，韓非思想有難以解消的困難，構成其法治思想的基礎——好利自爲的人性論，亦存在根基上的盲點，而當他的「法」與「勢」、「術」結合後，所產生的流弊更爲深廣。

不過，從韓非的論述與寓言，我們也可以看出，他以超個人主義的觀點，企圖在他所處的那個戰火頻仍的混亂時代，以全國上下共守的制度建立起一

〔註85〕〈問田〉，《校釋》，頁 309～310。
〔註86〕〈顯學〉，《校釋》，頁 16。

個富強國家，讓每個人在國家的蔭蔽下，都能夠安居樂業的理想，自有其一定的意義與價值。

第四節 韓非寓言對當代政治的啓發

　　韓非的政治思想不僅是理論，更注重在現實政治上的施用。韓非學說和近代國家主義有相通之處，他把國家視爲一個完整的有機體，認爲重要的不是單獨的個人，也不是單獨個人所組成的多數，而是國家人格有機體的完整力量，國家所追求的最終理想是富與強，在國家富強之後，全國民眾都可以在國家強大的蔭蔽下，享受和平安定的生活。在邁向國富兵強理想的道路上，爲了國家公利，個人的私利、私德、私行必須被犧牲。他說：

> 明主之國，無書簡之文，以法爲教；無先生之語，以吏爲師；無私
> 劍之捍，以斬首爲勇。是以境內之民，其言談者必軌於法，動作者
> 師之於功，爲勇者盡之於軍。是故無事則國富，有事則兵強。〔註87〕

這段話所顯示出來的專制獨斷，只重視農戰帶來的富與強，而忽視人間其他價值，是韓非思想最受訾議之處。從《史記》言：「慘礉少恩」〔註88〕，此評價即成爲對韓非的最普遍說法。直至近世，韓非思想仍經常與極權、專制畫上等號。例如：

　　楊鶴皋先生云：「用嚴刑峻法和陰謀權術來維持專制帝王的統治」〔註89〕。

　　梅仲協先生云：

> 「他竭力主張極權政治，暴力政治，與絕對人治。著述了一大堆陰
> 險狠毒權詐偏激的言論，以希冀韓王的任用。」〔註90〕。

　　勞思光先生云：

> 「韓非思想，在價值觀念方面，爲一純粹否定論者，故不唯與先
> 秦諸子不同，且在世界哲學史上，亦屬一極爲罕見之邪僻思想。」
> 〔註91〕。

〔註87〕〈五蠹〉，《校釋》，頁50～51。
〔註88〕《史記·老子韓非列傳》，楊家駱主編，《新校本史記三家注》，台北：鼎文書局，頁2156。
〔註89〕楊鶴皋，《中國法律思想史》，台北：漢興書局，1993年10月，頁202。
〔註90〕梅仲協，《法學結論》，中華文化出版事業委員會，1954年10月，頁178。
〔註91〕勞思光，《新編中國哲學史（一）》，台北：三民書局，2002年10月，頁344。

牟宗三先生云：

> 「與道家結合，法家就變壞了，韓非子就因此形成一套 ideology（意
> 底牢結）而有了一套運用的原則。法與術結合，皇帝所運用的術不
> 能公開，就成了『黑暗的秘窟』」。〔註92〕

上述諸位先生皆從法學、哲學的觀點對韓非思想加以批判。誠然，韓非政治
思想中的尊君、集權、嚴刑觀念及所衍生的極權政治體制流弊恰如諸位先生
所論。至於韓非由於認定國家圖生存與發展的不二法門是國富兵強，因而把
追求富強作為全國人民的唯一價值，其產生的困境亦如蔡英文先生所言：

> 「韓非思想的一重大的問題是在於：韓非把人追求的基本的價值化
> 約成一項單一的價值，而以這單一的價值或者所追求的終極目標為
> 起點。建立他的整體政治理論，也使他推展出集權與極權控制的政
> 治主張。」〔註93〕

不過，儘管韓非思想存在著諸多缺失，在他所處的戰國亂世，這套政治學說
確實順應時代的要求。對強國而言，他的法治思想可以做為君王統一天下，
建立帝國的方針；就弱國而言，也可以經由法治救亡圖存。就連極不贊同韓
非之學，在《論衡・非韓篇》中嚴加批評的王充，也不能不承認：

> 「韓蚤信公子非，國不傾危……假令非不死，秦未可知。」〔註94〕

漢朝之後，歷代學者肯定韓非學說具有實際政治效益的言論亦頗多，例
如，明代趙用賢在〈韓非子書序〉中說：

> 「三代而後，申韓之說常勝。世之言治者，操其術而恆諱其跡。余
> 以為彼其盡絀聖賢之旨，而獨能以其說擊排詆訾，歷千百年而不廢，
> 蓋必有所以為韓非子者在矣，惡可忽哉。」〔註95〕

明代陳深則在〈韓子迂評序〉中說：

> 「戰國之時，詐欺極矣。縱橫之徒徧天下，而以馳騖有土之君，以
> 至君畏其臣，臣狎其君，而篡弒攸起，諸侯是以不救。此皆上下浮

〔註92〕 牟宗三，《中國哲學19講》，台北：學生書局，1983年10月，頁170。
〔註93〕 蔡英文，《韓非的法治思想及其歷史意義》，台北：文史哲出版社，2005年12
月，頁253。
〔註94〕 《論衡・書解》，漢・王充著，明・程榮校，《論衡》，四部備要子部，據明刻
本校刊，台灣：中華書局，卷二十八，頁11。
〔註95〕 趙用賢，〈韓非子書序〉，《校正韓非子》，嚴靈峰編，《韓非子集成》，台北：
成文出版社，第15冊。

諂，而怠慢紆緩，不振於法之效也。於是申韓之徒出，而以名實之
說勝之矣。……使其遇聖主明王與之折衷，被之以封疆折衝之任，
則其治功豈可量哉。」〔註96〕

門無子也在〈韓子迂評序〉中表示：

「韓子之書，言術而不止於術也，言法而不止於法也。纖珠碎錦，
百物具在。誠汰其砂礫，而獨存其精英，則其於治道，豈淺鮮哉。
……試以今之天下，與韓子之書，何非今日之弊？以韓子之言，用
之於天下，何非今日之用？」〔註97〕

清代王先謙則在〈韓非子集解序〉中說：

「韓非處弱韓危極之時，以宗屬疏遠，不得進用。目擊游說縱橫之
徒，顛倒人主以取利，而奸猾賊民，恣為暴亂，莫可救止，因痛嫉
夫操國柄者，不能伸其自有之權力，斬割禁斷，肅朝野而謀治安。
其身與國為體，又燭弊深切，無緣見之行事，為書以著明之。故其
情迫，其言覈，不與戰國文學諸子等。迄今覽其遺文，推跡當日國
勢，苟不先以非之言，殆亦無可為治者。仁惠者，臨民之要道，然
非以待奸暴也。孟子導時王以仁義，而惡言利……蓋世主所美，非
孟子所謂仁義，說士之言，非仁義即利耳。至勸人主用威，唯非宗
屬乃敢言之。」〔註98〕

從上所述，可見韓非學說對治道的實際效用早已為歷代學者所見，韓非思想
之所以能夠治世，尤其是在國家興亡、時代交替之際最能發揮效用，和他能
夠正視及暴露政治的陰暗面頗有關聯，唐君毅先生即說：

「孔孟莊荀等以其忠厚之心，與其所理想之人生之美德與政治之道
詔世者，並不真重視其所以詔世之具正面價值之事物，可一一被假
借利用之事實。然此事實，則無時無地而無有。由此假借利用，而
一切善不善是非毀譽，無不可互相混亂，一切善者是者，皆可為惡
者非者之文飾之具。此即為價值世界之顛倒，亦政治上之亂原。韓
非子于此人之巧于假借利用之種種事實，見于政治者，則最能正視，

―――――――――
〔註96〕陳深，〈韓子迂評序〉，同上注，第19集。
〔註97〕門無子，〈韓子迂評序〉，同上注，第20集。
〔註98〕王先謙，〈韓非子集解序〉，王先慎，《韓非子集解》，北京：中華書局，1998
年7月，頁2。

亦最能加以暴露而揭穿之。韓非子之正面價值理想，固多不足，而
遠遜于其前之儒道墨諸家之所言者。然自其能面對此種種事實，而
一一加以正視、加以暴露而言之，則以前儒墨道諸家，無能及其刻
深。」〔註99〕

誠如唐先生所說，任何一個時代和國家，實際的政治運用必然存在善惡、是
非、毀譽等價值錯亂的情況，理想國的政治形態從未眞正出現過，韓非正視
且暴露政治的黑暗面，使陰謀矯詐無所遁形，自有其意義。在〈八姦〉中，
韓非詳細剖析了八種臣子蒙蔽君王之術，並說明如何防止八姦；在〈十過〉
中，他以十則歷史寓言證明十種國君足以危身亡國的過錯；而在其他篇章中，
他也不時論述政治的陰暗面，並以寓言作爲輔助說明。像是〈說難〉中的「鄭
武公伐胡」；〈姦劫弒臣〉中的「春申君之妾」；〈內儲說上〉中的「豎牛」、「韓
昭侯握爪」；〈內儲說下〉中的「髮繞炙」、「鄭桓公襲鄶」；「外儲說右上」中
的「犀首遭逐」、「薛公獻珥」等，都是以歷史人物及事件來解析政治上的種
種陰謀詭計。由於在《韓非子》書中此類寓言甚多，不能一一列舉，但韓非
洞悉政治的黑暗，並企盼君王以此爲誡的用心則甚爲明顯。

事實上，戰國時代的政治氛圍固然如此，後世政壇依然有相類之處。要
實現政治理想，就必然先透悉政治上的種種僞詐虛矯，才能不被蒙蔽。姚蒸
民先生即說：

「古今中外任何一種政治學說，其提出之動機與目的，固重在因應
時地人事之宜，期有以見用於當世，然亦兼爲其理想中之政治社會
而立言。若其主張僅可行之於一時一地，而不能見重於時地條件改
變之後，則學說價值終屬有限。我國先秦諸子之學，其所以能垂諸
今日者，即在其理論之建立，不全受所處時地環境之限制，而其提
出之主張，在時地環境改變之後仍可擇善以行。孔孟荀之學如是，
韓非之學亦如是。」〔註100〕

的確，正如姚先生之言，雖然時移事異，但韓非思想對於當世政治依舊有所
啓發，韓非思想最切合當代的，自然是以法治國和罪刑法定的精神，雖然，
和近代法學相較，韓非的法思想仍有不少缺失，但此爲他的時代所限，未能

〔註99〕唐君毅，《中國哲學原論・原道篇（一）》，唐君毅全集，卷十四，台北・台灣
學生書局，1991 年 2 月，頁 506。
〔註100〕姚蒸民，《韓非子通論》，台北：東大圖書公司，1999 年 3 月，頁 338。

以現代觀點來嚴加審視。不過，由於現代的法治觀念已超越韓非主張，此處不再就此方面論述。而針對其他方面，筆者認爲韓非對於現代政治的啓發有下列數點：

一、人事制度的建立與考核

在韓非的術論中，因任授官與循名責實是相當積極、正面的思想，也和現代的人事管理學有相通之處，也就是有關機構中人員的組織、權責、統馭、任用、考核、獎懲、升遷之類。韓非對人的任用和考核著眼於因材器使、專長任職、分層負責、循序以進，機構中沒有錢多事少的閒差，也沒有空降而來的領導人，所有重要職位都必須從基層做起，憑能力才幹升遷，讓人人都能夠勝任本身的職務，只會自我吹噓的人無所遁形。他說：

> 國平則用儒俠，難至則用介士，所養者非所用，所用者非所養，此所以亂也。〔註101〕

> 明主之吏，宰相必起於州部，猛將必發於卒伍。〔註102〕

> 見功而與賞，因能而授官。〔註103〕

> 人臣皆宜其能，勝其官，輕其任，而莫懷餘力於心，莫負兼官之責於君。〔註104〕

> 聽其言而求其當，任其身而責其功。〔註105〕

> 誠有功，則雖疏賤必賞；誠有過，則雖近愛必誅。〔註106〕

韓非所主張的，讓各級主管都從基層做起，以工作績效來考核人員，以個人能力來決定升遷的人事制度，不靠攀附，不講關係，即使放在現代社會，也依舊是公平、正確、有效的人事管理方式。

二、施政不討好人民

韓非認爲政治不能爲了得民心而討好人民，聽任人民的要求，他說：

> 民智之不可用，猶嬰兒之心也。夫嬰兒不剔首則腹痛，不副痤則寖

〔註101〕〈顯學〉，《校釋》，頁 10。
〔註102〕同上注，頁 13。
〔註103〕〈外儲說左上〉，《校釋》，頁 515。
〔註104〕〈用人〉，《校釋》，頁 791。
〔註105〕〈六反〉，《校釋》，頁 102。
〔註106〕〈主道〉，《校釋》，頁 694。

　　益，剔首副痤，必一人抱之，慈母治之，然猶啼呼不止，嬰兒不知
　　犯其所小苦，致其所大利也。今上急耕田墾草，以厚民產也，而以
　　上為酷。修刑重罰，以為禁邪也，而以上為嚴。徵賦錢粟，以實倉
　　庫，且以救饑饉、備軍旅也，而以上為貪。境內必知介而無私解，
　　并力疾鬥，所以禽虜也，而以上為暴。此四者，所以治安也，而民
　　不知悅也。〔註107〕

　　在此，韓非所說的「民智之不可用，猶嬰兒之心也。」，常被指為愚民政
策，不過，與下文連結對照，不難看出韓非的意思是指人民常常因為一己私
利，而反對真正有益的政策，因而，政府在施政時，不能為了討好人民而實
行短視的政策，必須著眼於真正能為民謀福祉的大利，否則只為了一時得到
民心，國家卻要付出更大的代價。韓非說：

　　法之為道，前苦而長利；仁之為道，偷樂而後窮。聖人權其輕重，
　　出其大利，故用法之相忍，而棄仁之相憐也。〔註108〕

　　姑且不論韓非所說的「仁之為道，偷樂而後窮」是否公允，如果政府真
是為了國家發展的「長利」，而擬定了正確而良好的政策，即使此政策一時得
不到人民諒解，也不必為了討好民眾而放棄實行。

　　民主政治是重視民意的政治，也是爭取選票的政治，無可諱言，為了爭
取選民支持，候選人往往會開出許多競選支票，一旦當選就面臨兌現，而為
了下一次的競選，即便明知政策不見得對國家長久發展有利，也必須施行。
因此，即便由於教育普及，當代的「民智」不再是嬰兒，但人民依然往往只
看到自己的利益，而不顧國家的整體規劃，也因此，現代政治也依舊如韓非
所指出的，政府真正為民興利，目光遠大的施政，卻往往因為牴觸人民眼前
的利益而不被認同。此時，政府就必須要抱持不討好人民的決心，放手去做
真正為人民有益的事，這才是一個具有前瞻性的大格局政府。這是韓非的見
解，亦是當代政治家應有的器識。

三、自恃重於恃人

　　韓非重視國富兵強，而富強之本在於內政，不在外交。韓非的時代是縱
橫家以合縱、連橫之說遊走各國，爭相勸各國君主與他國結盟的時代，但韓

〔註107〕〈顯學〉，《校釋》，頁22。
〔註108〕〈六反〉，《校釋》，頁95～96。

非卻認爲：國與國的關係，本質上是「力多則人朝，力寡則朝於人。」〔註109〕「國小則事大國，兵弱則畏強兵。大國之所索，小國必聽；強兵之所加，弱國必服。」〔註110〕因此，外援不足恃，惟有鞏固內政，讓國家富強，才能退而不懼他國入侵，進而成霸稱王。

韓非的富強政策以農戰爲主，「農」是經濟，「戰」是國防。經濟政策重在掌握農業資源與生產，改良農業技術，盡地利人力，禁止奢侈品的製造與輸入。國防政策重在掌握足夠兵源，充實軍需軍備，加強軍紀軍信，嚴格訓練戒備。雖然，隨著時代變異，現代的經濟政策與國防政策與當時自然大不相同，但直到今天，「弱國無外交」也仍然是國際政治上的真實情況。沒有清明鞏固的內政，強大的經濟力量和足以自保的國防戰力，想要在危急時依恃外援，也並非應有的國家整體戰略，因此，儘管時代有異，韓非「自恃重於恃人」的國策仍具意義。

四、實事求是的精神

韓非思想以政治實效爲依歸，不尚空談，他反對戰國時代的辯士高談闊論來博取國君任用的作爲，〈外儲說左上〉中的「棘刺母猴」、「不死之道」等寓言，正顯示了他對空言的批判。他以寓言說明：那些誇大空泛的言辭就像是有人吹噓要在荊棘尖端刻猴子，聽起來神奇美妙，實際上卻根本不可能做到。也像是要教燕王不死之道的方士，還來不及教前往學習的人，自己就先死了，方士的死亡完全證明了他所謂的不死之道只是騙人把戲而已。

雖然距離韓非的時代已經二千多年，不過，政壇上誇大、虛浮的言詞依舊屢見不鮮。好政策是要能夠實行，而且實行起來有利的政策，而不是聽起來眩人，實際執行起來窒礙難行或是花費甚巨卻毫無效果的政策，因此，韓非不尚空言，實事求是的精神，今日仍然值得參考。

五、領導者不顯現個人好惡

韓非主張國君不現好惡於外的「無爲之術」，一向被視爲具有權謀意味，可是，如果去掉其中陰暗的色彩，只純就領導人不現喜惡的一面而論，也不無可參考之處。韓非說：

〔註109〕〈顯學〉，《校釋》，頁 16。
〔註110〕〈八姦〉，《校釋》，頁 187。

好惡見，則下有因，而人主惑矣。〔註111〕

上用目，則下飾觀；上用耳，則下飾聲；上用慮，則下繁辭。

〔註112〕

君無見其所欲，君見其所欲，臣將自雕琢。君無見其意，君見其意，臣將自表異。故曰：去好去惡，臣乃見素；去智去舊，臣乃自備。

〔註113〕

韓非認為國君需要運用無為之術，最主要的原因是國君被屬下環伺，任何動作都會被臣子察覺，並且會以種種手段去迎合君主的喜好，如此君王不但很難察知臣下的真實想法和意向，還會被臣子蒙蔽，所以必須深藏不露。

自古以來，「上有所好，下必甚焉」始終是官場潛規則。領導人注重排場，屬下必然擺出華麗的場面；領導人以清廉自許，屬下不免處處顯示自己生活樸實；領導人喜歡舞文弄墨，屬下總要跟著吟詩寫字。在爭相迎合上意的情況下，往往表演越精采的人越有機會出頭，不願意逢迎的人才反而被忽視。因此，不顯示自己的好惡，給予有心人可趁之機，對現代政壇仍有啟示作用。

六、因應不同時代的創新思維

韓非認為：時代不同，環境不同，面對的問題和挑戰自然也不同，如果在新的時代依然沿襲舊的治道，就有如守株待兔的宋人，只會引人恥笑而已。因此，他主張「不期循古，不法常行」；「世異則事異，事異則備變。」他說：

不知治者，必曰：「無變古，毋易常。」變與不變，聖人不聽，正治而已。〔註114〕

法與時轉則治，治與世宜則有功……聖人之治民也，法與時移，而禁與世變。〔註115〕

韓非所揭示的治道不能拘泥於成規，必須與時俱進的思維方式，在科技日新用異，世界局勢變化越來越快的今日，更值得我們珍視。

〔註111〕〈外儲說右上〉，《校釋》，頁556。
〔註112〕〈有度〉，《校釋》，頁259。
〔註113〕〈主道〉，《校釋》，頁686。
〔註114〕〈南面〉，《校釋》，頁129。
〔註115〕〈心度〉，《校釋》，頁814～815。

參考書目

(本書目依作者姓名筆劃排列)

專書

有關《韓非子》專書

1. 尹桐陽，《韓子新釋》，《韓非子集成》，第 40 冊，台北：成文出版社，1980 年 4 月。

2. 王先慎，《韓非子集解》，北京：中華書局，1998 年 7 月。

3. 王邦雄，《韓非子的哲學》，台北：東大圖書公司，1979 年 9 月。

4. 王讚源，《韓非與馬基維利比較研究》，台北：幼獅月刊社，1972 年 12 月。

5. 朱守亮，《韓非子釋評》，台北：五南，1992 年 9 月。

6. 朱瑞祥，《韓非政治思想之剖析》，台北：黎明文化，1990 年 7 月。

7. 吳秀英，《韓非子研議》，台北：文史哲出版社，1979 年 3 月。

8. 李甦平，《韓非》，台北：東大圖書公司，1998 年 10 月。

9. 林緯毅，《法儒兼容——韓非子的歷史考察》，台北：文津出版社， 2004 年 11 月。

10. 門無子，《韓子迂評》，《韓非子集成》，第 20 冊，台北：成文出版社，1980 年 4 月。

11. 封思毅，《韓非子思想散論》，台北：台灣商務印書館，1975 年。

12. 施覺懷，《韓非評傳》，南京：南京大學出版社，2001 年 12 月。

13. 容肇祖，《韓非子考證》，《韓非子集成》，第 39 冊，台北：成文出版社，1980 年 4 月。

14. 徐漢昌，《韓非子釋要》，台北：黎明文化，1986 年 7 月。

15. 徐漢昌，《韓非的法學與文學》，台北：文史哲出版社，1984 年。

16. 荊知仁，《韓非子政治思想》，台北：嘉新水泥公司文化基金會，1967 年。

17. 高柏園，《韓非哲學研究》，台北：文津出版社，1994 年 9 月。

18. 張素貞，《新編韓非子》，台北：國立編譯館，2001 年 3 月。

19. 張素貞，《韓非子思想體系》，台北：黎明文化，1993 年 5 月。

20. 張素貞，《韓非子難篇研究》，台北：台灣學生書局，1997 年 8 月。

21. 張純・王曉波，《韓非思想的歷史研究》，台北：聯經出版公司，1994 年 12 月。

22. 梁啓雄，《韓子淺解》，台北：台灣學生書局，1971 年 1 月。

23. 陳奇猷，《韓非子集釋》，高雄：復文圖書出版社，1991 年 7 月。

24. 陳奇猷，張覺，《韓非子導讀》，成都：巴蜀書社，1990 年 1 月。

25. 陳拱，《韓非思想衡論》，台北：台灣商務印書館，2008 年 5 月。

26. 陳蕙娟，《韓非子哲學新探》，台北：文史哲出版社，2004 年 5 月。

27. 陳啓天，《增訂韓非子校釋》，台北：台灣商務印書館，1994 年 11 月。

28. 熊十力，《韓非子評論》，台北：台灣學生書局，1978 年 10 月。

29. 趙用賢，《校正韓非子》，《韓非子集成》，第 15 冊，台北：成文出版社，1980 年 4 月。

30. 趙海金，《韓非子研究》，台北：正中書局，1982 年 5 月。

31. 蔣重躍，《韓非子的政治思想》，北京：師範大學出版社，2000 年 11 月。

32. 蔡榮桐，《韓非子思想管窺》，台北：台灣書店，1988 年 6 月。

33. 鄭良樹，《韓非之著述及思想》，台北：台灣學生書局，1993 年 7 月。

34. 盧瑞鍾，《韓非子政治思想新探》，台北：三民書局，1989 年 4 月。

35. 賴炎元、傅武光注譯，《新譯韓非子》，台北：三民書局，2003 年 2 月。

36. 謝雲飛，《韓非子析論》，台北：東大圖書公司，1986 年 2 月。

古籍（包括古籍今釋）

1. 孔安國注，孔穎達疏，《尚書正義》，海口：海南國際新聞出版中心，1996 年 11 月。

2. 毛亨傳，鄭玄著，孔穎達疏，《毛詩正義》，海口：海南國際新聞出版中心，1996 年 11 月。

3. 王充著，程榮校，《論衡》，四部備要子部，據明刻本校刊，台灣：中華書局。

4. 王忠林注譯，《新釋荀子讀本》，台北：三民書局，2003 年 4 月。

5. 王弼注，《老子》，台北：台灣中華書局據華亭張氏本校刊，1973 年 4 月。

6. 王應麟，《漢藝文志考證》，卷六，台北：臺灣商務印書館，1985 年 6 月，景印文淵閣四庫全書本。

7. 司馬遷著，楊家駱主編，《新校本史記三家注》，台北：鼎文書局。

8. 左丘明撰，杜預集解，竹添光鴻會箋，《左氏會箋》，台北：廣文書局，1961 年 9 月。

9. 朱熹，《四書章句集註》，台北：鵝湖出版社，1984 年 9 月。

10. 朱熹，《周易本義》，台北：文化圖書公司，1972 年 8 月。

11. 吳起，《吳子兵法》，台北：東門出版社，1987 年 9 月。

12. 李滌生集釋，《荀子集釋》，台北：台灣學生書局，2000 年 3 月。

13. 貝遠辰注譯・陳滿銘校閱，《新譯商君書》，台北：三民書局，1996 年 10 月。

14. 周敦頤，《通書》，《周濂溪集》，台北：台灣商務印書館，1966 年 3 月。

15. 房玄齡等人著，楊家駱主編，《新校本晉書》，台北：鼎文書局。

16. 孫武，《孫子兵法》，北京：華夏出版社，2006 年 6 月。

17. 孫詒讓，《墨子閒詁》，《諸子集成》第 4 冊，北京：中華書局，1954 年 12 月。

18. 班固著，楊家駱主編，《新校本漢書》，台北：鼎文書局。

19. 陳壽昌輯，《南華眞經正義》，台北：新天地書局，1972 年 11 月。

20. 湯孝純注譯・李振興校閱，《新譯管子讀本》，台北：三民書局，2006 年 3 月。

21. 慎到，《慎子》，四部叢刊初編子部，台北：國立中央圖書館。

22. 溫洪隆注譯，陳滿銘校閱，《新譯戰國策》，台北：三民書局，1996 年 2 月。

23. 劉向，《說苑》，台北：台灣古籍出版社，1996 年 7 月

24. 鄭玄注，孔穎達疏，《禮記正義》，海口：海南國際新聞出版中心，1996 年 11 月。

25. 顧炎武著，黃汝成集釋，《日知錄集釋》，台北：台灣中華書局，1984 年 3 月。

其他書籍

1. 公木，《先秦寓言概論》，山東：齊魯書社，1984 年。

2. 王邦雄，《中國哲學論集》，台北：台灣學生書局，2004 年 3 月。

3. 王叔岷,《先秦道法思想講稿》,台北:中央研究所中國文哲研究所,1992年。

4. 王曉波,《先秦法家思想史論》,台北:聯經出版公司,1991 年 7 月。

5. 王讚源,《中國法家哲學》,台北:東大圖書公司,1991 年 8 月。

6. 古斯塔夫·拉德布魯赫著,黎冷、潘嵩譯,《法學導論》,台北:台灣實業,2004 年 6 月。

7. 牟宗三,《中國哲學 19 講》,台北:台灣學生書局,1983 年 10 月。

8. 牟宗三,《政道與治道》,台北:台灣學生書局,1980 年 4 月。

9. 牟宗三,《現象與物自身》,台北:台灣學生書局,1990 年 3 月。

10. 余英時,中國知識階層史論,台北:聯經出版公司,1997 年 4 月。

11. 吳怡,《中國哲學的生命和方法》,台北:東大圖書公司,1981 年 4 月。

12. 呂思勉,《先秦學術概論》,上海:上海書店,1992 年 12 月。

13. 李富軒、李燕,《中國古代寓言史》,台北:漢威出版社,1998 年 8 月。

14. 李滌生,《荀子集釋》,台北:台灣學生書局,2000 年 3 月。

15. 李澤厚,《中國古代思想史論》,台北:漢京文化,1987 年 2 月。

16. 沈雲龍主編,《國家主義論文集》,台北:中國青年黨中央黨部,1983 年 9 月。

17. 帕米爾書店編輯部編,《國家主義》,台北:帕米爾書店,1977 年 1 月。

18. 姚蒸民,《法家哲學》,台北:東大圖書公司,1991 年 8 月。

19. 胡適,《中國哲學史大綱》,卷上,上海:商務印書館,1930 年 6 月。

20. 胡適,《胡適語粹》,台北:久久出版社,1983 年。

21. 韋政通,《先秦七大哲學家》,台北:水牛圖書公司,1991 年 6 月。

22. 唐君毅,《中國哲學原論·原道篇(一)》,唐君毅全集,卷十四,台北·台灣學生書局,1991 年 2 月。

23. 徐復觀,中國思想史論集,台北:台灣學生書局,民 64 年 5 月。

24. 馬基雅維利(Niccolo Machiavelli)著,潘漢典譯,《君主論》,北京:商務印書館,2005 年。

25. 高柏園,《孟子哲學與先秦思想》,台北:文津出版社,1996 年 10 月。

26. 張偉仁輯,陳金全注,《先秦政法理論》,北京:人民出版社,2006 年 4 月。

27. 梅仲協,《法學結論》,中華文化出版事業委員會,1954 年 10 月。

28. 許士軍,《管理學》,台北:東華書局,1995 年 5 月

29. 郭洪紀，《新國家主義》，台北：揚智文化，1996 年 5 月。

30. 陳蒲清，《中國古代寓言史》，板橋：駱駝出版社，1987 年。

31. 陳啟天，《中國法家概論》，台北：中華書局，1985 年 9 月。

32. 章太炎，《國故論衡》，台北：廣文書局，1977 年 7 月。

33. 麥克里蘭（J.S.McClelland）著，彭淮棟譯，《西洋政治思想史》，台北：商周出版，2000 年 2 月。

34. 傅武光，《中國思想史論集》，台北：文津出版社，1990 年 9 月。

35. 傅劍平，《縱橫家與中國文化》，台北：文津出版社，1995 年 2 月。

36. 勞思光，《中國哲學史》，台北：三民書局，2001 年 9 月。

37. 華力進，《政治學》，台北：國立空中大學，1997 年 8 月。

38. 馮友蘭，《中國哲學史》，台北：台灣商務印書館，1993 年 4 月。

39. 馮夢龍，《喻世明言》，北京：中國戲劇出版社，1997 年 4 月。

40. 楊家駱主編，《新校本史記三家注》，台北：鼎文書局。

41. 楊寬，《戰國史》，台北：台灣商務印書館，1998 年 10 月。

42. 楊鶴皋，《中國法律思想史》，台北：漢興書局，1993 年 10 月。

43. 鄒永賢主編，《國家學說史》，福州：福建人民出版社，1999 年 2 月。

44. 鄔昆如主編，《哲學概論》，台北：五南圖書出版公司，2005 年 12 月。

45. 熊憲光，《縱橫家研究》，重慶：重慶出版社，1998 年 4 月。

46. 劉大杰，《中國文學發達史》，台北：中華書局，1965 年。

47. 劉燦，《先秦寓言》，台北：群玉堂出版公司，1991 年 11 月。

48. 歐本海麥（Franz Oppenheimer ）著，薩孟武譯，《國家論》，台北：東大圖書公司，1977 年 7 月。

49. 蔡尚思，《中國思想研究法》，台北：台灣商務印書館，1991 年 6 月。

50. 凝溪，《中國寓言文學史》，昆明：雲南人民出版社，1992 年 1 月。

51. 錢穆，《中國思想史》，台北：台灣學生書局，1985 年 11 月。

52. 錢穆，《先秦諸子繫年》，台北：東大圖書公司，1986 年 2 月。

53. 戴東雄，《從法實證主義之觀點論中國法家思想》，台北：三民書局，1982 年 9 月。

54. 糜文開，裴普賢，《詩經欣賞與研究》，三民書局，1982 年 6 月

55. 謝復生，盛束澂主編，《政治學的範圍與方法》，台北：五南圖書出版公司，2000 年 4 月。

56. 韓星，《儒法整合——秦漢政治文化論》，北京：中國社會科學出版社，

2005 年 1 月。

57. 薩孟武，《政治學》，作者發行，三民書局總經銷，1975 年 11 月。

58. 顏厥安，《法與實踐理性》，台北：允晨文化，1998 年 7 月。

59. 譚達先，《中國民間寓言研究》，台北：木鐸出版社，1984 年 9 月。

60. 嚴北溟‧嚴捷，《中國哲理寓言》，北京：新世界出版社，2006 年 6 月。

論 文

學位論文

1. 吳德育，《戰國諸子寓言研究》，新莊：輔仁大學中文研究所碩士論文，1999。

2. 巫夢虹，《管子四篇思想研究》，中壢：中央大學中國文學研究所碩士論文，2004 年。

3. 林金龍，《韓非子寓言研究》，台中：東海大學中文研究所碩士論文，1986。

4. 梁淑芬，《韓非子寓言中的管理哲學》，高雄：高雄師範大學國文學系碩士論文，2008 年。

5. 郭名浚，《韓非子人性觀究論》，新莊：輔仁大學中文研究所碩士論文，1999 年。

6. 郭志陽，《韓非子寓言文學研究》，台北：台灣師範大學國文研究所碩士論文，1996 年。

7. 陳玲玉，《韓非子儲說事例研究》，高雄：中正大學中國文學研究所碩士論文，2003 年。

8. 陳麗珠，《韓非子儲說研究》，台北：師範大學中國文學研究所碩士論文，1994 年。

9. 黃海華，《戰國寓言研究》，新莊：輔仁大學中文研究所碩士論文，1976 年。

10. 黃紹梅，《韓非尊君學說與兩漢政經形勢》，台北：東吳大學中國文學研究所博士論文，1998 年。

11. 趙依玲，《韓非子寓言研究》，高雄：高雄師範大學國文研究所碩士論文，2006。

12. 櫻井薰，《韓非子之散文與寓言》，台北：台灣大學中國文學研究所碩士論文，1996 年。

一般論文

1. 尹武學，〈先秦儒家之法意識〉，《鵝湖月刊》，378 期，2006 年 12 月。

2. 王真諦，〈從〈非韓〉探究王充對韓非哲學的理解〉，《鵝湖月刊》，393期，2008年3月。

3. 王曉波，〈「法」在韓非思想中的意義〉，《幼獅月刊》，37卷1期，1973年1月。

4. 王曉波，〈中國帝王的統治智慧──「韓非子」思想評介〉，《哲學雜誌》，24期，1998年5月。

5. 牟宗三，〈研究中國哲學之文獻途徑〉，收入《牟宗三先生全集》，第27冊，台北：聯經出版公司，2003年5月。

6. 牟宗三，〈研究中國哲學之文獻途徑〉，收入《牟宗三先生全集》，第27冊，台北：聯經出版公司，2003年5月。

7. 吳秀英，〈韓非政治思想之評價〉，《逢甲中文學報》，1991年11月。

8. 吳春山，〈寓言的基本手法與情節的虛實性〉，《國立台北教育大學學報》，19卷第2期，2006年9月。

9. 沈清松，〈從「方法」到「路」──項退結與中國哲學的方法論問題〉，《哲學與文化》，32卷第9期，2005年9月。

10. 林安梧，〈韓非政治哲學的特質及其困限：以「法」、「勢」、「術」三者為核心展開的分析〉，《鵝湖學誌》，1期，1988年5月。

11. 林金龍，〈胸懷風雷志在醫國──韓非史觀思想淵源探討〉，《台中商專學報》，25期，1993年6月。

12. 林金龍，〈韓非子的心理學思想淺探〉，《台中商專學報》，28期，1996年6月。

13. 林金龍，〈韓非子寓言的文學成就〉，《台中商專學報》，1994年6月。

14. 林俊宏，〈從「自為人」論韓非政治思想中的「法」、「術」、「勢」〉（上、下），《孔孟月刊》，37卷第10、11期，1999年6月、7月。

15. 林義正，〈先秦法家人性論之研究〉，台大哲學系舉辦之「中國哲學之人性論專題研討會」論文，1988年6月。

16. 高柏園，〈唐君毅先生對韓非子哲學之詮釋與發展──以「中國哲學原論」為中心之討論〉，《鵝湖月刊》，14卷7期，1989年1月。

17. 張素貞，〈歷久彌新的政治管理學──韓非子〉，《國文天地》，14卷12期，1999年5月。

18. 張素貞，〈韓非子儲說中之小說情節──淺談「燕人惑易」的情節設計〉，《中國語文》，79卷4期，1996年10月。

19. 傅含章、龔顯宗，〈韓非子寓言析探〉，《嘉義大學通識學報》，2005年9月。

20. 彭衍綸，〈《韓非子》中的動物寓言探析——以〈涸澤之蛇〉、〈鳥有翩翩者〉、〈三虱相訟〉、〈蟲有蚘者〉諸則為主〉，《景文學報》，2006 年 6 月。

21. 湯雄飛，〈韓非與莊周用喻風格上之差異〉，《中興大學文史學報》，26 期，1996 年 6 月。

22. 鄭均，〈戰國時代的寓言與隱語〉，《中華文化復興月刊》，1986 年 2 月。

23. 鄭良樹，〈韓非子說林篇管見〉，《台大中文學報》，3 期，1989 年 12 月。

24. 蕭振邦，〈韓非哲學的人性觀探論〉，《鵝湖月刊》，13 卷 11 期，1988 年 5 月。